中国 云南省 人文纪行

活化石

소수민족 문화의 영속성

中国 云南省 人文紀行

活化石

소수민족 문화의 영속성

박광희 저

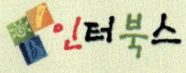

프롤로그

사람들은 길을 간다. 세상에 태어나 걷게 되면서 아름다운 곳, 유서 깊은 곳을 찾아 길을 나선다. 책을 통해서만이 아니라 자신의 눈으로 직접 마주하는 자연과 인생을 통해 나그네는 자신의 삶을 채워 나간다. 그래서 나는 여행이 좋다.

머나먼 여정을 끝내고 나의 삶터로 돌아오면 얼마 전에 밟았던 자연 풍광의 서사와 서정이 문득문득 떠오르곤 한다. 여행은 역시 한 컷의 사진으로 뇌리에 남는 모양이다. 그런데 이번 윈난성(云南省) 여행은 달랐다. 뭐랄까, 푸른 하늘에 떠다니는 뭉게구름과 그를 품어주는 호수와 대지, 그리고 태양이 작렬하는 여름날 결코 인간에게 자신의 몸을 허락지 않는 설산도 기억 한편에 머물게 했지만, 윈난 원주민들의 지난한 문화와 문명이 가슴에 다가온다. 그 열기가 식지 않는다.

재작년 요맘때 우리의 국보 1호가 불에 탔다. 재로 변해 하늘로 올라간 서까래를 보충하고자 금강송을 벌목하는 장면이 자료 화면으로 텔레비전 뉴스 시간에 나왔다. 금강송 군락지에서 도끼를 든 대목이 소나무를 내리치기 직전에 큰 목소리로 한 마디 외친다.

"어명이오!"

이 소리를 듣는 순간 이 세상 어떤 시계로도 잴 수 없는 짧은 시간에 윈난 여행이 떠올랐다. 왜 그랬을까?

윈난 오지에서 태곳적 모습으로 삶을 이어나가고 있는 원주민을 보면 문명세계의 혜택을 입는 것이 얼마나 편리한 것인가를 새삼 느끼게 된다. 인간이 노동으로 자연을 극복하는 것이 아니라 머리를 써서 만든 기기와 기계로 문명을 밝혀 나가고 있으니 생활하기가 너무 편한 세상이 되었다.

그렇지만 오지 토착민들의 삶이 비록 육체적으로 고달프고 현대화 수준이 저급하다고 해서 그들의 정신문명이 우리네보다 한참 처졌다고 생각하는 것은 큰 오산이다. 그들의 삶은 자연친화적이기 때문이다. 요즘 세계화의 물결이 극심해지면서 지구촌 곳곳의 문명세계는 환경오염으로 몸살을 앓고 있다. 그래서 나온 개념이 "친환경"이다.

작년 여름, 그리고 올 여름 다시 한 윈난 여행에서 내가 체험한 나시(纳西) 민족의 삶의 한 토막이 우리 의식보다 훨씬 친환경적이기에 나는 금강송을 베면서 내뱉은 "어명이오"라는 말에 화들짝 놀랐고 찰라적으로 나시주의 벌목 장면이 떠올랐던 것이다.

나시주 나무꾼은 나무를 벨 때 자기가 꼭 필요한 만큼만 잘라낸다. 결코 남벌을 하지 않는다. 그뿐 아니라 나무에 도끼질을 하기 전에 도끼를 한쪽에 내려놓고는, 채벌하려는 나무를 향해 세 번 머리를 조아리면서 사정 얘기를 한다.

"나무야, 정말로 미안하다. 내가 너를 베고 싶어서가 아니라 우리 집이 가난해서 너를 베지 않으면 가족들을 먹여 살릴 길이 없어서야."

이렇게 말을 하지 않고는 자신의 잘못을 용서받지 못하리라고 생각하는 나무꾼이기에 그는 온 맘으로 나무에게 미안함을 표시한다.

문명세계에 산다고 으스대면서 기껏 왕조시대의 고압적 명령 한 마디로 천년을 살아갈 나무에 종지부를 찍는 우리가, 써야할 만큼의 나무만 베어 내면서 그를 의인화하여 사정 얘기를 하는 나시 사람들보다 문명적으로 과연 앞선 것일까?

이런 생각을 불현듯 하게 만들기에, 윈난 소수민족들의 삶을 돌아본 나에게 구름과 호수와 설산과 주름살 깊게 패인 노옹들의 모습은 잊혀지지 않을 모양이다. 그래서 이 한권의 책에 쿤밍(昆明)·따리(大理)·리지앙(丽江)·샹그어리라(香格里拉)를 답사하면서 관심을 갖게 된 윈난(云南)의 대표적 소수민족인 바이주(白族)·나시주(纳西族)·짱주(藏族)의 삶과 문화를 담게 되었다.

2010년 4월 1일

박 광 희

차 례

■ **프롤로그 _ 5**

■ **쿤밍 _ 10**

일곱 빛깔 무지개 구름의 남쪽, 윈난(云岭之南)의 형성사 ·· 11
위앤통쓰(圆通寺), 중국 최초의 관음사가 쿤밍(昆明)에 있었다. ······································ 15
쿤밍에서 찾은 전국(滇国)청동기문화 유적의 백미, "우호동안(牛虎铜案)" ···················· 20
쿤밍에 있는 옛 "윈난육군강무당(云南陆军讲武堂)"은 근대 중국 장군의 요람 ············ 23
근대 쿤밍을 유럽 스타일로 바꾼 전월(滇越)철도는 식민침략의 상징 ····························· 28
스린(石林)에 가면 그녀는 아스마(阿诗玛) 나는 아흐에이(阿黑) ···································· 31
지우시앙(九乡)을 들르지 않으면 윈난(云南) 잘못 갔다 온 거라네 ································ 35
쿤밍 민족촌에서 뜻하지 않게 발견한 회족 사람, 항해가 정화(郑和) ····························· 37
쿤밍 꽃신엔 무당파 장문인 장산펑(张三丰)의 손길이 배어있다. ···································· 42

■ **따리 _ 44**

당(唐)과 토번(吐蕃) 사이 부등변 3각 관계에 놓였던 남조국(南诏国) ···························· 45
따리(大理) 고성(古城) 옛 주인 남조국(南诏国)의 본주(本主) 신앙 ································ 50
남조국(南诏国)의 불교문화 ·· 53
따리국(大理国)의 출현과 몰락 ·· 56
따리국(大理国)의 상징물, 충성쓰(崇圣寺) 싼타(三塔) ··· 59
총통병마대원수(总统兵马大元帅) 뚜원시우(杜文秀) ··· 64
바이주의 금기와 생활 및 기본적 교류 용어 ··· 67
따리에서 꽃은 더 이상 시각만을 위한 게 아니다 : 미각을 자극한다. ···························· 69
따리의 명물 간식거리, 카오루샨(烤乳扇) ··· 72
시저우(喜洲) 유상(儒商)의 집에서 맛 본 삼도차(三道茶) ··· 73
저우청(周城)에서 실컷 눈요기한 전통 염색(扎染)작업 ··· 76
창산(苍山) 옥대운(玉带云) 길을 트레킹하다 ·· 78
따리(大理)에서 나는 돌(石)이 대리석(大理石) ·· 85

리지앙 __ 88

성벽(城壁) 없는 성, 리지앙(丽江) 꾸청(古城) ··· 89
연면히 이어져 "살아 있는 화석(活化石)" 문화 : 나시주(纳西族) ················ 92
살아 숨쉬는 나시주 전통음악단의 연주 ·· 95
나시주 부녀들의 강한 생활력을 상징하는 전승품, 칠성피견(七星披肩) ······· 98
나시주 원시종교에서 유래한 똥바교(东巴教) ······································ 101
21세기에도 사용되고 있는 상형문자, 똥바원(东巴文) ··························· 107
똥바원(东巴文)을 배우다 ··· 112

쩌우훈 __ 122

결혼은 No! 사랑은 Yes!! 쩌우훈(走婚)이 살아 있다 ···························· 123
쩌우훈의 효시, 루꾸후 그어마산 여신의 전설 ···································· 129
"아시아"가 말하는 "쩌우훈" ··· 131
"아뚜"가 말하는 "쩌우훈" ·· 135
중국에 여인국이 있었다? ·· 138
마지막 모계사회? 나시주(纳西族) "모어쑤오어(摩梭)인" ······················· 140
모어쑤오어인들의 원시 종교 "따바(达巴)교" ······································ 145
1956년 까지 지속된 노예사회, 량산(凉山)지구 이족(彝族) ··················· 148
아들의 이름에 아버지의 이름 한 자를 이어 쓰는 부자 연명제(联名制) ····· 152

차마고도 __ 154

차마고도(茶马古道)를 찾아서 ·· 155
차마고도(茶马古道)에 목숨 걸었던 마방(马帮) ···································· 159
마방(马帮)들이 목숨 걸고 운반해간 푸얼차(普洱茶) ····························· 162
리지앙(丽江)에서 찾은 린즈어쉬(林则徐)의 흔적 ································· 166
리지앙에 뿌리 내린 강남 거부 션완싼(沈万三)의 후예들 ······················· 169
누지앙(怒江) 일대에선 강을 건널 때 배보다 빠른 리우쑤오어(溜索)를 이용한다 ········ 176
리지앙(丽江) 최고의 별미는 뭐니 뭐니 해도 쌀국수(过桥米线) ················ 179
빨려 들어갈 듯한 후티아오시아(虎跳峽) 진샤지앙(金沙江)물줄기 ············ 183
천변만화의 풍광에 취해버린 후티아오시아(虎跳峽) 트레킹 ··················· 186
후티아오시아(虎跳峽)에 서려있는 설산(雪山)의 슬픈 전설 ···················· 188

▌뚜크어종 __ 190

뚜크어종(独克宗)의 명품(信得过) 칼 브랜드, 카주오어다오(卡卓刀) ········· 191
샹그어리라(香格立拉 Shangri-La)의 실제 위치 ········· 195
영원한 처녀봉, 메이리(梅里) 설산의 카와그어보어(卡瓦格博) ········· 198
위뻥춘 객잔 주방에 걸려 있던 피파러우(琵琶肉) ········· 203
짱주(藏族)전통불교의 4대 교파와 활불전세(活佛转世) ········· 206
짱주(藏族)전통불교의 윤회관 ········· 210
짱주(藏族)전통불교의 대표적 사원, 쏭잔린(松赞林) ········· 212
그어루파(格鲁派) 3대사찰 중의 하나 똥주린(东竹林) ········· 216
짱주 사람들의 사는 모습 ········· 218

▌위뻥 __ 226

위뻥(雨崩) 가는 산길에서 맛본 송이버섯(松茸)과 쑤여우차(酥油茶) ········· 227
위뻥(雨崩) 객잔에서 별을 헤아리며 ········· 234
성지 순례로 성수(圣水)를 얻는다, 위뻥(雨崩) 선푸(神瀑) ········· 238
설산의 눈사태로 만들어진 위뻥 뺑후 ········· 241
나는 "마음속 해와 달" Shangri-La를 위뻥춘에서 찾았다 ········· 245

▌에필로그 : 드디어 쿤밍(昆明)에 발을 딛다 __ 252

▌부록 : 云南部分少数民族축제일 __ 258
　　　　云南省 관광지 및 입장료 __ 260

▌참고 문헌 __ 264

▌찾아보기 __ 266

쿤밍

일곱 빛깔 무지개 구름의 남쪽, 윈난(云岭之南)의 형성사

중국에 관심이 있는 이들은 윈난(yunnan 云南)이라는 이름을 들으면 곧 구름이라는 자연물과 남쪽이라는 방향을 연상하게 되면서 "구름의 남쪽?"을 입에 올린다. 실제로 이 지역을 소개하는 문구에는 오색구름의 남쪽이라느니 무지갯빛 구름의 남쪽이라는 등 유사한 표현들이 많이 들어있다. 그런데 실제로 구름이 항상 많이 걸려있는 운령(云岭)의 남쪽에 위치하고 있기 때문에 붙여진 이름인 듯하다. 사료 《운남통지(云南通志)》를 보면, 한무제(汉武帝) 원수(元狩) 연간에 "채색 구름이 남중[1]에 나타나다(彩云现于南中)"란 기록이 있다. 윈난이 성의 호칭이 된 것은 원나라 이후의 일이다. 원대에 운남행중서성(云南行中书省)을 설치했고, 명대에 운남포정사사(云南布政使司)를 설치했으며, 청나라 때부터 윈난성(云南省)이라 부르기 시작했다.

한편 유구한 역사와 오래된 문명, 그리고 다채로운 소수민족들이 살고 있는 윈난을 줄여서 "디앤(滇)"이라 불렀는데, 디앤은 원래

사진 1_ 부영양화 심각한 쿤밍의 호수 디앤츠(滇池)
초록 빛깔로 변한 호수 디앤츠 주변을 따라 고급 빌라촌이 형성되어 있다.

---

1) 삼국시기 윈난(云南)과 꾸이저우(贵州) 서부 및 쓰추완(四川) 서남지역을 합쳐서 "남중(南中)"이라 불렀다.

디앤츠(滇池) 호반에 살던 한 부족의 명칭이다. 또한 전국시대 말기에 초나라의 장수 주왕쥐에(庄蹻)가 B.C 339~B.C 328 년간 무리를 이끌고 와서 디앤츠 부근에 고전국(古滇国)을 세웠다. 사실상 그들 부족이건 국가건 "디앤"이라는 명칭은 모두 디앤츠(滇池)에서 비롯된 것이다. 그렇다면 디앤츠는 어떻게 해서 그 이름을 갖게 된 것일까?

전해오는 말 가운데 하나는, "높은 산의 꼭대기에 연못이 있어, 디앤츠라 이름했다 (高山之巔有池而名巔池)"는 설이 있고, 다른 하나는 윈난의 선주민들이 쓰는 말로써 산 사이에 평지가 있는 것을 디앤(甸)이라 했는데, 그 디앤(甸) 가운데에 연못이 있어 디앤츠(甸池)라 불렀다는 것이다. 이 두 가지 설에 나오는 "디앤"은 글자 모양과 뜻은 다르지만 발음은 한 가지다. 즉 동음이의어에서 비롯되어 오늘날의 디앤츠(滇池)라는 이름을 갖게 되었다는 것이다. 어찌되었든 간에 "디앤(滇)"이라는 이름으로 윈난성 전체를 가리키게 된 것은 명나라 때부터 시작되었다.

기원전 221년 진시황은 통일제국을 수립한 후, 윈난에 군현을 설치하고 도로를 정비하였으며 관리를 파견하여 통치토록 하였다. 그 후 삼국시대에는 제갈량이 "무력으로 제압하는 것이 아니라 마음으로부터 복종케(不以力制, 而取其心服)"하는 정책으로 윈난의 맹주 맹획(孟获)을 칠종칠금(七纵七擒)하여 확실히 투항케 하였다.[2] 이러한 정치적 재통일은 윈난 문명의 발전을 촉진시켰다.

서기 738년, 이 지역에 있던 6개의 규모가 제법 큰 부락 가운데 하나인 멍스어자오 (蒙舍诏)는 당왕조의 힘을 빌려 여섯 개 부락 즉, "육조(六诏)[3]"를 통일하고는 얼하이 (洱海) 지역을 근거로 "남조국(南诏国)"을 세웠다. 국명은 6개 부락 가운데 멍스어자오가 가장 남쪽에 위치해 있었기에 원래 남조(南诏)라는 이름으로도 불렀다. 이 나라

---

[2] 위·오·촉 삼국시대에 중국의 남부는 촉의 영토 일부에 포함되었다(윈난 전체와 꾸이저우 서부 및 쓰추완 서남부 지역). 223년, 유비는 오나라 공략에 실패한 후 얼마 지나지 않아 사망했다. 이때 중국 남부 지역에 있던 "大姓"과 "夷帅"는 촉한의 우환을 틈타 반란을 일으켰다. 225년 제갈량은 이들을 격퇴하고자 세 길로 나누어 남쪽 정벌전에 나섰다.

[3] "조(诏)"는 ≪云南志≫에 따르면 왕(王), 혹은 부락을 의미하는데, 당시 멍시자오(蒙巂诏), 위에시자오(越析诏), 랑궁자오(浪穹诏), 떵단자오(邆贝炎诏), 스랑자오(施浪诏), 멍스어자오(蒙舍诏)라는 6개 집단이 있었다.

는 13대 왕에 걸쳐 200여년 치세했다. 그 뒤를 이어 서기 937년에 통해(通海)절도사 뚜완쓰핑(段思平)이 남조국을 멸망시키고 대리국(大理國)을 건립했다. 그러나 1253년 몽골 쿠빌라이의 재차 공격을 받은 대리국은 이듬해 봄 망하게 되는데, 316년의 역사에 22대 왕위를 청사에 남겼다. 결국 1276년, 원(元)왕조는 윈난에 행중서성(行中书省)을 세워 전국 11개 성의 하나로 삼았는데, 이 후 "윈난"의 정치중심은 따리(大理)에서 쿤밍(昆明)으로 이동했다.

1368년 정월에 주위앤장(朱元璋)은 난징(南京)에서 황제를 자처하면서 명 왕조를 열었다. 그 후 1381년 원나라의 영향 하에 있던 윈난을 평정했다. 그런데 1644년, 리쯔청(李自成)이 이끈 농민군이 뻬이징(北京)으로 진격하자 명의 숭정(崇祯)황제는 자살하였다. 일이 이렇게 번지자 산하이관(山海关)을 지키던 명의 장수 우싼꾸이(吳三桂)는 청(淸)에 투항하였다가 곧 청병을 이끌고 산하이관 전투를 벌여 리쯔청을 궤멸시켰다.

이때, 리띵구오어(李定国)가 주축이 된 대서군(大西军)은 망해가는 명왕조의 영력제(永历帝)를 옹립하여 쿤밍을 복벽(复辟)의 근거지로 삼았다. 그러나 1659년 즉, 청 순치(順治)16년에 우싼꾸이가 군사를 동원하여 윈난을 공격해왔다. 이로써 공을 세우게 된 우싼꾸이는 평서왕(平西王)에 봉해졌고, 윈난에 번(藩)을 열어 23년간 윈난을 다스렸다.

그런데 1673년 각지의 번왕(藩王)들이 조정을 무시하는 태도를 보이자 강희제(康熙帝)는 번을 철회하는 결정을 내렸다. 이에 우싼꾸이를 중심으로 한 세 곳의 번왕들이 반청복명(反淸复明)의 기치 하에 전쟁을 일으켰다.[4] 그러나 1681년 청군이 쿤밍을 공

[4) 우싼꾸이(1612~1678)는 부친의 부임지인 요동에서 태어났으나 원래 그 집안은 지앙쑤성(江苏省)출신이다. 그는 아버지의 공적으로 무장에 등용된 후 출세를 거듭하여 1641년에 제독으로 요서의 영원(宁远) 즉, 현재 리아오닝(辽宁省 兴城市)에서 명군(明军)을 지휘하여 만주족의 침입을 막는 임무를 수행하였다. 1644년 농민반란군으로 명을 멸망시킨 리쯔청(李自成)이 뻬이징(北京)을 점령할 때, 산하이관(山海关)을 지키고 있던 우싼꾸이는 만주족이 세운 청나라의 태종에게 투항하였다. 그 후, 청나라 군대는 우싼꾸이를 길잡이로 하여 산하이관을 넘어 만리장성 이남으로 들어왔다. 리쯔청성 무리를 평정한 태종은 우싼꾸이를 윈난의 번왕(藩王)인 평서왕(平西王)에 봉했다. 이로써 윈난은 한족(汉族) 우싼꾸이가 다스리는 독자적인

략하여 윈난 할거 국면은 끝나버렸다.

그 후, 청나라가 왕조 말기적 증상으로 외우내환에 시달릴 때, 뚜원시우(杜文秀 1823~1872)라는 후이주(回族) 지도자가 한족과 연합하여 만주족을 배척한다는 기치를 내걸고 평남국(平南國)을 따리(大理)에 세워 윈난성의 절반 정도를 20여 년간 통치하기도 하였다.

끝으로, 근대 중화민국 시기에 윈난은 공화정을 버리고 군주제로 돌아가려는 대총통 위앤스카이(袁世凱)를 타도하자는 혁명의 중심 근거지가 되기도 하였다.[5]

지방정권이 되었다. 그 후, 청의 제4대 황제 강희제(康熙帝)가 한족을 탄압하는 정책을 실시하자, 우싼꾸이는 윈난에 명나라를 다시 건국한다는 명분을 세워 군사를 이끌고 쿠데타를 일으켰다. 평남왕 상가희(平南王 尙可喜)와 정남왕 경정충(靖南王 耿精忠)이 우싼꾸이의 쿠데타에 동참하면서 "삼번의 난(三藩之亂)"으로 확대되었다. 이들은 강력한 군사력을 앞세워 샨시성(陝西省)과 흐어난성(河南省), 깐수(甘肅省)을 휩쓸었다. 1678년(강희 17)에 세 번의 맹주 우싼꾸이는 스스로 황제라 칭하고 국호를 주(周), 연호를 소무(昭武)로 정하였으나 그 해 8월 67세의 일기로 죽었다. 이로 인해 세 번의 군세는 크게 약해졌고, 3년 후 청의 군대가 원정전을 벌여 8년에 걸친 삼번의 난을 평정했다.

[5] 1911년 10월 30일 장군 채악(蔡鍔)이 윈난에서 거병하여 이튿날 우화산(五華山)에 "대중화국 운남군도독부"를 설립하고는 민국(民國)정부를 세웠다. 이로써 청조의 윈난에 대한 지배는 250여년 만에 종지부를 찍었다. 1913년 10월, 위앤스카이가 국회를 압박하여 중화민국 대총통에 올랐고, 이듬해 1월에는 국회를 해산시켰다. 1915년 5월 9일, 위앤스카이는 일본과 매국적 "21개조"에 서명하였다. 이는 일본이 위앤스카이 자신을 황제로 인정해 줄 것을 요구하느라 자국의 주권을 포기한 행위였다. 이와 더불어 그는 자신의 수하를 시켜 황제제도의 장점을 공론화시킬 뿐만 아니라 자신을 황제로 삼는 추대서를 올리게 하여 이를 수락하였다. 그는 1916년 민국5년에 중화제국 홍헌(洪憲) 원년을 선포할 준비를 서두르기에 이르렀다. 이런 상황아래 윈난에서는 위앤스카이를 토벌하기 위한 비밀회의가 세 차례 열렸다. 회의에서 위앤스카이 반대 세력들은 군사계획을 세웠고, 이 계획에 근거하여 윈난은 군사를 동원하고 군대를 편성 조직하였다. 결국 우여곡절 끝에 1916년 6월6일 위앤스카이가 병사함으로써 내전은 끝을 맺었다.

위앤통쓰(圓通寺),
중국 최초의 관음사가 쿤밍(昆明)에 있었다.

늦게 든 잠이었음에도 일찍 눈이 떠졌다. 아마도 본격적으로 여행이 시작되는 첫날이기 때문이었을 게다. 게스트하우스 입구 쪽에 자전거 대여소를 보아둔 터라 우리는 망설임 없이 자전거를 빌렸다. 쿤밍도 평지인데다가 오늘 둘러볼 곳은 모두 시내에 있기 때문에 걷는 것보다 자전거를 타는 것이 훨씬 나을 것이다. 30위앤 주고 한 대 빌려서 밤 12시에 반납하면 되니 차편보다도 편리하고 경제적이지 않겠나.

처음 도착한 곳은 위앤통쓰(圓通寺)였다. 이 사찰은 쿤밍시내에서 가장 큰 절로, 남조(南詔) 시대에 "부투오어루오어쓰(补陀罗寺)"란 명칭으로 세워졌다. 그 뜻은 "광명사(光明寺)" 정도 된다. 위앤통(圓通)은 관음보살의 32개 법호 중의 하나이기도 하다. 따라서 이 절은 관음도량이 되는 셈인데 즈어지앙(浙江) 불교명산 푸투오어산(普陀山)의 관음도량보다 100여 년이나 앞서 건축했다하니 역사가 1,200여 년이나 된다. 그러니 중국에서 가장 먼저 지은 관음사 중의 하나일 것이다.

이 절의 구조가 아주 독특했다.

사진 2 _ 위앤통쓰(圓通寺) 입구의 패방(牌坊)

다른 절과는 달리 절 입구에 들어설 때 사천왕상이 없다. 사천왕상은 속세로부터 사찰 내로 들어오는 모든 잡귀를 막아내고자 일부러 험상궂은 얼굴을 하고 있다. 사천왕상이 있을 자리에 "원통승경(圓通勝境)"이라는 패방을 중문삼아 세워 놓았다. 목각으로 된 상부의 패방과 하부의 석각 축조물이 잘 어우러진다.

사진 3 _ 원통보전((圓通宝殿)과 팔각정
왼편 뒤쪽에 서 있는 것이 원통보전인데 시간에 맞춰 많은 신자들이 모여 예불을 드린다.

전통사찰에는 맨 먼저 절 입구가 되는 산문으로 일주문(一柱門)이 있고, 그 문을 지나면 천왕문(天王門)이나 금강문(金剛門)과 같은 중문(中門)이 나타나는데, 이 사찰에는 천왕문[6] 대신 "원통승경(圓通胜境)"[7]이라는 패방(牌坊)을 중문삼아 세워놓았다. 이

---

[6] 천왕문(天王門)에는 사천왕상(四天王像)이 봉안되는데, 사천왕은 불교의 외호신(外護神)이다. 이들은 수미산 정상에 있는 제석천(帝釋天)의 명을 받아 수미산 중턱에 4주(東洲, 西州, 南洲, 北洲)를 다스리는 왕으로, 아래로 팔부중(八部衆)을 거느리고 4주를 수호한다.
사천왕은 처음 인도에서는 귀족의 모습이었지만 불교가 우리나라에 들어오면서 차츰 무인상(武人像)으로 바뀌었다. 사찰 안으로 들어오는 모든 잡귀를 제거하는 기능을 갖기 위해 두 눈을 부릅뜬 분노상(憤怒像)에다 역동적인 포즈를 취하고 있다. 이는 먼저 형상에서부터 위압감을 주어 악귀를 제압한다는 목적에서 그러했을 것이다. 그래서 사천왕의 그림이나 조각상에는 악귀(惡鬼)를 깔고 앉거나 발로 짓누르고 있는 형상들을 많이 볼 수 있다.
이와 같이 중생들이 천왕문을 통과함으로써 중생들에게 붙어 다니던 모든 잡귀들이 제거되고 가람의 내부는 청정도량(淸淨道場)이 유지되는 것이다.
사천왕 중, 동쪽을 지키는 지국천왕은 비파를 들고 있으며, 서쪽의 광목천왕은 용과 여의주를 나눠쥐고 있다. 또 남쪽의 증장천왕은 보검을, 북쪽의 다문천왕은 탑을 받쳐 들고 있다. 또한 사천왕에도 오행(五行)에서의 방위색(方位色)을 적용하여 지국천왕의 얼굴은 청색, 광목천왕은 백색, 증장천 왕은 적색, 다문천왕의 얼굴은 흑색으로 칠한다.

[7] "원통(圓通)"이라는 말은, "절대적인 진리는 모든 것에 두루 통해 있다"는 뜻으로 주원융통(周圓融通)의 줄임말이다. 관세음보살을 모신 관음전을 원통전이라고도 하는 이유는 관세음보살이 "이근원통(耳根圓通)"의 성자이기 때문이다. 즉 관세음보살은 귀로 중생의 외침을 듣는 것에 밝아 불교신자가 "관세음보살"이라 염불하는 것을 듣고 그에게 진리를 깨닫게 하고 어려움을 이겨내도록 도와준다. 결국 원통이란 관세음의 위신력을 가리키는 말이며, 또 "승경(胜景)"이란 극락세계의 아름다운 모습을 뜻하므로, "원통승경"이라는 패방은 이 곳을 거쳐 관세음보살이 계시는 극락세계로 들어간다는 의미가 되겠다.

위앤통쓰(圓通寺), 중국 최초의 관음사가 쿤밍에 있었다.

패방은 1668년에 우싼꾸이(吳三桂)가 확대 개축하면서 지금의 위치로 내왔다고 한다. 그 안쪽으로 들어가면 제법 큰 연못과 팔각정이 있는데 연못은 살아있는 물고기를 놓아주는 방생지이고, 팔각정은 팔정도(八正道)라 하여 극락세계에 이르는 통로를 의미한다. 연못 양측의 복도를 걸어가면 절의 중심 정전인 원통보전(圓通宝殿) 앞에 서게 되는데 이것이 대승불교의 구조다.

그런데 기이하게도 이 원통보전 안에는 관음도량이 마땅히 모셔야할 관음상이 있질 않고 석가모니 삼신불[8]이 있다. 관음도량에 관음이 아닌 여래불을 대전에 모신 것이 자못 이채로운데 거기에는 곡절이 있다. 청나라 동치제(同治帝) 때 원래 모셨던 관음상이 소실되었는데, 광서제(光緒帝)에 이르러 중건하면서 무슨 연유에서인지 석가모니불상으로 바꾸어 모셨다고 한다. 그리하여 이 원통보전에 들어서기 전에 거쳤던 연못 중앙의 팔각정에 천수관음상을 모셔두고 있다. 원통보전의 중앙에는 법신불이 서 있고, 보기에 우측에는 보신불이, 좌측에는 응신불이 서 있다. 또한 법신불을 사이에 두고 양 옆에는 석가모니의 수제자인 불교 최고 조사 가섭(迦叶)과 아난(阿难) 존자를 세워 놓았다.

발걸음을 원통보전 뒤쪽으로 옮겨 계단을 오르면 소승불사 동불전(铜佛殿)이 나오는데, 이는 소승불교의 본산이라 할 태국에서 보내온 불상을 모시기 위해 지은 건물로, 결국 위앤통쓰 내에서는 소승불교와 대승불교를 모두 체험할

사진 4 _ 동불전(铜佛殿) 입구

동불전은 태국 불교계가 1982년 기증한 석가모니상을 모시고 있다.

---

[8] 삼신불은 법신(法身), 보신(报身), 응신(应身)의 셋으로 달리 표현된 관음상인데, 혜안을 가진 범부들이 근신하여 수양함으로써 부처에 이르는 역정을 표현하고 있다. 이로써 일반 불자들의 수행을 격려하는 것이다.

活化石 中国 云南省 人文纪行
소수민족 문화의 영속성

수 있다. 그 뿐 아니라 동불전 뒤쪽의 폐쇄된 동굴 옆 석벽에는 도교의 대표적 인물이라 할 장산펑(张三丰)의 초상이 그려져 있는데, 이는 우리나라 산사를 탐방하게 되면 흔히 볼 수 있는 칠성각 혹은 산신각과 마찬가지로 불교와 도교를 융합한 흔적이리라. 이는 윈난성 내의 사찰에서만 보이는 특수성으로 아마도 지리적으로 윈난이 태국과 가까운 지역이기 때문이 아닐까 싶다.

더욱 특이한 사실은 이 사찰에는 라마교의 흔적도 있어 3대 교파9)의 불전이 모두 있다는 점이다. 즉 절 동편 건물에는 시짱(西藏) 라마교의 최대 교파인 황교(黄教) 그어루파(格鲁派)의 창시자 종카바(宗喀巴)와 닝마파(宁玛派)의 창시자 리앤화성(莲花生) 대사를 함께 모시고 있다.

사진 5__ 위앤통쓰 법회에 참석한 신도 할머니

법회가 끝나자 다들 법복을 벗느라 부산했는데 이 할머니는 조용히 염주를 헤아리고 계셨다.

마침 절에 들어선 시간이 아침 예불을 드리는 시간이었던 모양이다. 원통보전 안팎으로 많은 신도들이 법복을 입고 불사를 진행하고 있었다. 마이크까지 동원해 불경을 외는 스님이 있었고, 이에 따라 불경을 보면서 염불하는 일반 신도들의 모습이 매우 엄숙했다.

한 시간 이상 이어진 법회가 끝나자 불경을 챙긴다, 법복을 갈아입는다, 또 옆의 신도와 얘기 나누는 둥 잠시 어수선해졌다. 나는 자연스레 노부부에게 다가가 말을 건넸다. 우리나라에서 행해지는 종교 의식 중에 평신도가 예복을 입는 경우를 보지 못했던—기껏해야 천주교 신자들이 미사를 볼 때 머리에 두르는 미사포 정도랄까?— 나는 우선 법복부터 물어 보았다. 할머니 신자는 합장을 하면서 "아미타불"로 인사를 먼저 한다. 할머니의 겉옷은 "하이칭(海青)"이라고 해서 불문에 귀의하게 되면 입게 되는 평신도 법회 복장이라고 했다. 불심이 깊어지면 일반 불신자도 가사를 입을 수 있단다. 노부부는 이 절에 다니기

9) 대승불교(다른 이름으로는 北传佛教), 소승불교(上座部佛教), 라마교(藏传佛教)의 셋을 가리킴.

위앤통쓰(圓通寺), 중국 최초의 관음사가 쿤밍에 있었다. | 쿤밍

시작한 지 3년쯤 되었단다. 매일 오다시피 하지만, 일이 있으면 일주일에 한, 두 번 정도 법회에 참석한다고 했다. 나이 들어 종교에 심취하여 인생을 정리하는 것도 여생을 평온하게 마무리 짓는 방법이겠다.

사진 6 _ 위앤통쓰 사무실 천장과 벽을 메운 축원 표찰
위앤통쓰 경내 사무실 천장에는 신도들의 온갖 소망이 담긴 축수용지가 그득하니 매달렸다.

中国 云南省 人文纪行
소수민족 문화의 영속성

쿤밍에서 찾은 전국(滇國)청동기문화 유적의 백미, "우호동안(牛虎铜案)"

1972년, 윈난성박물관과 지앙추완현(江川县)문화관은 고분발굴단을 구성하여 쿤밍시 리지아산(李家山) 고분군에 대하여 두 달간의 발굴을 시도하였다. 모두해서 27기의 고분을 파헤친 결과, "우호동안(牛虎铜案)"을 비롯하여 1,300여 점의 청동기물이 출토되었다.

리지아산 고분군의 형태는 전형적인 윈난 분묘였고, 시신은 모두 수직 구덩이에 안치된 옹기에 직립으로 안장되어 있었다. 이 분묘의 부장품들은 대부분 청동기였는데 대단한 예술적 가치를 지닌 것들도 많았다. 특히 "우호동안(牛虎铜案)"은 파격적인 예술성을 인정받고 있다. 필자도 너무도 기이한 형태에 그것이 의미하는 바가 무엇인

사진 7 청동기시대 문물 발굴지인 지앙추완현의 리지아산 고분군
부장품 고증을 통하여 이 분묘군은 춘추전국시대부터 동한(东汉)초기까지의 전국(滇國) 고분군으로 밝혀졌다.

쿤밍에서 찾은 전국(滇国)청동기문화 유적의 백미, "우호동안(牛虎铜案)" 쿤밍

사진 8 __ 쿤밍 소재 〈윈난성박물관〉에 전시중인 우호동안(牛虎铜案)
이 조형물이 상징하는 바가 무엇인지를 놓고 한참 고민했다. 알고 보니 제사 때 제물을 올려놓는 제기였다. 소는 최고의 제물이란다.

지를 현장에서 곰곰이 생각해 보았다.

　이 작품은 황소가 한 마리 버티고 서 있고 꼬리에는 호랑이 같은 맹수가 황소의 꼬리를 물고 붙어 있으며, 황소의 몸체는 뻥 뚫린 상태에서 송아지가 한 마리 조각되어 있는 모습이다. 내 나름대로 추리해 본바, 첫째로 이 국가가 농경국가일 확률이 높다는 생각이 들었다. 왜냐 하면 이 작품의 주체는 누가 뭐래도 황소로 보이기 때문이다.

　둘째로는 맹수와 송아지의 존재로 보건대 호랑이가 먹잇감으로 노리고 있는 송아지를 황소가 보호하고 있는 상황이 아닌가 싶었다. 혹시 그렇다면 왜 황소가 뿔을 사용하지 않고 꼬리로 맹수에 대응하고 있냐는 질문을 받을 수 있겠다. 그것은 호랑이 등 맹수가 덩치가 큰 포유류 짐승을 사냥할 때는 뒤쪽에서 공격하는 것이 일반적 상황이기 때문이고, 한 가지 덧붙인다면 아마도 이 작품의 균형성을 고려한 것이 아닌가 싶다. 즉 원래 두상 부위가 큰 것이 황소인데 그 쪽에 호랑이를 붙여 놓는다면 이

작품은 균형을 잃고 쓰러질 것이다. 이런 생각을 뒷받침해 주는 것이 아마도 호랑이일 맹수가 상대적으로 작게 만들어져 있다는 점이다. 물론 송아지는 황소의 양발 사이, 배 밑에서 아주 안전하게 자리를 잡고 있는데, 이것은 이 작품의 물리적 중심점 노릇을 하고 있는 것이 분명하다. 이런 나의 추측이 꼭 맞는 것은 아니겠으나 어찌됐든 내 나름대로의 상상으로는 그러했다.

한 꼭지 남는 궁금증은 이 작품의 제목이 그러하듯 책상처럼 뭔가를 올려놓거나 작업하는 용도로 쓰인 물건일 텐데 도대체 무엇을 올려놓고 썼느냐 하는 점이었다.10) 나중에 자료를 찾아보니 고대 중국에서 "안(案 중국어발음도 안[an]임)"이라는 글자는 "조(俎 중국어발음으로는 주[zu]임)라는 글자와 같은 의미로 쓰이기도 했는데, 제사에서 양이나 소 같은 짐승을 제물로 바칠 때 그것을 올려놓는 제기를 의미했다.

한편, 디앤구오어(滇国)의 유물 가운데 조인동모(吊人铜矛)라는 것이 있었다. "사람이 매달린 구리 창날(吊人铜矛)"은 길이가 41.5cm인데 1956년 윈난 진닝(晋宁) 석채산(石寨山) 6호분에서 발굴되었다. 이 청동유물의 특징은 창날 아래쪽에 매달린 장식에 있다. 팔을 뒤로 묶인 채 고통을 호소하면서 나체로 매달린 두 사람은 쿤밍족 출신의 노예인데, 고대 디앤구오어의 통치 계급이 노예에 대하여 잔혹하게 징벌을 내림으로써 특권의식을 드러내려는 의도가 깔린 장식품인 듯하다.

디앤구오어의 노예는 주로 전쟁 중의 포로 출신이거나, 정복지 백성들이었다. 그 중 특히 변발을 한 "쿤밍"족이 가장 많았다. 쿤밍족이 세운 쿤밍구오어(昆明国)와 디앤구오어 간의 전쟁은 끊임없이 이어졌는데, 쌍방은 상대방의 사병들을 포로로 잡거나 민간인들을 약탈하는 것이 빈번했다.

사진 9 __ 조인동모(吊人铜矛)
적국의 포로를 노예로 거둔 디앤구오어 귀족들이 의장용 창날에 나체로 결박한 노예를 장식품으로 부착해 놓았다.

---

10) 중국정부는 1993년 1월에 지앙추완현에 중국 최초의 청동기박물관을 세웠는데 이름하여 리지아산 청동품 박물관이다. 당시 출토된 대다수의 청동기는 모두 이 박물관에 전시하고 있다. 단, <우호동안> 만큼은 상징적으로 <윈난성박물관>에 진품을 전시하고 있다.

쿤밍에 있는 옛 "윈난육군강무당(云南陆军讲武堂)"은 근대 중국 장군의 요람

위앤통쓰(圓通寺)와 추이후(翠湖)공원을 거쳐 15분 정도 자전거 페달을 밟으니 윈난대학이 나타났고, 곧이어 벽을 삶은 계란 노른자로 칠한 듯한 "윈난육군강무당(云南陆军讲武堂)" 터가 나타났다.

쿤밍 시가지를 돌아다녀 보면 노란색을 많이 발견하게 된다. 건물의 벽 색깔을 노랗게 칠한 것도 그렇고, 특히나 공항에서 도심으로 진입하는 도로에 줄지어 세워 놓은 조명등의 색상도 노란빛이다. 우리에게 노란 색은 개나리꽃이나 병아리를 연상시키고 그것은 곧 초봄의 이미지로 이어진다. 그런데 노란색으로 많이 치장된 쿤밍을 "봄의 도시(春城)"라 부르니 어쩐지 이들에게도 노란빛은 봄과 어울리는 빛깔인 모양이다. 그런데 도시를 노란색으로 물들이기 전에 이미 쿤밍은 "봄의 도시"로 불렸을 것이다. 왜 그랬을까? 사철 날씨가 춥지 않고 꽃이 많아서였을까?

당나라 시인 한위(韓翃)는 <한식(寒食)>이라는 시를 지어 "봄의 도시는 어느 곳이건 꽃이 날지 않는 곳이 없다(春

사진 10 _ 윈난육군강무당(陆军讲武堂)

호수를 바라보며 자리 잡고 있는, 군사학교라고는 믿기지 않을 정도로 예쁜(?)곳이다. 이 강의동 안쪽으로 연병장이 있다. 1916년에는 이범석을 비롯한 4명의 한국청년들이 이 학교에 입학하였다. 한인들의 입교는 11기에서 19기 사이에 활발하였으며 졸업한 한국인의 수는 50여 명이다. 이들은 만주지역의 독립군이나 독립운동 진영에서 조직한 군사조직에서 활동하였다. 과거의 교사 일부가 전시실로 운영되고 있는데, 윈난육군강무당학교 전시 공간에는 1910년대부터의 강무당 전경, 수업사진, 훈련사진, 막사 내부 사진, 수업시간표, 졸업증서, 학적부, 시험답안지 등이 전시되어 있다.

城无处不飞花"고 노래했다. 물론 이 시구에서 봄의 도시는 어느 특정 지역의 이름은 아닐 것이고 봄빛이 완연한 도회지를 의미한다 할 것이다.

그런데 명대 문인 양선(杨慎)[11]이 강남 지방에서 30여 년을 살고 쓴 장편 시 가운데 <전해곡(滇海曲)>에 나오는 "날씨는 항상 춘삼월이요, 꽃가지에는 사시사철 봄기운이 끊이지 않는구나(天气常如二三月, 花枝不断四时春)"라는 구절은 분명히 쿤밍의 사계가 봄과 같음을 노래한 것이다. 왜냐하면 제목에 나오는 "디앤(滇)"자가 윈난 지역을 일컫는 글자이기 때문이다.

양선은 <춘망삼절(春望三绝)>이라는 시도 썼는데 "춘성(春城)에 나도는 풍물들이 원소절이 가까웠음을 알리는구나. 버들가지는 발로 만든 우리 같고 꽃은 배를 뒤집는구나(春城风物近元宵, 柳亚帘栊花覆桥)"라고 읊었다. 여기서 "춘성"은 분명히 쿤밍을 가리키는 말이었다. 왜냐 하면 그 앞에서 쿤밍을 뜻하는 또 다른 지명인 "양저우(杨州)"를 내비쳤기 때문이다. 그는 유배지 쿤밍에서 새봄이 오는 것을 보고 고향 생각에 젖어 시심을 드러낸 것이다. 이처럼 쿤밍을 "봄의 도시"로 자리매김 한 것은 이미 450여 년이나 되었다.

군사학교답지 않게 인상적인 노란 벽면에 눈이 팔려 입구도 제대로 찾지 못했다. 여기저기 기웃거리다 건물을 빠져나올 즈음해서 비로소 정문을 발견했다. 가로 세로 각각 120여m쯤 쓰흐어위앤(四合院) 형태의 교정은 원래 1909년 청 왕조가 자기 개혁을 위해 시도한 몇 가지 조처 중 하나로, 신식 군대를 훈련시키는 곳이었다.

근대 윈난의 역사에 있어서 문(文)과 무(武)를 각기 대변하는 두 개의 학교가 있다. 문(文)은 서남연합대학(西南联合大学)을 가리키고, 무(武)는 윈난육군강무당(云南陆军讲武堂)이다. 서남연합대학은 훌륭한 과학자, 교육자를 많이 배출했고, 윈난육군강무당은 걸출한 군인과 혁명가를 양성해냈다. 특히 윈난육군강무당의 졸업생들 가운데

---

11) 중국 명(明)나라 문인. 四川省 출신. 1511년 과거에 장원 급제하여 한림수찬(翰林修撰)이 되었다. 1524년 계악·장총 등이 기용되었을 때 뜻을 같이하는 이들 36명과 함께 반대의견을 황제에게 상소(上疏)하였다가, 이로 인해 황제의 미움을 사서 윈난(云南)으로 유배되었다. 경학(经学)과 시문(诗文)에 뛰어났다. 저서로는 ≪단연총록(丹铅总录)≫, ≪승암집(升庵集)≫ 등이 있다.

후일 중화인민공화국의 10대 원수(元帅)가 된 이들 즉, 주드어(朱德)[12]와 이에지앤잉(叶剑英) 등이 있어 이 학교를 "혁명의 용광로"라고 일컫는다.

이 학교의 창설은 청말 신군의 건립과 직접적 관계가 있다. 20세기 초, 청 정부는 전국에 신군 36개 진(镇 : 후일 중국혁명군의 편제로 보자면 师에 해당)을 조직하기로 결정했다. 마침 변방에 위치한 윈난은 국방상의 필요성에 의해 천진과 봉천에 이어, 신군 두 개 진을 조직하기로 하였다. 1909년 2월에 윈난 신군이 창설되면서 "제19진"으로 명명되었다. 관병이 총 1만 900명으로 계획되었고 이와 동시에 윈난성 전체 방위대(全省巡防队)도 병영제(兵营制)로 개편하여 총62개 영(营)을 구성했기에, 제19진과 62개 영의 전체 병력이 3만 5,000명에 이르렀다.

신군의 편성과 훈련은 신식 군관을 필요로 했기에 육군학당을 열어 인재를 배양하는 것이 필수적인 일로 떠올랐다. 윈난육군강무당은 청말 각지에서 창설된 강무당 중 가장 중요한 곳이었다. 이 강무당은 1907년 9월에 처음 선을 보였는데, 육군소학당(陆军小学堂) 총책임자가 겸직 관리하였다. 개학 초기에는 학생 수가 86명이었으나 이듬해 2월이 되자 학교에 남아 있는 이는 41인에 불과했다. 학당의 설비와 교학 수준이

---

[12] 주드어(朱德)는 중화인민공화국을 성립시킨 영도자 중 한명이다. 10대 원수 중 红军(인민해방군의 전신)을 조직한 실질적인 장본인이고 항일전쟁 시기에는 그를 마오쩌둥과 동일 인물로 알고 있는 사람들이 많았다. 쓰추완성(四川省) 출신인 그는 1909년 쿤밍(昆明)에 도착하여 운남육군강무당(云南陆军讲武堂)에 진학하였다. 같은 해에 손중산(孙中山)이 이끄는 혁명단체인 중국동맹회(中国同盟会)에 가입하였다. 1911년 윈난에서 신해혁명 무장봉기에 참여하였고 1915년에는 원세개(袁世凯)의 군주제 부활 운동에 반대하는 전쟁에 참여하였다. 1917년에 전군(滇军. 운남성 군)의 여단장에 임명되어 사천에서 북양군벌 단기서(段琪瑞)에 반대하여 호법(护法)전쟁에 참여하기도 하였다. 10월 혁명과 5.4운동의 영향으로 그는 점차 마르크스주의에 빠져들기 시작하였다. 1922년 독일로 유학을 떠나 베를린에서 저우언라이(周恩来) 및 기타 공산주의자들을 알게 되면서 중국 공산당에 가입하였다. 1927년 제 1차 국공합작이 깨진 후 8.1 남창(南昌) 봉기에 지도자로 참여하여 봉기군 제9군의 군장을 맡았다. 1928년 4월 부대원 만 여명을 인솔하여 정강산(井冈山)에 입산하여 마오쩌둥 등과 협의하여 공농민혁명군(후일 红军)을 창설하여 제4군 군장을 맡았다. 중화인민공화국 초대 중앙인민정부부주석 및 중앙인민해방군 총사령관을 역임했다. "문화대혁명"시기에 그 또한 린비아오(林彪), 지앙칭(江青)등 4인방 그룹에 의하여 핍박을 받았으나 마오쩌둥의 보호로 숙청은 면하였다. 그러다가 마오가 죽기 두 달 전쯤인 1976년 7월 6일 북경에서 별세하였다.

낮아 결국 7월에 문을 닫게 되었다. 그러다 1년 후, 윈꾸이(윈난과 꾸이저우) 총독이 새로 학교 문을 열었다.

윈난육군강무당이 새로 문을 열 즈음, 마침 일본육군사관학교 제6기 중국 유학생들이 졸업하여 귀국하였다. 윈난성 당국은 그들 가운데 인재를 물색하여 이 강무당의 교관과 직원으로 중용하였다. 이 47명의 교직원 가운데 리껀위앤(李根源) 등 동맹회(同盟会) 회원들이 17명 이었고, 혁명 참여자도 11명이나 되었다. 또한 이들 가운데는 이미 일본 각 학당 졸업자가 28명이나 되고, 뻬이징 대학의 전신인 뻬이징 경사대학당(京師大学堂)에서 수학했던 이도 4명 있었다. 이로써 윈난육군강무당 교원들의 교학 수준과 정치적 성향을 알 수 있겠다.

청 왕조의 바람과는 상반되게, 이 학교는 동맹회에 중요한 활동 무대를 제공한 셈이었다. 혁명당 인사들이 강무당의 대권을 장악했던 것이며, 게다가 리껀위앤이 교학과 훈련을 책임지는 부교장을 맡아 윈난 혁명의 중요 거점을 만들었다.

윈난육군강무당은 건학 초기에 몇 가지 특징이 있었다. 첫째는 규모가 컸고 학생 모집 횟수가 많았다. 즉 3개 반을 개설하여 첫 기로 420명을 모집하였다. 둘째로는 교육 기간이 길었다. 보통 한 기마다 4개월간 교육 및 훈련이 시행되었으나 육군강무당은 1년 이었고 특히 특별반은 2년 반 내지 3년이었다. 셋째로는 병과가 균형을 갖춰 보병, 포병, 기병, 공병, 운송 병과로 나뉘었다. 갑, 을 반은 지형학, 건축학, 병기학, 군사제도학, 위생학, 병과 과정을 배웠고, 병(丙)반과 특별반은 보통학과 및 군사학 기본 과목 즉, 어문, 윤리, 기계화, 수학, 역사지리, 영어, 불어, 보병 체조, 사격 교범, 부대 근무 규정, 공작 교범, 야전실습 등을 우선 배워야 했고, 나중에 학과를 세분화하여 전공 군사학과 일반 병과 과정을 학습하였다.

이 학교의 제도와 학풍은 일본육사와 비슷해 기율이 엄격했다. 매일 6시간 수업에 2시간 체력 단련, 새벽에는 구보 저녁에는 자습, 그리고 야간 유사시 소집훈련 등이 일상화 되었다. 이런 관계로 이 학교 졸업생의 수준은 여타 군사학당에 비해 월등히 높았다. 1909년 9월 28일 새롭게 문을 연 이 학교는 "견인각고(堅忍刻苦)"를 교훈으로 삼았다.

신해혁명 이후, 윈난육군강무당은 윈난육군강무당학교로 개명하여 19기까지 지속되었다. 수천 명의 인재를 길러낸 이 학교는 이후 호국전쟁, 북벌전쟁, 항일전쟁, 해방전쟁 중에 커다란 역할을 했다. 이 학교 출신으로 2명의 중국 원수(朱德, 叶劍英[13])가 있고, 20여 명의 대장 및 수 백 명의 장성을 배출했는데, 특히 3 나라의 국방장관 즉 한국의 이범석(李范奭 1900-1972)[14], 조선의 최용건(崔庸键), 베트남의 보응우앤잡(Nguyên Giáp, 1911年~)이 이 학교 출신이었다.

한편, 아편전쟁 이후 망해가는 청나라를 바로 세우고자 양무운동이나 변법운동 등이 일어났지만, 이 당시 진정 필요한 것은 혁명으로 청을 무너뜨리고 공화국을 세우는 것이라고 느낀 사람이 쑨원(孙文)이었다. 그는 오랜 동안의 반정부 운동 및 혁명에 계속 실패하면서 나라를 세우는 데 있어서 반드시 필요한 것이 군대임을 절감했다.

그래서 그는 황포군관학교(黄埔军官学校)를 세우는데, 앞서 언급한 이에지앤잉이 이 일에 참여해 추진했고, 교수부 부주임을 맡기도 했다. 1924년 이 학교가 개교할 때 보병, 기병, 포병, 공병으로 이루어진 4대 병과 과장도 모두 윈난육군강무당 출신으로 채웠다. 그 뿐만 아니라 황포군관학교의 교과 과정과 교학 계획 및 교재 등도 모두 육군강무당 것을 사용하였다. 한 마디로 황포군관학교의 설립에 윈난육군강무당이 지대한 공헌을 하였다.

---

13) 이에지앤잉(叶劍英)은 중국의 혁명가, 정치가, 군사가로 중화인민공화국 10대원수중의 한명이며 중국 인민해방군을 창건한 지도자 중 한 명이다. 그는 1897년 광동성(廣東省)에서 태어났다. 1916년 부친을 따라 남양군도(南洋群岛)에 갔다가 다음해에 돌아와서 윈난강무당(云南讲武堂)에 입학하여 군사학을 공부하였고, 졸업 후에는 손중산(孙中山)을 보좌하면서 민주혁명에 투신하였다. 료중개(廖仲恺)의 적극적인 요청을 받아들여 황포육군군관학교(黄埔陆军军官学校)를 세우는데 참여하여 교수부 부주임을 맡았으며 이 시기에 마르크스-레닌주의를 받아들였다. 그는 특히 덩샤오핑(邓小平)이 중국의 지도자로 올라서는 데 군부 측의 실질적인 조력자였다. 그는 4인방을 축출하는 데 앞장섰으며, 신중국 건설에 공이 적은 화구오어펑(华国锋) 보다는 일생을 바친 덩샤오핑이 지도자로 복권되도록 큰 힘을 보탰다.
14) 이 학교에 조선 청년의 입교가 가능했던 데는 임시정부 외무부장 신규식 선생의 역할이 매우 컸다. 신규식(1879-1922) 선생은 광동정부의 쑨원과 호형호제 하는 사이로, 자신의 재산 가운데 절반을 쑨원(孙文)의 혁명자금으로 도와주었다. 그는 당시 윈난성 성장이었던 당계요(1883-1927)를 꽝저우에서 만나 조선청년의 강무당학교 입학을 허락받았다.

中国 云南省 人文紀行
소수민족 문화의 영속성

근대 쿤밍을 유럽 스타일로 바꾼
전월(滇越)철도는 식민침략의 상징

　쿤밍이 중국 서남의 작은 유럽이라 불리는 데는 전월(滇越)철도의 영향이 크다. 프랑스가 베트남을 식민지로 삼아 주둔하면서 중국을 넘보는 과정에서, 하노이에 비해 기후가 쾌적한 쿤밍이 휴양지로도 제격이었고 중국으로의 진입 관문이 될 수도 있었던 것이다. 100여 년 전, 월남의 해방항(海防港)에서 윈난 쿤밍까지의 전월(滇越) 철로 공사가 시작되었다. 그 후 1910년에 흰 연기를 내뿜으며 달려 들어오는 열차를 보면서 사람들은 놀라움을 금치 못했고 이로부터 윈난의 역사가 바뀌었다.15)

사진 11 __ 쿤밍 춘성로(春城路)
공항에서 도심으로 진입하는 도로인 춘성로는 밤이 되면 노란 유채꽃을 닮은 가로등으로 황홀한 빛에 휩싸인다.

　이 철로는 프랑스 제국주의가 중국을 침략하는 주요 통로 중의 하나가 되었다. 1840년 아편전쟁 후 프랑스와 영국은 중국에 진입할 수 있었는데, 1885년 6월 프랑스는 중불전쟁을 통해 무력으로 중국의 서남쪽 문호를 열어젖혔으며, 곧이어 프랑스는 윈난의 철로 보수 및 부설권을 탈취하였다. 1898년 3월에 프랑스 주중공사는 요동반도를 중국에 귀속시키는 데 기여한 공을 내세워 꽝저우

---

15) 이 날 쿤밍 기차역에서 거행된 전월철로 개통식을 보러간 윈난육군강무당 학생들은 프랑스 국기를 꽂은 기차를 보고 울분을 터뜨렸다. 강무당의 교장 리껀위앤(李根源)은 침통하게 학생들을 향해 말했다. "전월철도가 개통되었으니 이제 윈난은 프랑스의 세력 범위 내에 들어가게 되었으며, 윈난성의 재난이 코앞에 닥쳤다. 모두들 오늘을 잊지 말라."

만을 할양할 것을 요구함과 동시에, 베트남과 윈난 간 도로 건설권을 요구해 왔다. 그리하여 1899년 9월에 프랑스 동방회리은행(东方汇理银行 Calyon Bank)이 주축이 되어 전월철로공사를 세웠다.

프랑스의 강압에 못 이겨 시작된 철도공사는 도중에 끊임없는 인민들의 저항을 받았으나 프랑스의 강권과 청정부의 부패로 인해 번번이 진압되곤 했다. 쿤밍과 하노이 간의 전월 노선은 지세가 험준한데다가 무리하게 시공을 강행했기에 "침목 하나에 한 사람의 목숨, 침목 박는 못 하나에 한 방울의 피"라는 민요가 생겨났다. 이 철로는 노선 길이가 중국 쪽 북단은 469㎞이며, 베트남 경내인 남단은 389㎞이다. 베트남 지역 철로는 1901년에 포설하기 시작해서 1903년에 완성시켰다. 그리고 중국 쪽은 1904년에 공사를 착수하여 1910년에 끝냈는데 교량이 425개, 터널이 155개나 되어 전 구간의 36%를 차지한다.

1910년 3월 31일 드디어 전월철로 전구간이 개통되었으나, 철로의 폭이 1미터(표준 1.435미터)에 불과했고 운송량도 20톤 미만이고, 또한 증기기관으로 시속 30㎞ 40㎞에 불과해 높은 산을 오르기에는 힘에 겨웠다. 그래서 "기차가 자동차보다 빠르지 않다"는 말을 낳았다.

전월철도가 완공된 후 윈난 전체의 상업은 프랑스인의 손아귀에 들어갔고 윈난 정부 역시 파리 정부의 수중에 놓이게 되었다. 노선이 개통되고 나서 10년 동안 윈난의 물자뿐만 아니라 각종 수출입 세금 명목으로 많은 자금이 프랑스에 의해 착취당했다. 심지어는 윈난의 외환업무가 프랑스 은행에 의해 조종되기에 이르렀다. 이와 더불어 전월철도는 또한 윈난 자연경제를 상품경제로 전화시켰고 윈난 사회를 반봉건 반식민지 상태로 빠뜨렸다.

그런데 교통과 공업에 변화를 가져왔다. 우선 중월 변경지대에 화물을 옮겨와서는 물길로 베트남의 항구와 홍콩, 상하이를 연결했다. 또한 중국 제1의 수력발전소에 독일 지멘스사의 발전 및 송전설비가 들어와 윈난의 공업 발전을 촉진했다.

사회생활 면에서도 많은 변화를 가져왔는데, 쿤밍 거리에는 프랑스풍의 병원, 교회당, 상점, 주택이 즐비하게 늘어서기에 이르렀고, 전봇대, 전화, 수도, 자동차 등이 일부 사람들의 생활 도구가 되기도 하였다. 또 영화를 보거나 양복을 입거나, 남녀 공학을 다니게 되고, 고개 숙여 하는 인사가 무릎 꿇고 올리는 인사를 대체하기에 이르렀다.

그러다가 1940년 초, 일본이 베트남을 침공한 후 곧 베트남 쪽 전월철도 구간을 장악했다. 6월이 되자 프랑스정부는 일제의 요구에 영합하여 중국 화물이 베트남 쪽 전월철도를 이용해 중국으로 운송되는 것을 금지시켰다. 이에 맞서 국민당정부도 일제의 윈난 침입을 막고자 하구대교(河口大桥)를 폭파시켰다. 1946년 2월이 되어서야 중국과 프랑스는 교섭을 통해 그 동안의 손실을 프랑스 정부가 배상하는 조건으로 전월철도의 쿤밍 쪽 경영권을 중국이 차지하게 되었다.

이처럼 전월철도는 쿤밍을 공업화 시키고 도시화시킨 한편, 경제적 착취와 수탈의 도구로 충실히 한몫 했다. 중국측 전월철도는 1957년에 복구되어 "쿤흐어(昆河)철도"로 이름을 바꾸었다.

사진 12 __ 전월철도
윈난의 18대 기담 중 하나인 "기차가 자동차 보다 느리다"를 보여주며 고산 지대 협애를 관통한다.

스린(石林)에 가면 그녀는 아스마(阿诗玛) 나는 아흐에이(阿黑)

아침 식사를 마치고 곧바로 차량을 수배하여 10시에 스린(石林)으로 떠날 수 있었다. 쿤밍에서 가장 유명한 볼거리는 아마도 스린(石林)과 지우시앙(九乡)동굴일 것이다. 이 두 곳을 하루에 다 돌아보기 위해서는 차를 대절해서 가는 수밖에 없다. 두 곳을 잇는 대중교통이 드문데다가 서로 제법 멀리 떨어져 있기 때문이다.

새 차로 고속도로를 1시간 정도 달려 스린 입구에 도착할 수 있었다. 오늘이 마침 일요일이라 주차장은 이미 빈자리가 없었다. 길가에 주차하고 기사와 시간 약속을 하고는 스린 안으로 들어섰다. 기사 말로는 2시간이면 다 관람할 수 있다고 했으나 우리는 비디오 촬영이 많아 아무래도 3시간은 걸릴 듯 했다. 입장권을 사고 나니(140위앤) 단지 내 운행 셔틀 카트가 눈에 들어왔다. 1인당 6위앤을 내고 한 시간 정도 둘러보거나, 아니면 15인승 쯤 되는 카트를 200위앤에 전세 내어 2시간 이상 단지를 누벼볼 수 있단다. 우리는 굳센 다리로 걷는 게 낫겠다 싶었다. 그래야 자유로이 이곳 저곳을 살펴 볼 수 있을 게 아니겠는가. 그 대신 60위앤을 내고 전문가이드의 안내를 받기로 했다.

20여 명쯤 되는 젊은 안내원의 대부분은 여자였다. 소수민족 복장으로 화려하게 치장한 아가씨들 가운

사진 13 __ 스린(石林)의 웅장한 자태
돌? 바위? 아니, 작은 절벽들이 병풍처럼 겹겹이 이어진 스린은 대석림과 소석림 둘로 나뉜다. 사잇길을 돌다 보면 하루해가 저물 지경이다.

데 한 명을 고른다는 것은 상당히 멋쩍은 일이었다. 해서 그녀들보고 우리를 선택하라고 했더니 모두들 고개를 가로 젓는다. 할 수 없이 내가 내세운 조건은 누가 말하기 좋아하느냐 였다. 그랬더니 모두들 이구동성으로 다들 말하기 좋아한단다. 이래서는 해답이 안 나오겠다 싶었다. 나는 선택권을 친구에게 맡겼다. 그랬더니 이 친구가 대뜸 계단 중턱에 앉아 있는 아가씨를 지목했다. 그의 말인즉슨 어느 정도 나이가 있어 지식을 갖춘 듯한 안내원을 고르는 것이 상책이란다. 이건 후일담이지만 친구의 선택은 옳았다. 이족(彝族)인 이 아가씨는 우리가 사람으로 붐비는 곳을 싫어한다는 것을 알자 대뜸 자신만이 아는 소롯길로 우리를 안내했으며, 틈틈이 바위에 얽힌 전설이라거나 소수민족의 삶을 이야기해 주었다.

이 아가씨가 들려준 이야기가 바로 "아스마(阿诗玛)와 아흐에이(阿黑)" 이야기다. 그녀는 자기를 "아스마"라 불러 달라 했고, 우리보고는 "아흐에이끄어(阿黑哥)"라고 불렀다. 한자에서 감을 잡을 수 있는데, 이족(彝族) 아가씨들은 검은 피부의 오빠를 좋아하고 그 반대인 흰 얼굴의 오빠를 싫어하는 모양이다. 왜냐하면 얼굴이 검은 오빠는 성실하고 우직하고 순수한 반면에, 얼굴이 흰 오빠는 한마디로 바람둥이 기질이 있는 것으로 판단한단다. 실제로 이런 사람을 보면 "아바이끄어(阿白哥)"라고 놀려댄다고 했다.

아즈어띠란 곳에 예쁜 딸을 낳은 부부가 있었다. 아이는 아스마(阿诗玛)란 이름으로 불렸고 크면서 미인이 되었는데 춤과 노래에 능했다. 한편, 12살에 고아가 된 아흐에이(阿黑)가 산에서 열매를 따다가 길을 잃었는데 마침 그곳에 양떼를 몰고 가던 아스마가 발견하여 자기 집으로 데려갔다. 아스마 부모는 아흐에이를 양

사진 14 _ 스린(石林)의 가이드 이족(彝族) 아가씨

이 아가씨의 모자를 만지면 안 된단다. 왜냐하면 이들의 구혼 동작이 된단다. 그래서 모자로 처녀와 유부녀를 구분할 수 있도록 처녀들의 모자에는 댕기처럼 늘어진 부분이 있다. 구혼을 해 놓고 여자가 승낙하면 혼례 전에 3년간 여자의 집에 가서 머슴살이를 해야 한단다. 결혼지참금 대신에 우리나라의 데릴사위 역할을 해야 하는 모양이다.

아들로 삼아 키웠는데, 이 아이는 성실하고 건장하게 커갔다. 농사일에 능숙했고 장작 마련에도 남보다 앞섰으며 특히 활을 잘 쏘았다. 생김새도 늠름해지고 쾌활한 성격에 강직해 뭇 여인들의 인기를 끌었다.

이 둘은 혼사 때가 되매 서로 가연을 맺기로 약속했다. 그런데 근동에 사는 못 돼먹은 부잣집 아들이 아스마를 우연히 보고는 가당찮은 청혼을 해왔다. 이에 응할 아스마가 아니었다. 가을이 되어 아흐에이가 양떼를 몰고 먼 곳으로 가자, 부잣집에서 결혼을 위한 회유와 협박을 노골적으로 해왔다. 아스마의 의지를 꺾고자 급기야는 집안 장정을 시켜 자기 집으로 납치했다. 그러고는 금은보화를 내밀면서 결혼을 강요했으나 뜻을 굽히지 않자 나중에는 아스마를 모질게 구타한 후 어두운 광에 가두었다.

한편 이 사실을 알게 된 아흐에이는 단숨에 돌아와 아스마를 구하러 갔다. 이를 가로막고 선 악덕지주 아들과 사흘에 걸친 노래대결, 장작패기 등 온갖 장애를 극복하고 드디어 아스마를 돌려주겠다는 약조를 받아냈다. 그러나 밤이 늦었으니 날이 밝으면 아스마를 데리고 돌아가라는 말에 속아 아흐에이는 하룻밤을 그 집에서 묵게 되었다.

밤이 깊어지자 악덕지주는 일꾼들을 시켜 호랑이 세 마리를 아흐에이의 방에 집어넣도록 했다. 그러나 이미 낌새를 눈치 채고 준비하고 있던 아흐에이의 화살에 호랑이들은 거꾸러졌다. 아침이 되어 동구 밖에서 아스마가 나오길 기다리던 아흐에이는 시간이 가도 소식이 없자, 화가 나서 부잣집을 향해 화살을 매겼다. 첫 발은 그 집 대문에, 두 번째는 지주의 방에, 세 번째 화살은 조상에 제물을 진상하는 탁자에 명중했다.

신궁(神弓)에 집이 무너질 듯하자 아스마를 집밖으로 내보내기에 이르렀지만 이 두 부자는 끝까지 아흐에이와 아스마를 괴롭히고자 독랄한 암계를 썼다. 아스마의 집으로 가려면 12굽이의 절벽을 돌아가야 하는데 그 아래에는 작은 내가 흐르고 있었다. 암계란 산위의 저수지 제방을 일시에 무너뜨려 아스마와 아흐에이가 이 곳을 지날 즈음, 산사태가 나 작은 내가 급류의 큰 물줄기로 바뀌어 아스마와 아흐에이를 익사시키는 것이었다. 둘이 급한 마음에 귀가를 서두르다 암계에 걸려 아스마가 물에 휩쓸려 떠내려갔다. 간신히 급류에서 빠져나온 아흐에이가 천지사방으로 아스마를

中国 云南省 人文紀行
소수민족 문화의 영속성

찾아 헤맸으나 종적을 찾을 수 없었다.

거의 실신상태에 이른 아흐에이 앞에 작은 벌 한 마리가 날아와 얘기해 주었다. 아스마는 12벼랑에 커다란 바위로 변해 서 있는데 그녀를 다시 사람으로 환생시키려면 하얀 돼지와 하얀 수탉을 제물로 삼아 절벽에 제사지내야 한다는 것이었다.

아스마는 49개의 산을 넘고 81개의 강을 건넌 끝에 가까스로 흰 장닭을 잡았다. 그러나 그는 9개 마을과 18곳의 산채를 찾아 헤맸으나 흰 돼지는 찾아볼 수 없었다. 할 수 없이 그는 검은 돼지를 잡은 후, 산속의 하얀 석회가루를 발라 하얀 돼지로 만들었다. 이를 앞세워 12벼랑 아래서 제사를 준비하던 중 너무 피곤했던 아흐에이는 쏟아지는 졸음을 견디지 못해 그만 잠이 들어 버렸다. 하필이면 이때 비가 내려 돼지 몸에 바른 흰 석회가루를 씻어내 아스마는 제물로 이 돼지를 바칠 수 없게 되었다.

한편 아스마는 사실 물에 떠내려가다가 12절벽 위에 있던 산신의 딸에 의해 구조되었다. 그러나 그녀는 아스마를 그냥 돌려보내지 않고 벌을 시켜 아흐에이에게 흰 돼지와 수탉으로 제사를 지내게 했던 것이다. 만일 제물을 제대로 바친다면 아스마를 아흐에이 곁으로 가도록 도와주려 했으나 그렇게 되지 않자, 그녀는 아흐에이를 산봉우리같이 생긴 바위로 만들어 벼랑에 세워놓고는 메아리를 관장케 했다.

이런 슬픈 사연을 담고 있는 전설의 주인공을 흠모하여 이 곳 아가씨들은 아스마가 되고 총각들은 아흐에이가 되는 모양이다. 小스린에는 아스마石으로 이름 붙여진 바위가 오늘도 아흐에이가 제대로 된 흰 돼지를 잡아 제물로 바치기를 기다리고 있다.

사진 15 __ 아흐에이를 기다리고 있는 아스마石

전설은 모두 애닯기 마련이던가? 세월의 풍상에도 아랑곳 않고 오늘도 그녀는 임이 오기만을 두 손 모아 기도한다.

지우시앙(九乡)을 들르지 않으면 윈난(云南) 잘못 갔다 온 거라네

지우시앙(九乡)은 대략 30㎢ 크기의 카스트 지질공원이다. 땅위로는 스린(石林)을 보고, 땅 아래로는 지우시앙(九乡)을 봐야 윈난을 제대로 둘러 본 것이라는 말을 몇 차례 들었다.

지우시앙 동굴은 당연히 중국 국가급 풍경명승지 가운데 하나이면서, 국제 동굴협회 회원이다. 자연물을 놓고 회원이라 하니 어째 어색한 느낌이다.

이 동굴은 쿤밍시의 동쪽 90㎞ 지점에 이족(彝族)과 회족(回族)이 모여 사는 구역 내에 있으며, 스린(石林)과는 60㎞쯤 떨어져 있다. 기실 지우시앙 풍경 구역은 하나의 동굴이 아니라 백 여 개 이상의 크고 작은 동굴로 이루어져 있다.

이 곳의 특징 가운데 하나는 물이 대단히 아름답다는 점이다. 석회암 동굴 내에 있는 물줄기는 2㎞ 가량 배를 탈수도 있을 정도로 크고 맑다. 물론 동굴 바깥의 협곡("九乡荫翠峡")에도 배를 탈 수 있는 계류가 있다.

사진 16 _ 석회암 동굴 천국 중국의 자랑 지우시앙 (九乡)

중국에는 정말 동굴이 많을 뿐만 아니라 규모 또한 대단하다. 꾸이린의 꽌앤동굴도 장관이었지만 지우시앙 또한 만만찮다.

中国 云南省 人文纪行
소수민족 문화의 영속성

지우시앙은 원래 이족(彝族)들의 땅이어서 이들 소수민족의 전통 문화와 관습이 농짙게 배어 있다. 그 가운데 지우시앙 엽신절(九乡猎神节)은 거창하게 지내는 축제이다. 1년에 한 차례 음력 2월 초하루에 벌어지는 이 엽신절을 축하하기 위한 각종 활동은 사냥신에 대한 경외와 풍족한 사냥을 기원하는 의미를 갖는다. 이러한 활동에는 씨름, 투우, 전통 산골 노래 및 민속춤 등이 있다.

동굴 안을 돌아다니다 보면 기기묘묘한 석주를 볼 수 있는데 그 중 하나가 신녀궁(神女宮)이다. 신녀궁은 종유석이 풍만하고 영롱한 불빛을 받아 눈을 찌른다. 흡사 목욕을 막 끝낸 아름다운 선녀같아 보인다. 또 와룡동의 자웅폭(雌雄瀑)은 거석에 의해 물길이 잠시 갈리지만 금세 손을 맞잡고 30여 미터 아래로 낙하하는 장관을 연출한다. 그 뿐 아니라 신의 밭(神田)은 층층이 명징한 물을 가득 머금고 있어 경탄을 자아낸다.

동굴 밖에는 이족 선조들이 바위에 새긴 80여 개의 암각화를 볼 수 있는데 태양신과 여성의 생식기를 숭배하는 내용을 담고 있다. 또한 지우시앙 남쪽으로는 옛 장성이 보인다. 1,600여 년 전에 세운 이 남방 장성은 1km쯤 남아 있다.

사진 17 _ 신녀궁의 천장 모습
기나긴 세월 석회성분이 녹아 흘러 내리면서 만들어진 석순이 마치 나무 열매 같이 매달려 있다. 조명을 받아 그 모습이 현란하다.

쿤밍 민족촌에서 뜻하지 않게 발견한 회족 사람, 항해가 정화(郑和)

정화(郑和)가 2만 7,800여 명의 장정으로 함대를 꾸며 서양을 향해 출항한지 올해로 604주년이 되었다. 그러니깐 1405년 7월 11일 정화는 처음으로 함선 62척과 부속 소함선 40여 척으로 선단을 꾸려 쑤저우만(苏洲湾)을 떠나 멀고도 먼 항해의 길에 나섰다.16) 그 후 1433년 정화가 귀국하자마자 죽은 그 해까지 그의 함대는 7차례에 걸쳐 태평양, 인도양, 대서양을 거쳐 홍해와 아프리카 동해안(현재 케냐의 마린티)까지 뱃길을 넓혔고 방문했던 국가는 모두 30여 국이 넘었다.17)

이러한 역사적 활동도 흐지부지 잊혀진 판에 그 주인공의 고향이 어디인지는 그다지 세인의 관심을 끌지 못함이 당연하다. 그런데 쿤밍에 있는 민족촌을 관람하다가 그가 윈난 출신의 후이주(回族)라는 설명문에서 눈을 뗄 수가 없었다. 중국 역사에서 유일무이한 항해가로 알려진 정화가 한족이 아니라는 사실이 이채로웠다. 그리고 보니 오히려 한족이 아닌 것이 뱃길을 나서게 할 수도 있었겠다는 생각이 들기도 했다. 아무래도 이참에 정화에 대한 공부를 해야겠다고 마음먹었다.

---

16) 소주에서 출발한 함대는 참파(지금의 베트남 중부)와 수마트라를 거쳐 팔렘방, 말라카, 실론(지금의 스리랑카) 등의 항로를 거쳐 1407년 초쯤 인도 캘커타에 도달했다. 2차 항해(1407~1409)는 인도와 태국을, 3차 항해(1409~1411)는 페르시아만, 4차 항해(1413~1415)는 아프리카 동해안, 5차 항해(1417~1419)는 아프리카 동부, 6차 항해(1421~1422)는 페르시아만과 중동, 마지막 7차 항해(1431~1433)는 홍해와 메카를 다녀왔다.

17) 그가 콜럼버스보다도 71년 이르게 미 대륙을 발견했고, 마젤란 보다는 116년 앞서 세계를 항해했다는 주장이 제기된 바 있다. 영국의 해군 퇴역 장교 출신 가빈 멘지스는 14년간의 조사를 통해 쓴 『1421년, 중국이 세계를 발견한 해』(Gavin Menzies, *1421 The Year China Discovered the World*, London: Bantam Press, 2002)라는 저서에서, 콜럼버스가 아메리카 대륙을 항해하기 이전에 이미 아메리카 대륙의 존재를 확인해 주는 항해 지도가 있었고, 아메리카 대륙에서 중국 선박의 잔해가 존재한다는 등의 이유를 들어 정화가 처음으로 세계 일주 항해를 했다고 주장한다.

中国 云南省 人文기행
소수민족 문화의 영속성

　　자료를 들춰보니 정화(郑和)의 원래 성은 마(马)씨였고[18] 이름은 싼바오(三保)였다.[19] 명(明) 홍무(洪武) 14년(1381년) 주위앤장(朱元璋)이 윈난 지역을 평정했을 때 12살이던 정화는 포로 8만여 명 사이에 끼어 고향을 등지게 되었다. 이민족 남아를 거세시켜 환관으로 만들던 당시 관행에 따라 그는 곧 환관이 되었고 연왕부(燕王府)에 배속되어 시동 노릇을 했다.

　　그러다가 그는 1399～1402년의 "정난(靖难)의 변"때 무공을 세웠다. 당시 주위앤장의 뒤를 이어 황제가 된 건문제와 지방 세력인 연왕(燕王) 간의 싸움에서 정화는 연왕 편에 서서 공을 세웠다. 연왕이 승리하여 영락제(永乐帝)가 되자 어제의 마싼바오는 정(郑)씨 성을 하사받음과 동시에 환관의 최고 우두머리인 태감이 되었다.

　　그 후 정화는 원양함대를 지휘하는 통수(统帅)직을 맡아 먼 바닷길을 나설 수 있게 된 것이다. 출항 목적은 "세상 끝의 국가도 조공을 바치게 하라"는 것이었다.[20] 현대 사학계에서 논의하는 소위 조공무역의 성격이 강해서 당시 중국의 앞선 문명과 문물 즉, 자기, 실크, 건축예술, 음악, 회화, 한약, 역법 등을 세상에 전하는 게 위주였다.

　　사료에 따르면 당시 정화 함대의 기함(旗舰)인 "보선(宝船)"[21]은 전체 길이가 약

---

[18] 정화의 아버지는 마하즈(马哈只)이고 그는 윈난성 쿤양(昆阳, 오늘날의 쿤밍)에서 태어났다. 성씨인 마(马)는 예언자 마호메드의 자손이라는 것을 나타내는 것이고, 아버지의 이름 "하즈"도 이슬람교의 성지순례를 의미하는 "하지(Haji)"를 차용한 것이다. 선조는 칭기즈칸이 중앙아시아를 정복했을 때 원나라에 귀순하여, 원나라 세조 때 윈난성 개발에 참여했던 색목인 정치가 사이이드 아쟈르이다.

[19] 『아라비안 나이트(千日夜话)』에 신밧드 라는 인물이 바다에 일곱 번 나가 모험을 펼친 끝에 부자가 되어 바그다드로 돌아온다는 이야기가 있다. 그 신밧드(Sinbad)의 모델이 정화(郑和)라는 설이 있다. 정화의 아명은 싼바오(三保)인데 서양에 이 아명이 "Sinbao"로 알려졌다가 다시 아랍권에 전해질 때 맨 뒤의 알파벳 "o"가 "d"로 오역되었다는 것이다. 게다가 7차례의 출항도 우연의 일치일까? 똑 같다.

[20] 영국의 중국역사학자 조지프 니담(Joseph Needham)은 정화 함대의 항해 목적을 다음과 같이 주장한다. 첫째, 정난의 변 때 사라진 건문제의 행방 추적; 둘째, 인도양의 지배자들에게 명의 위엄을 과시; 셋째, 중국의 지배권을 인정하고 조공 요구; 넷째, 해상교역 장려; 다섯째, 진기한 물건이나 동물 취득; 여섯째, 해로와 연안 방위 조사; 일곱째, 지역 국가들의 세력 조사.

쿤밍 민족촌에서 뜻하지 않게 발견한 회족 사람, 항해가 정화(鄭和) | 쿤밍

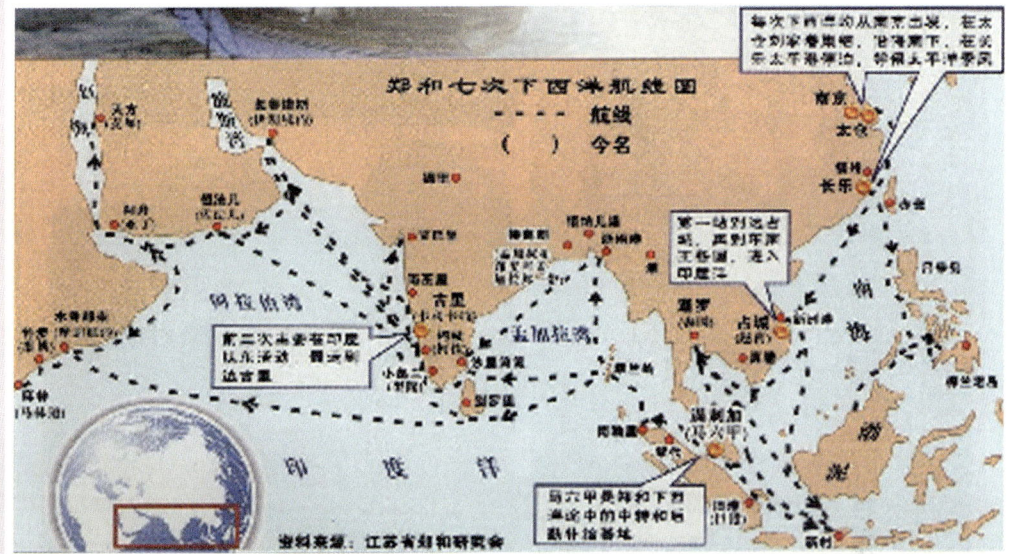

그림 1 __ 정화 함대의 7차에 걸친 인도양 항해도

유럽세력이 바닷길을 개척해 국력을 신장하고 해외식민지를 경영하기 전, 중국은 특이한 목적으로 원정 항해에 7차례나 나섰다. 그것은 식민지 확보 차원이 아니라 "대중화(大中華)"의 위대함을 "오랑캐"들에게 과시하는 데 목적이 있었다.

151.18미터였고, 폭은 약 61.6미터에 이르는 대형 선박이었다. 이런 보함 62척에 다시 부속 소함선 40여척이 추가되어, 총 승무원 수가 2만 7,800여 명에 달했다. 함대의 크기를 짐작하기 위해 콜럼버스가 신대륙 발견에 이용했던 산타마리아 함대와 비교해보면, 그것은 250톤짜리 3척의 규모였으니 정화 함대의 위풍당당한 모습을 상상할 수 있겠다.

정화 함대의 항해가 대체로 평화적이었다는 평가는 2차 원정의 귀환 길에 스리랑카의 "갈레" 섬에 중국어, 타미르어(현지어), 페르시아어(당시 국제어) 등 3개 국어로 쓴 비석의 내용에서 추측이 가능하다. 물론 때에 따라서 자위성 무력을 행사한 적은 있으나 근본 자세는 평화로운 교류였던 듯 하다. 우선 한문으로는 항해가 원만히 이루어짐에 대한 감사와 선원들의 뜻에 따라 사원에서 공양을 드리게 되었다는 내용,

---

21) 이 명칭은 각지 지배자에게 명 황제가 하사하는 물품을 싣고 있으며, 또한 상대방의 헌상물을 싣고 다니는 보물선이라는 의미에서 붙여진 것임.

39

그리고 이를 기념하는 비석을 세운다는 내용을 담았다. 두 번째로 타미르어로는 그들이 신(神)으로 모시는 "테나바라이 나야나르"를 명나라 황제도 존중한다는 내용을 적었고, 끝으로 페르시아어로는 알라와 이슬람 성인의 영광을 찬양하는 글을 새겼다.22)

정화의 마지막 원정은 영락제의 손자인 선덕제(宣德帝)가 내린 명령에 따른 것이다. 6차 원정 후 10여년 만에 이루어진 1431년 12월의 원정은 사실 정화의 나이로 보았을 때 무리였다. 그도 처음에는 항해 책임을 거절하려 했으나 그를 대신할 만한 인물이 없었다. 제7차 원정에서 메카까지 성공리에 항해하고 1433년 7월에 귀국하였지만 얼마 후 그는 병으로 죽고 말았다.

명나라는 정화가 죽고 나서, 권력 투쟁의 결과로 원양선박을 해체하고 선원들은 각종 부역에 종사케 하고 군인들은 월남과의 전쟁에 동원하였으며 해상 무역을 금지시키는 등 강력한 "해상 봉쇄령"을 내렸다. 왜냐하면 고위 관리들이 영락제와 정화의 후광에 힘입어 막강한 정치세력이 된 환관들을 몰아내고자 했기 때문이다. 수백 척의 함선을 건조하느라 국고를 축냈고, 또 조공무역을 통해 득보다 실이 많아 국고를 탕진했다는 비판이 정화에게 쏟아졌다.23) 그 뒤 정화의 원정 항해와 관련된 기록들은 대부분 폐기되었다.24)

---

22) 정화 함대가 정박했던 각지에서의 정화에 대한 평판은 좋다. 자바와 수마트라, 태국에서는 정화의 가묘를 세워 그를 위한 제사가 치러지기도 하며, 말라카 왕국은 정화 함대의 보호 아래 성장하여 중국 함대의 항해가 단절된 뒤에도 동서교역의 중계항으로서 번영을 누렸다.
23) ≪수역주자록(殊域周咨录)≫에 따르면 정화의 항해에 대한 기록인 ≪정화출사수정(郑和出使水程)≫은 원래 병부가 보존하고 있었다. 명 헌종(宪宗) 성화(成化) 연간에 황제가 명을 내려 정화 관련 문건을 가져오라 하자, 병부상서 시앙중(项忠)이 관원을 파견하여 문건을 찾았다. 그러나 거가랑중(车驾郎中) 리우따시아(刘大夏)가 이를 감추고 내놓지 않으면서, 그가 역설하기를, "정화의 서양 항해가 수십만 전을 소비하고, 군인과 백성이 죽기를 1만여 명에 이르거늘, 손에 넣은 보물이란 것이 도대체 어떤 이로움이 있던가? 예전에 비록 그 문건이 있었으나 이제는 훼손되고 없는 판에 어찌 그것을 찾고 있는가?" 하였다.
http://baike.baidu.com/view/1988.htm#13 참조(2008.09.04   14:35검색).
24) 정화의 원정 항해에 대해 남아있는 기록은 제4차 원정과 제7차 원정 때 동행했던 마환(马欢)의 ≪영애승람(瀛涯胜览)≫과 페이신(费信)의 ≪성차승람(星嵯胜览)≫, 꽁전(巩珍)의 ≪서양번국지(西洋番国志)≫등 민간 자료이며, 공식 기록은 찾아볼 수 없는 형편이다.

현대 중국의 입장에서 보면 정화의 이러한 놀라운 개척 활동이 국가 발전에 전혀 이용되지 않았다는 사실이 안타까울 것이다. 당시는 유럽 여러 나라들이 스페인과 포르투갈의 바닷길 경쟁에 합류해 너도나도 신항로 개척에 나서기 직전이었다. 그 후의 항로 개척 경쟁이 그때까지의 과학지식을 뒤흔드는 결과를 가져왔을 뿐만 아니라 세계 패권을 쥐는 관건이 되었고, 식민지 개척을 통한 국력의 신장 및 산업혁명으로 이어지는 신기원을 기록했던 것은 두루 알려진 사실이다. 그런데 중국은 그들보다 앞선 발걸음을 떼었음에도 불구하고 목적의식이 달랐고 그것이 정화함대 이후로 지속되질 못해 결국은 유럽 해양 세력에 의해 쇠락의 나락으로 떨어졌다. 만약 정화의 항해가 계속 이어졌고, 또 항해의 목적이 유럽 제국과의 식민지 경쟁이었더라면 세계사는 달리 써졌을 것이다.

쿤밍 꽃신엔 무당파 장문인
장산펑(张三丰)의 손길이 배어있다.

윈난성 쿤밍의 농촌지역 부녀자들은 꽃이 수놓인 직물 신발 "부시에(布鞋)"를 즐겨 신었다. 이 꽃신은 모양이 용머리를 치켜세운 작은 배 같아 보여, 사람들은 "롱추완시에(龙船鞋)"라고 부른다. 이 신발은 한 가지 특징이 있는데 신발 뒤쪽위에 작고 네모진 천조각이 나풀거리며 달려 있다는 점이다. 이와 관련된 전설이 있어 소개하자면

사진 18 _ 완전한 수제 꽃신
소수민족들은 아직도 많은 일상용품들을 직접 손으로 만든다. 전통 복식이나 꽃신 류가 대표적일 텐데, 옛 모습을 그대로 보존한 만큼 전설도 그대로 이어지고 있다.

이렇다.

옛날 옛날 한 옛날에, 쿤밍 주변의 다섯 개 호수 속에 각기 용이 한 마리씩 살고 있었단다. 그들은 자주 바람을 일으키고 파도를 치게 해 쿤밍에 수해를 입히곤 했다. 이를 알게 된 신선 경지에 이른 도인 장산펑(张三丰)은 용을 제압하여 물을 다스리고자(治水) 무당산(武当山)에서 쿤밍으로 왔다. 그는 거지처럼 꾸미고 나타났는데 발에는 부시를 신고 있었다. 헌데 그 부시에는 특이하게도 뒤꿈치 부근에 제법 긴 끈이 달려 있었는데 아마도 이 끈은 신발을 제대로 신을 수 있도록 묶는 데 쓰는 것 같았다. 하지만 웬일인지 장산펑은 이 끈을 제대로 매지 않고 신발을 끌고 다녔다.

장산펑은 첫 번째로 처치할 용을 디앤츠(滇池)에서 찾았다. 하루는 이 용이 또 큰 바람을 일으켜 전츠에서 고기를 잡던 어부들을 모두 물 속에 빠뜨렸다. 이 상황을 목격한 장산펑은 즉시 자신의 양 발을 차례로 앞을 향해 내질렀다. 그러자 발에 헐렁하게 걸쳐있던 부시에 두 짝이 물에 떨어져서는 이내 커다란 배로 변하는 것이었다. 죽을 지경이던 어부들은 곧 이 배에 기어올라 목숨을 건질 수 있었다. 그런데 고기를 잡던 어부들의 숫자가 너무 많아 이 신발위에 모두 올라 탈 수는 없었다. 다시 한 번 위기의 순간이 오는 듯 했으나, 신발 뒤에 너덜거리며 붙어 있던 끈이 동아줄처럼 길어져 곧 물속에 잠겨 있던 어부들이 매달릴 수 있는 생명줄이 되었다. 어부들이 뭍위로 무사히 오르고 나자 장산펑의 배는 낡은 신발로 바뀌었고, 장산펑은 이를 신고 유유히 사라졌다. 이 후로 이곳 사람들은 장산펑을 기리고자 신발을 만들 때 장산펑의 그것처럼 뒤꿈치 부분에 천 조각을 붙이기 시작했다. 그것은 점차 신발을 신을 때 잡고 당겨주는 실용성을 띠게 되었다. 오늘도 새로 꽃신을 깁는 소수민족 아낙네들은 장산펑의 전설을 머릿속에 담고 있을까? 새삼 궁금해진다.

당(唐)과 토번(吐蕃) 사이 부등변 3각 관계에 놓였던 남조국(南诏国)

남조국의 역사적 흔적은 서기 739년부터 779년까지 도성으로 사용된 태화성(太和城)유적지[25]로 남아 있다. 그 가운데 남조덕화비(南诏德化碑)[26]는 멍스어자오(蒙舍诏)가 당나라의 힘을 빌려 할거세력인 6조를 통일시켜 남조국을 세운 뒤,[27] 도리어 당에 대항하고 서융(西戎)세력인 토번왕국에 화친을 청했던 사실을 유감스럽게 여기면서 그것이 토번의 압력 때문이었음을 밝히는 문장이 들어있다.[28]

당시 정세는 국력에 있어서 절대 강자인 중원의 당나라와, 그에 한 시대 맞서보았던 서쪽의 토번국, 그리고 남서쪽의 약체인 남조국이 삼각구도를 이루고 있기는 했으나 그것이 오랜 기간 굳건히 유지될 수는 없었다. 그렇다면 남조국은 자국의 우방이긴 하나 당나라의 독주를 막고자 토번국과 형제국 관계를 맺었다가, 당나라와 세 차례에 걸쳐 전쟁을 벌이고 나서는 다시 당나라와의 관계 회복을 염두에 두기 시작한 것이리라. 그래서 머지않은 장래에 관계 정상화가 되기를 희망하면서 사전 정지작업

---

25) 따리고성 남쪽으로 7km 떨어진 태화촌 서창산(西苍山) 불정봉(佛顶峰)에서 이빈촌(洱滨村)까지 약 3㎢ 정도의 규모임.

26) 태화촌 내 남조덕화비공원에 보존되어 있는데 서기 776년에 높이 4m, 너비 2.4m, 두께 0.6m의 푸른돌에 음각과 양각으로 각기 대략 3,000자(현존 556자), 3,800자를 새겼다. 그 내용은 남조의 형성, 사회제도, 윈난 각 민족간 관계, 남조와 당왕조 및 토번과의 관계, 남조초기 통치계급의 구조, 직관제도 등으로, 남조연구의 초기 자료가 될 만하다.

27) 학자들은 남조국을 이족(彝族)이 세운 것으로 본다. 고대 이족은 아버지와 아들의 이름을 연결해 짓는 습관이 있었는데, 아들의 이름을 지을 때 아버지 이름의 가장 마지막 글자를 성으로 삼았다. 이렇게 사슬처럼 연결된 이름들을 거슬러 올라가면 마지막에 남조국 왕의 시조로 추앙받고 있는 시누루오어(細奴逻)에 이른다. 전설 속의 시누루오어는 작은 마을의 농부였다가 관음의 선택으로 부족 연맹의 수장이 되었다. 박지민 옮김,『대륙의 찬란한 기억』(서울 : 북폴리오, 2004), 120쪽 참조.

28) "阻绝皇化之由, 受制西戎之意"

차원에서 자신의 반당 행위가 결코 자의가 아니었음을 슬며시 털어놓고 있는 것이 아닐까 싶다. 이런 추측을 가능케 하는 것은 남조국이 당나라와 마지막으로 전쟁을 벌인 754년에서 20여년이 흐른 776년에 이 비를 세웠다는 점과 그 후 양국 간의 화평은 794년에 성사되었다는 점이다.

그렇다면 남조국은 왜 당나라와 전쟁을 벌이게 되었을까? 혹시 우리나라 고구려, 백제, 신라의 3국 관계에 있어서, 신라가 당과 연합하여 고구려와 백제를 멸망시켰다가 당의 야욕이 커지자 통일신라가 당과 일전을 불사했던 것과 같은 맥락일까? 나는 이 점이 궁금해져서 관련 자료를 찾아보았다.

당나라 초기에 당은 얼하이(洱海)지역의 토번 세력을 물리치고자 의도적으로 남조(南诏)에 힘을 보태주었다. 당 개원(开元) 16년(서기 728년), 남조의 왕 성루오어피(盛逻皮)가 세상을 뜨자 그의 아들 피루오어그어(皮逻阁)가 제4대 왕으로 등극하였다. 그는 6조 통일의 야심을 갖고 있었다. 그리하여 당의 힘을 빌려 인접지역인 멍시에자오부터 겸병해 나가기 시작해 10년 만인 738년에 6조를 통일시켰다. 이에 당나라는 피루오어그어를 윈난왕(云南王)에 봉했다. 그는 같은 해, 태화성(오늘날의 따리현)으로 천도하고 얼하이 지역의 토번세력을 내몰았으며, 이족(彝族)과 백족(白族)[29] 위주의 남조정권을

사진 19 __ 남조덕화비

이 비석을 찾아 가기 위해 택시를 타야했는데 그 위치를 아는 이가 드물었다. 아이러니하게도 이 비석이 안치되어 있는 누각의 대련 중 좌측 련에는 만고풍상도 남조를 불식시키지 못하리라고 적혀 있다.

---

29) 서기전 1,800년 경에 얼하이(洱海) 지역에는 신석기문화가 펼쳐졌다. 이 호수 주변에 천연 계류가 흘러 사람들은 삶터를 일굴 수 있었다. 야산자락에 반혈식(半穴式) 움집을 짓고 원

확고히 했다. 이는 당나라에 있어 서남지역을 평정한 효과를 본 셈이었다.

그러나 세월이 흐르면서 남조국이 세력을 부단히 확장시키면서 심지어는 동진(東進)을 기해 당제국과의 마찰이 일어나기 시작했다. 당조가 파견한 윈난의 요주(姚州) 도독 장치앤투오어(张虔陀)는 진작부터 남조국 정벌을 주장했다. 그러다가 당 천보(天宝) 9년 즉, 750년에 남조국 왕 그어루오어펑(阁罗凤)이 왕비를 대동하고 장치앤투오어를 찾아왔는데 장은 위세를 빌어 재물을 요구하였을 뿐만 아니라 왕비를 모욕했다.

그 후, 장치앤투오어는 조정에 남조의 확장행위는 당제국에 대한 배반 심리에서 비롯된 행위라고 고하였다. 그러자 그어루오어펑도 당 현종에게 장치앤투오어의 죄상을 낱낱이 밝혔다. 이에 대해 당 조정은 사람을 파견하여 진상을 파악토록 하였으나 장치앤투오어에게 매수된 조사단이 실상을 호도하였다. 이런 상황에서 그어루오어펑은 군사를 동원하여 요주 및 이주(夷州) 32개 현을 공략하고 장치앤투오어를 살해하였다.

사단이 커지자 당 현종은 751년에 지앤난(剑南)절도사 시앤위중(鲜于仲)을 시켜 8만의 병력으로 남조를 정벌토록 했다. 당군과 대치하게 된 그어루오어펑은 사절단을 보내 사죄하고 배상을 약속하면서 점령한 요주도 반환하겠다는 의사를 밝혔다. 이와 동시에, 만일 자신의 화평책을 받아들이지 않는다면 토번과 연합하겠으며, 그렇게 된다면 "윈난 전역이 당의 손아귀를 벗어날 것이 두렵다(恐云南非唐有)"는 말을 전달시켰다. 이에 시앤위중은 수락하기는커녕 사절단을 감금했다. 이로 인해 전쟁은 불가피해졌고 결과는 당나라군의 완전한 패배였다.

천보 13년(754년) 당조는 시어사(侍御使) 지앤난(剑南)유후(留侯) 리미(李宓)에게 10만의 병력으로 다시 남조를 정벌케 하였으나 남조와 토번의 연합군에 의해 철저히 궤멸되었다. 이로써 남조 세력의 확장을 억제하려던 당 현종의 의도는 수포로 돌아갔

시농업과 수렵 및 어획으로 생활을 이어갔다. 이들이 후일 이족과 백족의 원류가 된다. 한(汉)과 당(唐) 시기에는 중원의 적지 않은 한인(汉人)들이 얼하이 지역으로 이주해 왔다. 예를 들면 산시(陕西)의 한중(汉中)이나 산시(山西)의 펀흐어(汾河) 등지에서 한족들이 이주해 온 것이다. 당나라 초기가 되면 얼하이 지구에는 부락이나 제법 큰 규모의 공동체가 생겨나는데, 이를 기반으로 6곳의 소왕국(六诏)이 성립되었다.

다. 이에 대해 당대의 시성 두보(杜甫)는 "변경에 흘러넘치는 피가 바닷물을 이루었는데, 무를 앞세운 황제의 변방 개척 의지는 꺾이지 않는 구나"[30]라며 백성들이 겪는 전란의 폐해를 탄식했고, 시선 이백(李白)도 "정벌전은 시도 때도 없고, 벌판에서 병사들은 싸우다 죽어가고, 져버린 자의 말들은 하늘을 바라보고 슬피 운다."[31]며 탐욕의 정벌전에 죽어나는 것은 민초들임을 애석해 했다.

그러나 남조국의 그어루오어펑은 현명한 군주여서 "작은 나라가 큰 나라를 이기는 것이 화근이 될 수 있고, 인접국과 무탈하게 지내는 것이 나라의 보배(小能胜大祸之胎)"임을 알고 있었다. 그리하여 자신의 공덕을 기리는 덕화비를 세우면서 그 내용 중에 당의 심기를 위무하는 내용을 적었던 것이다. 그렇다면 나의 추측은 일부 어긋난 셈이다. 즉 양국 간의 전쟁 발발은 3국 정립을 원하는 남조가 당에 등을 돌리고 먼저 토번과 연대한 데서 비롯된 것이 아니라, 오히려 남조의 영토 확장이 불필요한 오해를 불러일으켰고 거기에 당 관리들의 그릇된 행위와 오판이 직접적인 원인이었다. 그러나 남조 왕이 당과의 대립은 국가 위기가 될 수 있음을 인식하고 먼저 화평책을 내놓게 되었으리라는 추정은 맞은 셈이다.

한 가지 재미난 역사적 사실은 애초에 전쟁 상대가 될 수 없었던 남조에게 크게 당한 데서부터 당나라의 위기가 커가기 시작했다는 점이다. 즉 이 천보전쟁으로 인해 양귀비에 눈이 멀었던 현종의 통치력이 현저히 약화돼 755년에 안록산(安禄山)의 난[32] 등이 일어나는 촉매제가 되었다는 사실이다. 제방에 뚫린 개미굴이 둑을 무너뜨리는 전조가 되었다고나 할까?

한편, 천보전쟁 후 한(汉) 문화가 윈난에 끼치는 영향력은 줄어들 수밖에 없었다.

---

30) "边延流血成海水, 武皇开边意未已", 杜甫, ≪兵车行≫
31) "征战无已时, 野战格斗死, 败马号鸣向天悲", 李白, ≪战城南≫
32) 제2차 천보전쟁이 일어난 이듬해, 범양(范阳: 지금의 北京), 하동(河东), 평로(平卢) 이렇게 3진을 책임지고 있던 절도사 안록산이 양귀비의 오라버니 양국충(杨国忠)을 토벌한다는 명분으로 거병하여 낙양(洛阳)까지 차지하면서 황제를 칭하였고, 내처 장안(长安)까지 공격해 들어갔다. 이와 아울러 자신의 부장 사사명(史思明)을 시켜 하북(河北) 13개 군(郡)을 점령했다. 이 안사의 난으로 당의 융성은 끝났다.

그러나 천보전쟁에 참전했던 당나라 군사 수십 만 명이 모두 전사했을 리는 없다. 상당수의 패잔병들이 얼하이 지역에 터전을 일구어 생활해 나가기 시작했을 것이다.

그리고 토번의 남조에 대한 통제는 실제로 짧은 기간에 끝났다. 즉 794년에 남조는 토번과의 연맹을 깨고 당과 관계를 회복하면서 서약을 맺었다. 한 가지 재미난 사실은 남조가 "전부락을 한조(汉朝)에 귀속시켜 달라"고 요청을 하고, "한신(汉臣)"이 되어 영원히 둘로 갈라서지 않겠다"는 맹세를 하고 있을 뿐[33], "당(唐)"이라 호칭하며 고개를 숙이고 있지는 않다는 점이다. 왜그랬을까?

남조는 한의 문화가 우월함에 머리 숙이고 있는 것은 아닐까 싶다. 당나라도 어차피 중원의 한 정권에 불과하여 영속되지 못하리라 인식하고, 오히려 당조의 근간을 이루고 있는 중원 전역의 한(汉) 문화를 더 우러르고 있는 것 같다. 왜냐하면 이후, 남조의 집권 세력은 매년 100명 남짓한 학생을 선발하여 청뚜(成都)와 창안(长安)에 유학 보내 한(汉) 문화를 습득케 한다. 또한 모든 남조 수령들이 열심히 한문 경전을 공부했다.[34] 이리하여 한 문화는 백족에게 중요한 영향을 미쳤다. 중원 문화가 남조에 광범위하게 전파되면서 남조의 사회생활에 변화를 가져왔는데, 그것은 새로운 사회공동체로 "백족"을 형성시킨 것이다.

---

33) "请全部落归附汉朝", "誓为汉臣, 永无离贰", 樊 绰, ≪云南志)≫.
34) 林超民 主编,『滇云文化』(北京 : 内蒙古教育出版社 외 4개 출판사 연합출판, 2006), 130-131쪽 참조.

따리(大理) 고성(古城) 옛 주인
남조국(南诏国)의 본주(本主) 신앙

따리의 주요 소수민족 중 하나인 바이주(白族)에게 있어서 "본주(本主)"는 수호신이다. 본주는 현지인들에게 평화와 안녕과 행복과 길상을 가져오는 신이다. 그래서 바이주가 있는 곳마다 본주가 있다. 그러다보니 본주가 오백이나 된다(五百本主)는 말이 생겨났다. 본주신으로 모셔지는 것은 왕후장상(王侯將相) 뿐만 아니라, 지방의 경우에는 백성을 보호하고 복을 내려 주리라 믿는 조상이나 정절을 지킨 열녀 및 거목, 거석도 된다. 본주 숭배는 바이주 특유의 종교 문화 현상인 것이다.35)

바이주 즉 백족(白族)이 가장 숭상하는 본주신은 남조국 대장군을 지낸 뚜완종방(段宗榜)이다. 남조국 역사에 따르면, 버마가 스리랑카의 침략을 받았을 때, 남조국 왕이 뚜완종방을 보내 격퇴시켰다. 이에 버마 국왕은 감사의 뜻으로 뚜완 장군에게 금불상을 보내왔다. 뚜완종방이 개선장군으로 귀국하는 도중에 쿠데타가 일어나 남조국 왕은 시해 당했고, 정변 무리는 뚜완종방의 의중을 물어왔다. 뚜완종방이 우선 거짓으로 쿠데타에 동조한다고 하면서 따리에 도착하자, 조정 신하와 백성들이 모두 금불상을 받들고자 성밖 40리 밖까지 마중을 나왔다. 이 자리에서 뚜완종방은 쿠데타

---

35) 본주(本主)는 한 마을 혹은 여러 촌에서 받들어 모시는 최고의 지역 수호신[社神]이다. 바이주는 천신, 성모, 황제, 태자, 노웅 등을 본주로 모셔 경배의 대상으로 삼고 있다. 본주신앙에서는 인간의 생사화복, 의식주 및 5곡6축들이 모두 본주들의 관할하에 보호를 받는다고 여긴다. 각 마을에는 본주 신위를 모신 사당이나 신상을 지어 일상생활에서 본주의 보호를 받는다. 본주는 자연신, 부락신, 영웅신의 세 종류로 나눌 수 있는데, 자연신은 대부분 농업생산과 연관된 용왕이나 용왕의 모친이다. 부락신은 백족 역사상의 군주, 대신, 장군으로 구성되고, 영웅신은 역사나 전설 중 백성을 위하여 재난을 물리친 이라거나 혹은 악의 세력과 투쟁했던 영웅적 인물들이다. "본주 영접"은 본주 숭배 중 가장 중요한 의식이다. 각지의 본주가 다르기 때문에, 본주를 영접하는 기일 또한 다르고, 형식이나 규모도 차이가 난다. 그런데 대부분 춘지에(음력 정월 초하루), 혹은 본주의 탄생일에 거행하는 수가 많다.

무리를 제거하고 다시 남조 왕을 옹립하였다. 이런 연고로 뚜완종방은 사후에 중앙본주로 추앙받기에 이르렀다.

따리 남조풍정도 본주문화예술광장의 중앙에 모셔진 뚜완종방은 좌우로 북방천왕과 대흑천신을 거느리고 있다. 이와 더불어 8명의 주요 본주상이 세워져 있다. 그 가운데는 당나라가 봉했던 "윈난 대장군"으로 남조국 철기둥(南诏铁柱)를 주조한 장르어진치우(张乐进求) ; 6조 중 하나였던 덩단자오의 왕비로서 남편의 뒤를 이어 남조의 통일전쟁에 끝까지 저항하다 끝내 호수에 뛰어들어 자결한 바이지에(柏节)부인 ; 원래 당의 현령이었다가 남조에 포로로 붙잡혀 재상까지 오른 후 "남조덕화비"의 비문을 짓고 나중에는 남조와 당의 화해에 큰 역할을 한 정후이(郑回) ; 제2차 천보전쟁 때 당의 최고지휘관 리미(李宓) ; 10만의 몽골군을 이끌고 따리국을 정벌한 원나라 세조 후비리에(忽必烈 우리식 용어로는 쿠빌라이) ; 남조국 수군 총대장 왕르어콴(王乐宽) ; 백족이 떠받드는 미의 여신 펑황(凤凰)여신 ; 재신(财神)으로 추앙받는 자오꽁(赵公) 원수 등이 있다.

이들 가운데 바이지에 부인이나 정후이 등은 비록 적이기는 했으나 그의 의기나 혹은 나중에 남조국에 도움이 되었다는 사실이 본주로 추존받기에 부족함이 없었으리라는 생각이 들었다. 이는 아마도 남조국 사람들의 개방성이랄수

사진 20 _ 남조국의 중앙 본주 뚜완종방(段宗榜)
따리(大理) 남조풍정도(南诏风情岛) 본주문화예술광장 중앙에 우뚝 서 있는 뚜완종방은 500여 수호신 가운데 으뜸이다.

혹은 포용성, 그리고 적이라 할지라도 본받을 만하면 높이 기려야 한다는 성숙한 사고를 보여주는 사례인 듯 하다. 하긴 리미(李宓)36)장군마저 본주신으로 자리매김 되었으니 더 이상 무슨 말을 하랴 싶다.

사진 21 __ 대흑천신 상

중앙본주 <뚜완종방> 상의 바로 아랫단 좌측에는 <대흑천신(大黑天神)>이, 우측에는 <북방천왕(北方天王)>이 서 있다. 이 사진은 층성쓰에 있는 대흑천신 상이다. 이 대흑천신은 불교밀종 가운데 남조 대리국의 아자리교에서 특히 숭앙받는다.

---

36) 아이러니하게도 리미 장군은 패장이 되었음에도 오늘날 따리에서 본주신(本主神) 대접을 받고 있다. 그 원인은 당시 남조국에 사로잡힌 포로들을 얼하이후 롱웨이관(龙尾关)부근에 살게 했는데 이들이 현지인들과 결혼을 통해 일가를 이루게 되었고, 이 지역 사람들의 관습상 본주신을 모시는 제사를 치르게 되었다. 이 때 자연스레 그들과 자손들이 점차 리미 장군을 추모하는 제사를 남몰래 치르게 되었는데, 나중에 남조국과 당의 관계가 정상화되고 나서는 리미 장군에 대한 제사가 공개적으로 치러졌고, 급기야는 본주신으로 인정받기에 이른 것이다.

남조국(南诏国)의 불교문화

따리 고성은 중원의 역사에서 보면 당나라 때의 남조국(南诏国)과 송나라 때의 대리국(大理国) 도성 유적지이다. 두 나라의 수도로 500여 년간 번성했던 따리는 동으로는 한나라에서, 서로는 티베트에서 전해진 불교문화가 꽃핀 문화 중심지이기도 했다.

남조가 흥하던 8세기 중엽은 그 주위의 당(唐)과 토번(吐藩), 버마(驃国)에 불교가 매우 흥성하던 시기였다. 남조는 이런 불교 융성 국가들의 중간에 있었기에 자연스레 불교문화의 영향을 받았다. 예를 들어 윈난은 버마와 천축(天竺)과의 교류를 통하여 불교를 접했다. 윈난의 서쪽에 있던 버마는 인도와 국경을 맞대고 있어 불교의 영향을 일찌감치 받아, 불법을 중히 여기는 국가가 되었다. 남조에서 천축으로 가려면 반드시 버마를 거쳐야 했기에, 남조와 버마 사이에는 경제 문화 교류가 빈번했다. 따라서 불교도 윈난이 버마 및 천축과 교류를 하게 되면서 윈난에 전해졌다. 이 외에 중원 내지와 토번으로부터도 불교문화를 받아들였는데, 윈난에 전해진 불교 가운데 남조에 가장 커다란 영향력을 끼친 것은 밀종(密宗)이다.

사진 22 _ 남조풍정도內 푸싱광장의 아추오어이에(阿嵯耶) 관음상

배를 타고 얼하이후(洱海湖)를 건너면 남조풍정도(南诏风情岛)에 다다른다. 이 섬의 복판에 윈난푸싱(云南福星)광장이 있는데 아추오어이에 관음상과 그를 둘러싼 붉은 돌의 반원형 석판 부조물이 있다.

남조국시기에 윈난의 불교 중에 밀교(密教) 형식을 띤 것을 "아자리(阿吒力)"교라 불렀다. "아자리"라는 말은 "도를 베푸는 자"란 뜻으로 밀교 승려를 뜻한다.[37] 남조가

53

6조를 통일한 후, 불교가 크게 번성하였는데 승려를 국사(国师)로 봉해 조정 일에 참여케 했다. 남조가 당 왕조와 왕래하는 중에 중원의 밀종(密宗)이 윈난 지역에 들어왔고 또한 대량의 밀교 경전이 따리에 전해졌다. 이렇게 한족 지역에서 흘러들어온 밀교와 인도에서 들여온 밀교가 서로 융합하여 윈난 밀교인 아자리교가 형성된 것이다.

이 밀교 세력은 토착 세력과의 투쟁과 융화를 반복하면서 현지에서 후계자를 길러내 밀교의 토착 승려(土僧) 집단인 아자리를 형성시킨 것이다.

아자리교에서는 아추오어이에(阿嵯耶 Acarya)관음을 숭배한다. 아추오어이에는 따리 지역에 경전을 전해주고 도를 베푼 윈난 특유의 범승(梵僧)의 화신이다. 그녀의 형상은 중국 내지 불교사찰의 관음형상과 다른 점이 많다. 예를 들면 서있는 자세와 체형 및 상반신을 드러낸 것이라거나 맨발인 점, 머리에 연꽃관(莲花宝冠)을 쓴 것이 다르다. 연꽃관 가운데는 불상이 조각되어 있기도 하다. 속칭 "세요관음(细腰观音)" 혹은 "윈난관음(云南观音)"이라 부른다.

이 관음상의 실체를 충성쓰(崇圣寺) 경내에서도 볼 수 있지만, 얼하이후(洱海湖) 건너편 남조풍정도(南诏风情岛)의 윈

사진 23 _ 충성쓰(崇圣寺)에 모신 아추오어이에(阿嵯耶) 관음상
충성쓰 맨 위쪽 고층 건물에 들어서면 아름다운 아추오어이에관음이 방문객의 찬탄을 자아낸다.

---

37) 이들은 원래 남조 통치 집단의 상층 지식인 그룹이었다. 따라서 그들은 대부분 불교와 유교를 이해했고, 범어(梵语)와 한문에 능통했다. 8세기에 아자리 승려는 남조 왕실의 신임을 얻었고, 9세기에는 국교로 인정받았는데 심지어 태후가 비구니로 출가하기도 하였다. 후일 대리국의 관원 대부분은 불교도이기도 했다.

난푸싱(云南福星)광장에 가면 만날 수 있다. 이 광장의 관음상은 따리산 백옥판 269개로 만들었는데 높이가 17.56m에 달하는 아추오어이에(阿嵯耶) 관음상이다. 아추오어이에 관음을 윈난푸싱이라고도 부르므로 결국 이 광장의 이름은 이 관음을 기리고 있는 셈이다. 이 관음상의 뒤편에는 붉은 돌로 만든 반월형 벽이 있는데 석판화를 통해 아추오어이에관음의 유래와 그가 행한 전설 등을 풀이하고 있다. 특히 이 관음상과 아자리교는 따리국이 수립된 후 왕실에서 가장 신봉하는 종교가 된다.

한편, <사진 24>의 불상은 쿤밍에 있는 운남성박물관에 전시되고 있는 <동류금승락금강쌍신상(銅鎏金胜乐金刚双身像)>인데 티베트불교 최대세력인 그어루파(格鲁派)가 모시는 본존불이다. 불상의 이름에 보이듯이 "즐거움을 이겨내고 있는(胜乐)" 두 몸체가 연대에 껴안고 서 있는 것은 속세를 떠난 합일을 표현한다. 또한 여신 금강해모(亥母)는 하늘을 우러르고 있는 구조인데, 그녀가 나체인 것은 청징(清澄)을 표시하고 얼굴빛이 홍색인 것은 열렬한 애모를 상징한단다. 주존은 좌·우·전·후에 4개의 머리가 있는데 각각 녹·홍·남·황색이다. 그것은 재난을 불식시키고, 사랑을 품으며, 이익을 증대시키고, 일감과 공덕을 내려준다는 의미이다. 머리부분의 관은 용맹과 무상(无常)을 상징하며, 위쪽의 반월형백색은 사람의 행복을 대표한다.

사진 24 _ 동류금승락금강쌍신상(銅鎏金胜乐金刚双身像)

불상의 포즈가 기묘한데, 티베트 불교의 불상 가운데는 성(性)을 상징적으로 표현한 것이 많다. 일전에 몽골의 간단사를 찾았을 때도 이보다 더 노골적으로 성행위를 표현한 불상을 보았다. 원래 성(性)과 성(圣)은 붙어 있는 모양이다. 그래서 세속을 떠나 해탈하고 나면 성(性)이 속세에서처럼 그렇게 선정적인 것만은 아니고 성(圣)스럽게 되기도 하는 모양이다. 이 불상을 보고도 완전한 합일을 기리기 위한 자세려니 했다.

따리국(大理国)의 출현과 몰락

서기 902년 남조국 정권이 붕괴되기에 이르자 중신 정마이쓰(郑买嗣)는 정변을 일으켜 자칭 왕이 된다. 국호를 "창흐어(长和)"로 바꾸고 3대에 이르렀을 때, 권신 양깐전(杨干贞)이 군왕을 시해하였다. 그는 자오샨정(赵善政)을 군(君)으로 옹립하여 국호를 "티앤싱(天兴)"으로 고쳤다. 10개월 만에 자오샨정은 폐위되고 양깐전이 스스로 왕위에 올라 국호를 또다시 "이닝(义宁)"으로 개명했다. 그러나 그의 정치력이 신통치 않자 백성들의 원성이 들끓기 시작했다. 그러자 서기 937년, 후진(后晋) 천복(天福) 2년에 통해(通海)절도사 뚜완쓰핑(段思平)이 디앤동(滇东) 37개 부락과 연합하여 "이닝(义宁)"국을 멸망시키고 "따리(大理)"국을 세웠다.[38]

얼하이 지역에 따리국이 등장했을 때 중원에서는 송(宋)이 촉(蜀)을 멸했다. 그런데 송은 예전의 남조(南调)가 당나라에게는 골칫거리였다고 여겨, 심지어는 남조가 강대한 당 왕조 멸망의 주요 원인 중 하나라고 보았기에, 따리국에 대해서 거리를 두고자 했다. 그러나 송 왕조가 따리 정권과 교류에 제한

사진 25 _ 따리(大理) 고성(古城) 전경
맨 위쪽은 산이고 중간 위쪽이 얼하이(洱海) 호수(호수 둘레가 116㎞에 달함), 그 아래는 비옥한 평야와 주거지다. 이 사진은 서쪽에 있는 창산(苍山)에서 찍은 것이니 따리는 정확하게 배산임수(背山临水) 라는 풍수지리상의 요구를 반영하고 있는 명당이다.

---

38) "大理国"의 이름은 남조를 "大礼国"이라 했던 시절이 있었는데 여기에서 따온 말이라고도 본다. 남조 11대 왕인 스롱(世隆)은 재위시기에 불교를 극력 내세워 절을 많이 세웠으며 또한 중원의 한문화를 받아들여 "예로써 나라를 다스린다(以礼治国)"는 생각을 가졌다. 그래서는 858년에 국호를 아예 "大礼国"으로 바꾸기도 했다.

을 두고자 했음에도 불구하고 따리 정권은 시종 송과 경제 문화적 연계를 갖고자 했다. 이에 결국 송나라도 따리국의 뚜완(段)씨 왕조를 "윈난8국도왕(云南8国都王)", "윈난 절도(云南节度)" 등에 책봉했다.

이런 상황에서 따리국은 상당 기간 동안 상징적으로 독립된 지위를 누렸고, 백족은 따리국의 통치민족이 될 수 있었다. 따리국 시절에 백족 통치자는 세력을 윈난 각지로 확장할 수 있었다. 일찍이 남조시대에 통치자들이 얼하이에서 바깥으로 이민 정책을 펼쳐 백족 형성에 크게 기여했던 바와 마찬가지로, 따리국의 뚜완씨 왕권은 각 지방의 장관들을 백족 내의 주요 성씨들로 임명해 나갔다. 이들이 책임 맡은 지역에서 세습 영주가 되면서 윈난 민족의 "백족화" 경향이 나타나기 시작했다.

한편, 따리국의 태조가 된 뚜완쓰핑(段思平)은 서기 893년 따리 시저우(喜洲)에서 태어났다. 그의 조상은 남조의 대신이었으나 그가 태어났을 때 가세는 이미 기울어 몰락 귀족에 불과했다. 그는 재주가 출중하고 무예가 뛰어나 정마이쓰(郑买嗣)가 남조국을 멸하고 났을 때 그의 말단 부관이 되었다. 후에 공을 세워 통해(通海)절도사가 되어 대장의 자리에 올랐다. 그런데 뚜완쓰핑에 대한 백성들의 신망이 두터운 점이 오히려 양깐전의 심기를 불안하게 만들었다. 그래서 양깐전은 자신의 심복인 뚜완쓰핑을 제거하여 후환을 없애려 하였다.

결국 절체절명의 위기에서 벗어나고자 뚜완쓰핑은 양깐전의 통치를 종식시키기로 결심했다. 그는 "세금을 절반으로 감면하고 부역을 3년 줄이겠다"는 구호를 내세워 노예와 농노들의 적극적 지지를 이끌어 냈다. 세가 불어나 디앤동(滇东) 37개 부락의 호응을 얻자 드디어 937년 2월에 거사를 벌였다. 대군이 먼저 시아관(下关)을 점령하고 이어서 따리를 공략하여 이닝국(义宁国)을 붕괴시켰다. 이리하여 따리(大理)가 건국되었다. 이때부터 "따리"라는 국명이 사서에 등장하게 된 것인데, 그 뜻은 "크게 다스려 국가를 부유하게 만든다(大治大理, 富国兴邦)"였다. 그 후 "따리"는 세습적으로 얼하이후 지역을 중심으로 하는 바이주(白族) 주거지를 뜻하는 지명이 되었다.

뚜완쓰핑은 즉위 후 거사 전의 약속을 지켜 노예를 석방하고, 세금을 감면하였으며, 부역을 3년간 중지시켰다. 이어서 그는 개혁을 진행하고, 철제 농기구 제작 및 관개시설을 수리하여 농업생산성을 높이는 한편, 목축업을 장려하여 국가 경제를 짧은 기간 내에 발전시켰다.

뚜완쓰핑은 944년 지방 순찰 중에 병을 얻어 사망하였고, 그 뒤를 후손들이 이어 통치하였다. 그러다가 12대 뚜완정밍(段正明) 재위 20년인 1094년에 권신 까오성타이(高升泰)가 조정 대신들을 사주하여 뚜완정밍으로 하여금 자신에게 왕위를 양위토록 만들었다. 결국 뚜완정밍은 퇴위한 후 승려가 되었고 까오성타이가 새로운 왕이 되어 국호를 "따중(大中)"국으로 바꾸었다.

그러나 수년 후 까오성타이는 중병이 들어 죽게 되었다. 임종시 까오성타이는 아들에게 "내가 나라를 세울 수 있었던 것은 당시 뚜완(段)씨의 세력이 약했기 때문이다. 그러하니 내가 죽고 나면 국정을 다시 뚜완씨에게 돌려주라"고 유언하였다. 아들은 선친의 유지를 받들어 왕위를 뚜완씨에게 넘겼다. 자신은 재상이 되고 왕위는 뚜완정춘(段正淳)에게 돌렸으며, "따리" 국호를 회복시켰다.

몇 년 후, 뚜완정춘은 왕위를 아들 정앤(正严)에게 물려주고 승려가 되었는데, 정앤이 40여 년간 치세를 잘하여 국가가 번성하였다. 정앤은 나이가 들자 아들 뚜완정싱(段正兴)이 왕위에 오르도록 했는데, 그는 몇 해 지나지 않아 출가하여 승려가 되었다. 그 아들 즈싱(智兴)은 왕이 되어서 불사에 힘써 60여 사찰을 보수 중건하였다. 그가 죽자 당연히 왕위를 물려받은 아들 즈리앤(智廉)은 겨우 4년간 재위타가 왕위를 동생 즈시앙(智祥)에게 넘겼다. 뚜완즈시앙 때에 이르러 농업이 발전하고 국가는 더욱 번영하였는데, 이 때부터 서서히 한족들이 내지에서 윈난 지역으로 옮겨오기 시작하였다.

1244년 따리국은 위기를 맞이하게 되나 이를 극복하게 된다. 후비리에(忽必烈: 징기스칸의 손자, 우리식 발음으로는 쿠빌라이)가 대군을 이끌고 따리국을 침략해 왔으나 이를 잘 막아낸 것이다. 그런데 1253년 따리국 왕인 뚜완시앙싱(段祥兴)이 사망하고 아들 뚜완쯔싱(段子兴)이 즉위하자, 쿠빌라이가 재차 침략해 왔다. 결국 이 해 12월 12일에 도성이 함락되었고 이듬해 봄, 뚜완쯔싱은 포로가 되고 따리국은 멸망하였다. 이로써 316년 통치에 22위 왕—그 중 9명이 충성쓰(崇圣寺)로 출가하여 승려가 되었다—을 유지했던 따리국은 역사에서 사라졌다.

따리국(大理国)의 상징물,
충성쓰(崇圣寺) 싼타(三塔)

충성쓰(崇圣寺)의 싼타(三塔)란 충성쓰 아래편에 큰 탑 하나를 중심으로 좌우에 각각 70m씩 떨어져서 작은 탑이 하나씩 서 있는 것을 가리킨다. 중앙의 큰 탑을 치앤쉰타(千寻塔)라고도 한다.39)

이 3탑은 중원지방의 탑들과 비교했을 때 몇 가지 특징이 있다. 첫째는 3 탑의 층수가 모두 짝수라는 것이다. 내지의 탑들은 모두 홀수이다. 둘째로, 중원의 탑은 기단에서 위로 올라갈수록 직선이 되면서 폭이 좁아져 계단형을 이룬다. 그런데 3탑은 위 아래가 비교적 작고 중간 부분이 크다. 그래서 외부 윤곽이 곡선으로 나타난다. 이런 특징들은 3탑이 중원의 영향을 받았으면서도 윈난 지방 특유의 창의성을 드러낸 것이라 할 수 있겠다.

고대에 기중기 같은 건축 장비가 없었음에도 불구하고 이렇게 높이 탑을 올릴 수 있었던 것은 건축물 옆에 같은 높이로 흙을 쌓아 올렸다 다시 허무는 공법을 사용했기 때문이다. 즉 탑신이 올라가는 곳까지 흙으로 비스듬히 언덕을 만들어 무거운 돌을 운반해 올리는 것이다. 탑이 한 층 높아지면 탑 주위의 경사로도 그만큼 높인다. 탑이 완성되면 토총을 허무는 것이다. 토총을 이룬 이 경사로의 길이가 5km에 달했다 하니 공정의 규모를 짐작할 수 있겠다. 1978년부터 3년에 걸쳐 싼타 보수공사를 했는데, 당시 680여 점의 유물이 발견되었다. 그 가운데 가장 주목 받았던 것은 아추오어

---

39) 치앤쉰타의 높이는 69.13m이고, 4각형이며 처마가 잇달아 있는 16층의 속이 빈 벽돌식 탑이다. 남조국 13대 왕 취앤펑여우(劝丰祐) 시기(823~859)에 증축하였다. 남북 양쪽의 작은 탑은 높이가 같은데 42.19m이다. 각기 8각형의 처마를 10단씩 갖고 있으며, 8층 이상은 속이 채워져 있고, 그 아래층은 비어있다. 당말 오대(唐末 五代) 시기에 지어진 것으로 보이는데 전형적인 송대 건축풍을 띠고 있다. 이에 반해 치앤쉰타는 전형적인 당대(唐代) 양식을 띠고 있다.

活化石 　中国 云南省 人文紀行
소수민족 문화의 영속성

사진 26 _ 따리의 명물 충성쓰(崇圣寺) 싼타(三塔)
세 탑의 건조 연대가 모두 다르며 이렇게 높게 탑을 올린 것을 보면 당시 건축 기술 수준이 꽤 높다는 것을 보여준다.

이에(阿嵯耶) 관음상이었다.

　한편, 이 싼타(三塔)를 품고 있는 충성쓰(崇圣寺)는 남조국(南诏国)에서 불교가 흥성하던 중후반기에 세워진 것으로 따리(大理)국까지 불교를 번성케 한 요람이다. 이 절은 한 면이 3.5㎞씩이고, 건물이 3각7루9전(三阁七楼九殿)이며, 방이 890여 칸, 불상이 11,400여 개나 되는 엄청나게 큰 규모였다. 따리국의 왕 9명이 왕위를 버리고 이 절에 들어와 주지를 맡았던 황가사찰이기도 하다.40) 당시 동남아 지역에서 가장 큰

---

40) 당대 최고의 무협소설 작가로 인정받는 진용(金庸)은 자신의 작품 <천룡팔부(天龙八部)>를

따리국(大理國)의 상징물, 충성쓰(崇圣寺) 싼타(三塔) | 따리

사진 27 _ 충성쓰
윈난에서 규모가 가장 큰 사찰로써 다양한 건축물이 들어서 있다.

불교사찰이었다고 하는데 청대 함풍제(咸丰帝)와 동치제(同治帝) 때 안팎으로 전란을 겪고 나서 폐허가 되었는데 유독 3탑만 남았다. 충성쓰의 중건은 2005년 4월에 이뤄졌다.[41]

얼마 후, 충성쓰의 중턱쯤에 이르니 건물 한 채에 눈에 익숙한 한자로 도솔원(兜率院)이란 현판을 내건 것을 보게 되었다. 대뜸 중국 무협지의 대가 김용 선생이 쓴 <천룡팔부(天龙八部)[42]> 한 대목이 떠올랐다. 따리국의 황가인 단씨를 주인공으로

쓰면서 이 작품이 북송시기 따리국의 이야기를 담고 있다고 밝혔다. 진용이 따리국에 대해 관심을 갖게 된 이유는 자신이 밝혔다시피 따리의 왕들이 불교를 숭앙하여 종종 왕위를 버리고 출가해서는 승려가 되곤 했는데 이는 역사에 드문 일이었기 때문이다.

41) 새로 지어진 충성쓰는 동서 길이가 각각 1,136m이고 남북 너비는 352m로 대지 면적이 600畝(1畝는 200평)나 된다. 따리의 영산인 창산(苍山) 자락에서 시작되는 중앙의 주축선은 서에서 동으로 내려오고 있는데 이 주축선을 따라 천왕전, 미륵전, 111면관음전, 대웅보전, 아추오어이에 관음각, 산해대관석패방, 망해루 등이 있다. 주축선 양 옆의 보조선을 따라 나한당, 고승전(출가한 9명의 따리 국왕), 조사전, 호법전, 승방, 방장당, 불교연구원 등이 자리 잡고 있다.

42) 팔부(八部): 총 여덟 종류의 무리나 귀신을 일컫는 말인데 여기에는 ①천중(天众): 욕계(欲界)의 육천, 색계(色界)의 사선천(四禅天), 무색계(无色界)의 사공처천(四空处天). ②용천(龙天): 축류(畜类)와 수속(水属)의 왕. ③야차(夜叉): 공중을 비행하는 귀신. ④건달바(乾达婆): 오음(五阴)의 색신(色身). 오음은 향기만을 맡으면서 자라기에 향음이라고도 하는데, 제석천(帝释天)의 악신. ⑤아수라(阿修罗): 용모가 추악하고 단정치 못하며, 항상 제석과 싸우는 귀

사진 28 _ 충성쓰 경내
9마리의 용에 둘러싸인 아기 부처가 간간이 오줌 줄기를 내뿜는 모습이 이채롭다. 구룡(九龙)은 출가한 9 명의 따리 국 왕들을 상징한다.

삼아 쓴 이 무협지에는 따리국의 14대 보정제(본명 뚜완정밍 段正明 1081~1094)가 조카 단예의 내상을 치유시키고자 천룡사 즉, 충성쓰를 찾아오는 장면이 있다. 충성쓰의 중앙부에 있는 도솔원을 거쳐 네 명의 고승이 정진하고 있는 모니당(牟尼堂)에 이르게 되는데, 이곳에서 주인공 단예가 그 유명한 육맥신검을 우연히 배우게 된다.

신. ⑥가루라(迦楼罗): 두 날개의 길이가 336만리 라는 금시조(金翅鸟)로, 용을 잡아먹는다고 함. ⑦긴나라(紧那罗): 번역하면 비인(非人) 혹은 가신(歌神)이 되는데, 사람과 비슷하게 생겼으나 머리에 뿔이 있으므로 인비인(人非人)임. 한편 제석천(帝释天)의 악신(乐神)이기에 가신(歌神)이라고도 함. 제석천에는 두 가지 악신(乐神)이 있는데 위에 언급했던 건달바는 속악(俗乐)을 연주하고, 긴나라(紧那罗)는 법악(法乐)을 연주하는 천신(天神)임. ⑧마후라가(摩候罗迦): 번역하면 대망신(大茫神), 대복행(大腹行)인데, 지룡(地龙)이라 함. 즉, 큰 배로 땅을 기어 다니는 용이니 뱀의 신을 뜻함.
이상의 팔부중은 사람의 눈으로 볼 수 없기에 명중팔부(冥中八部)라 하며, 팔부중 가운데 "천(天)"과 "용(龙)"이 가장 신비하기에 "천룡팔부(天龙八部)" 또는 "용신팔부(龙神八部)"라 한다.

작가들의 상상력이란 항시 경탄해 마지않을 수 없으나 김용의 무공에 대한 창의력은 타의 추종을 불허한다. 내가 이렇게 감탄하게 되는 데는 그의 붓끝에서 나온 검법, 육맥신검을 맛보면 금방 고개를 끄덕이게 된다. 이 육맥신검에 대한 설명에 따르면 쇠붙이로 검을 만들어 휘두를 필요 없이, 손가락 하나를 연마하여 얻는 일양지의 손가락 힘으로 검기를 발산시켜 적을 제압한다. 당연히 검의 기운은 눈에 보이지 않으니 그야말로 무형기검(无形气剑)이라 할 수 있다.43)

이 육맥신검을 제대로 연마하여 통달하지 못한 상태에서 토번국의 고수가 천룡사를 찾아 고승들과 대결하게 되는 위기에 몰리자,44) 모든 소설이 그러하듯 주인공 단예가 이를 제압하게 되는 내용이 어렴풋이 떠오른다. 주인공은 상대방과 내공을 겨루면서 상대의 내공을 흡수하게 되는 북명신공 이라는 비기를 익히게 되는데, 이것은 김용의 또 다른 작품 "소오강호"에 나오는 흡성대법과 비슷했다. 어찌 보면 육맥신검도 중국 중앙텔레비전방송국에서 2000년도에 제작했던 "소오강호"에 나오는 현악기 줄을 튕겨 검기를 발산하는 비기와 흡사하다. 모름지기 작가가 되려면 이처럼 추상적인 무공의 동작 하나하나를 눈으로 보듯이 펼쳐내는 창의적 글재주가 필수인 모양이다.

---

43) 따리(大理) 단(段)가의 가전무공(家转武功)으로 육맥신검(六脉神剑)과 일양지(一阳指)가 있다. 내공(内功)을 손가락 끝에 모아, 찍거나(点), 치는(击) 형식의 무공을 일양지라 하고, 일양지 무공의 기를 무형의 기운으로 쏘아낼 수 있는 것이 육맥신검(六脉神剑)이다. 여기서 육맥이라는 것은 손에 있는 여섯 가지의 맥으로서 태음폐경(太阴肺经), 궐음심포경(厥阴心包经), 소음심경(少阴心经), 태양소장경(太阳少肠经), 양명위경(阳明胃经), 소양삼초경(少阳三焦经)을 가리킨다.

44) "육맥신검은 본래 한 사람이 동시에 육맥검기를 펼쳐내는 것이오. 하지만 그토록 강맹하고 웅후한 내력을 연마하여 모을 수 있는 사람은 찾아보기 어렵소. 따라서 우리는 부득이 여섯 사람이 나누어 육맥검기를 펼쳐야 하는 것이외다. 사숙께서는 엄지손가락으로 펼치는 소상검(少商剑)을 연마하시고, 빈승은 전문적으로 식지의 상양검(商阳剑)을 연마하고, 본관 사형은 중지의 중충검(中冲剑)을 연마하시고, 본진 사제는 무명지의 관충검을 연마하여, 본상 사형은 새끼 손가락의 소충검(少冲剑)을 연마하시고 본참 사제는 왼손의 새끼손가락의 소택검(少泽剑)을 연마하도록 합시다."

총통병마대원수(总统兵马大元帅) 뚜원시우(杜文秀)

청나라가 왕조 말기적 증상으로 "아편전쟁"과 "태평천국운동" 등의 외우내환에 시달릴 때, 후이주(回族) 지도자 뚜원시우(杜文秀 1823~1872)가 한족과 연합("回汉同心")하여 청조(만주족)를 배척한다는 기치를 내걸고 평남국(平南国)을 따리(大理)에 세워 윈난성의 절반 정도를 20여 년간 통치하기도 하였다.

1845년(道光 25年) 윈난 빠오산(保山)에서 지방 관헌의 그릇된 통치로 회족과 한족 간에 반목이 생겨 서로 싸우게 되었다. 그러자 지방 정부가 회족들을 일방적으로 몰아붙였고 심지어는 살상을 저질렀다. 이에 14세에 과거시험을 통해 "수재(秀才)"가

사진 29 _ 회족 사람들의 쿠데타 역사가 묻어 있는 "총통병마대원수부(总统兵马大元帅府)"
한족으로서 회교를 받아들여 회민(回民)들은 청조에 반기를 들곤 했는데, 따리 고성의 한 복판에 그 흔적이 남아 있다. 사진은 회민기의(回民起义)의 정점에 섰던 뚜원시우의 저택.

된 뚜원시우가 회족을 대표하여 뻬이징에 올라가 상소를 올렸으나, 고향으로 돌아온 후 오히려 옥에 갇히게 되었다.

그 후 함풍 4년에 린안(临安: 오늘날의 建水)에서 지역 세력자가 백양은광(白羊银矿)의 채굴권을 불법으로 빼앗는 과정에서 회족 사람들의 산간 마을을 불태웠다. 윈난 순무는 한 걸음 더 나아가 회족 사람들을 집단 사살하라는 명령을 내렸다. 이에 각지에서 회족 사람들의 거센 항거가 일어나기 시작했다. 이들은 옥에 갇혀 있던 뚜원시우를 구출해 내었고, 곧 그를 우두머리로 삼아 함풍 6년 7월에 한족과 이족(彝族)을 참여시킨 대규모 항쟁에 나섰다. 8월에 따리(大理) 공략에 나서 9월 17일에는 정권을 세울 수 있었다. 이들은 청조의 기원(纪元)을 금지시키는 대신 자신들의 갑자(甲子) 기년을 사용하기 시작했으며, 뚜원시우가 총통병마대원수(总统兵马大元帅) 자리에 올라 태평천국의 지시에 따를 것임을 밝히면서 생산을 중시하고 세금을 경감하는 조치를 취했다. 또 지역간 무역과 교육을 장려하는 정책을 폈다. 이로써 회족이 중심이 되어 한족과 이주(彝族) 및 바이주(白族)를 연합한 따리(大理)정권은 사회 안정을

유지할 수 있었다. 그 결과 윈난 서쪽 지역의 장정들이 모여들어 군대를 확충해 나갈 수 이었다. 그가 이끈 따리 독립정권 16년간은, 경제적으로 풍요롭고 백성들이 태평가를 부를 수 있었다.

1867년 2월, 청군에 투항한 마루롱(马如龙)이 청군의 앞잡이가 되어 쿤밍으로부터 공격해 와 윈난 서쪽 지역의 뚜원시우 군대를 공격하였다. 비록 마루롱의 침공이 실패로 돌아가기는 했으나 그로 인한 뚜원시우의 심리적 충격은 컸다. 그리하여 뚜원시우는 곧 20여 만 명의 지원군을 결성하여 1868년 2월 19일에 세 갈래 방면으로 쿤밍을 공격해 나아갔다.

이에 청정부도 즉각 운귀(云贵)총독에게 명을 내려 쿤밍성을 구원토록 했다. 뚜원시우 군대는 숫적 우세에도 불구하고 공성 전술을 그르쳐 청의 구원병이 당도할 시간을 벌어주는 셈이 되었다. 3월 6일에 쿤밍으로 출발한 청 정부군은 5월 상순 쿤밍에 도착하여 한편으로는 성을 둘러싼 뚜원시우 군대를 공격하고, 다른 한편으로는 여타 지역의 뚜원시우 군대를 공략하는 전술을 폈다. 군수물자 보급에 어려움을 겪게 된 뚜원시우 군대를 작은 규모로 분산시켜 각개 격파하는 전술과, 또 외국군대에게 신형 대포를 구입하고, 그들에게 신식 군사훈련을 받는 등의 작전을 통해 청 정부군은 마침내 1869년 9월에 뚜원시우 군대를 격파했다. 이로써 1867년에 시작된 뚜원시우의 동쪽 정벌은 무위로 끝났는데, 이 쿤밍 정벌은 뚜원시우가 의병을 일으킨 후 최대의 군사작전이었던 바, 그 실패는 따리 독립정권의 붕괴를 가져오는 전환점이 되었다. 결국 정예병 20만이 절반으로 줄어든 상태에서 뚜원시우는 1872년 스스로 온 가족에게(남자 65명, 여자 43명)독배를 들게 한 후, 자신도 음독한 상태로 정부군과 최후의 일전을 벌였다. 이로써 16여 년간의 후이주 독립 투쟁은 무위로 돌아갔다.

이 회족기의(回族起义)는 첫째로, 뚜원시우의 쿠데타가 태평천국운동과 맞물려 세력을 확장하면서 농민들의 투쟁을 이끌었다는 점, 그리고 둘째로는 독립정권의 집권기간이 16년에 이르는 장기간이었고, 그 세력 범위도 윈난, 꾸이린, 꾸이저우, 쓰추완 등 넓어 청조에 적잖은 타격을 가했다는 점 등에서 무시 못 할 사건이었다.

바이주의 금기와 생활 및 기본적 교류 용어

바이주 집을 방문했을 때 반드시 지켜야 하는 몇 가지 금기 사항이 있다. 우선 바이주(白族)는 손님에게 차를 권할 때 절반만 채우며, 손님 술잔을 채울 때는 가득 따른다는 사실을 알아야 한다. 그들은 "술을 가득 채우는 것은 사람을 존경하는 것이며, 차를 가득 따르는 것은 사람을 무시하는 것이다"는 생각을 갖고 있기 때문이다. 아침에 일어나서 마시는 아침 첫 차는 노인에게 먼저 권하며, 식사 때는 반드시 노인이 상석에 앉도록 한다. 연장자가 젓가락을 든 후에야 가족들이 식사를 시작하는 것은 당연하다.

그리고 바이주의 본주 사당에 들어가서는 절대로 큰 소리를 내선 안 되며 마주하고 있는 본주를 경건하게 바라보며 공양해야 한다. 또한 본주신상을 만져도 안 된다.

만일 바이주 사람 집 문에 흰 석회로 석 줄이 그어져 있고, 문지방에 푸른 빛의 얇은 대나무 껍질이 놓여 있으면, 이는 이 집에 아이가 태어났음을 의미하므로 외부 사람이 들어가서는 안 된다. 만일 무심결에 이를 어기고 들어선 경우에는 반드시 한 사발의 좁쌀죽과 붉은 설탕, 계란, 달콤한 백주, 그리고 투가리에 부추 뿌리와 돼지족발을 넣어 함께 고아 산모에게 먹여야 한다. 단, 따리 부근의 바이주는 오히려 아이가 태어난 집에 처음 방문한 손님에게 연잎으로 싼 계란탕을 대접하곤 하는데 만일 이를 거절하면 주인이 성을 낸다.

바이주 남녀 모두 흰색을 숭상하여 백색을 존귀하게 여긴다. 따라서 따리 지역의 바이주 남자들은 대부분 백색의 상의를 입고 겉에는 흑색이나 갈색 외투를 입는다. 바지는 남색이나 흑색으로 한다. 여자들은 옷 색깔이 지역별로 다양하다.

바이주 청춘 남녀는 사랑을 확인하게 되면, 남자가 여자 집으로 들어가 사는 경우도 적지 않다. 이럴 경우 양가 부모의 허락을 얻기만 하면 되며, 여자 집에 들어간 남자는 성을 부인의 성으로 바꿔야 한다. 그리고 이 남자는 부인의 자매나 형제와 평등한 형제 관계가 되어, 여자의 친동생들이 이 남자를 형부나 매부 등으로 호칭해선 안 된다.

바이주 가운데는 중국의 표준어인 푸퉁화를 구사하는 이도 많지만, 길거리에서 마주치는 전통복장을 하고 있는 아주머니들과 인사를 나누기 위해서는 아주 간단한 몇 마디 그네들의 말을 배워둘 필요가 있다. 누군가 우스개로 이런 말을 한 적이 있다. 세계 여행을 다닐 때 반드시 알아 두어야 할 말이 세 마디가 있다. 첫째는 "고맙다"는 말이고, 둘째는 "이 곳 어떻게 찾아갑니까?"이고, 셋째는 "이거 제가 계산할 거 아닙니다"라는 말이란다.

우선 모든 사람들이 처음 만났을 때 나누는 인사인 "니치우(안녕하세요?)"를 알아야 겠고, 잉헝링마(식사하셨나요?), 뻬이안라(어디가세요?), 웨이위앤니흐어스흐(건강하세요!), 뻬이리드어링마(들어가도 되나요?) 지푸흐링꾸이페이치우(이 곳 아주 좋네요), 하오뚜전니그어렁마(안에 누구 계세요?), 웨이위앤나아하오즈구오어치우(가족 모두 잘 지내시길 빕니다) 등만 알아두면 꽤 요긴하게 써먹을 수 있겠다.

따리에서 꽃은 더 이상 시각만을 위한 게 아니다
: 미각을 자극한다.

　대부분의 지역에서 꽃은 식용이 아니라 관상용으로 쓰인다. 그런데 따리에서 아니 따리뿐만 아니라 윈난 전역에서 꽃은 훌륭한 요리 주재료가 된다. 따리 고성을 거닐다 보면 먹는 것과 관련해서 세 가지 흥미로운 광경을 목격한다. 하나는 길거리에서 푼돈으로 사먹을 수 있는 간식거리이다. 따리에선 특히 요구르트와 우유로 만드는 종이부채처럼 생긴 전병이 눈길을 끈다. 굳이 비슷한 먹거리를 찾는다면 크레페 정도가 될 터인데 이 곳의 이름으로는 "카오루샨(烤乳扇)"이다. 다른 하나는 일반 식당 문 앞에 각종 야채를 종류별로 함지에 담아 놓고 손님들이 직접 고르게 하는 것이다. 우리네 같은 여행객들은 제대로 골라 요리를 부탁하기가 여간 힘든 게 아니다. 어떤 식당은 생선이나 고기도 이렇게 진열해 놓고 있다. 세 번째는 바로 행인들이 많은 곳에 좌판을 벌리고 손수레에 실어온 꽃을 파는 것이다.

　처음에는 따리사람들이 꽃을 좋아하는 모양이라고만 생각했다. 그런데 꽃을 아침에만 파는 게 아니라 저녁에도 팔고, 또 사가는 사람들도 나의 선입견으로는 어울리지 않게도 나이든 사람들이 많이 사가는 것이

사진 30 __ 저녁 무렵 꽃을 고르고 있는 따리 주민

벌도 아니고 나비도 아니지만 우리도 꽃을 먹을 수 있는 곳이 따리다. 그것도 수 백 종의 꽃이 일상 요리로 변신한다.

었다. 왠지 이상한 느낌이 들어 꽃 파는 아가씨에게 물어보았다. 대답을 듣고는 깜짝 놀랐다. 지금 팔고 사는 이 꽃들은 거의 식용이란다.

원난 사람들이 꽃을 요리해 먹는 민속은 이미 오래 됐는데 즐겨 먹는 꽃만도 160여 종에 이른다.45) 먼저 따리 지역의 바이주(白族) 사람들은 꽃잎이 크고 청결해 보이는 하얀 두견화를 즐겨 먹는다. 그들은 흰 두견화를 조리하기 전에, 뜨거운 물에 넣고 몇 분 간 끓인 후에 찬물에 서, 너 차례 담갔다 빼냄으로써 꽃술 부분의 독성을 제거한다. 이렇게 하면 독성뿐만 아니라 쓴 맛도 없어지는데, 이를 이용하여 잠두, 간이 밴 고기, 돼지 넓적다리(火腿 : 특히 소금, 설탕, 장, 술 등으로 조미한 것) 등을 볶아낸다. 이런 방법 말고도 생화를 쪄먹거나 시고 맵게 만들어 먹기도 한다. 뽕나무 꽃 같은 경우에는 깨끗이 씻은 뒤, 계란, 소시지, 육포 등을 넣어 볶아 먹기도 한다.

따리 사람들은 이렇게 생화를 요리로 만들어 먹는 식습관이 있기 때문에 꽃을 재배하는 전통이 있다. 즉, 꽃을 길러 관상용으로 쓰기도 하고 식용으로 이용하기도 하는 것이다. 매년 5월 석류화가 만개하면 사람들은 그것을 따서 끓는 물에 담가 떫은 맛을 없앤 후 육포와 파를 넣어 튀겨 먹는다. 또 가을이 되면 국화를 잘게 썰어 생선과 반죽하여 "국화완자"를 만들어 먹는다. 이는 우리식으로는 국화꽃 어묵이 되겠다. 뿐만 아니라 국화를 계란과 섞어 볶아 먹거나 두부찜에 넣어 먹기도 한다. 이것 말고도 장미꽃 설탕을 만들기도 하고, 만두나 떡의 소로 쓰기도 하며 계수나무 꽃으로는 "꾸이화(桂花)주"를 담그기도 한다.

한편, 쿤밍에서는 유채꽃 같은 노란색 꽃을 요리 재료로 즐겨 쓴다. 밀가루에 계란을 섞어 걸쭉하게 반죽한 후 여기에 유채꽃을 듬성듬성 얹어 기름에 부쳐 먹는데 이를 "황화 전병(黃花粑粑)"이라고 한다. 또 그들은 신선한 옥란화 꽃잎을 깨끗이 씻은 후, 끓는 물에 넣어 잠깐 삶는다. 그러고 나서 찬물을 끼얹어 꽃의 떫은맛을 없앤다.

---

45) 쿤밍의 채소시장에 가면 생화들이 많이 보이는데 사람들이 가장 즐기는 꽃은 하얀 두견화이다. 이것 말고도 호박꽃(南瓜花), 옥란화(玉兰花), 연꽃(荷花), 차전자화(车前子花), 금침화(金针花) 등이 잘 나간단다. 쿤밍에서는 생화를 조리하기 전에 우선 물에 담그거나 끓는 물에 잠깐 넣었다 뺀다. 이렇게 함으로써 꽃에 남아있는 불순물을 제거하는 것이며, 그 후에 다른 야채와 함께 기름과 소금을 뿌려 볶아 식탁에 내거나, 혹은 콩깍지와 함께 볶기도 한다.

다시 이것을 잘 쪄놓은 돼지삼겹살과 함께 볶고 나서 전분 가루를 입히면 쿤밍 사람들이 매우 즐겨 먹는 "잉타오러우 샤오위란(櫻桃肉烧玉兰)"이 된다. 이 요리 이름으로도 짐작할 수 있을진대, 돼지고기와 옥란이 주재료이고 요리의 빛깔은 약간 노릇노릇해 보일 것이며, 생김새는 앵두처럼 보인다.

꽃이 풍부한 쿤밍에서는 길을 가던 아이들이 칸나 꽃을 보면 곧 꽃술 부분을 뽑아 단물을 빨아 먹곤 한다. 이건 나도 어렸을 때 경험이 있어 이해가 된다. 학교 화단에 핀 샐비어를 보면 동무들과 함께 누가 먼저랄 것도 없이 꽃의 한 가운데 부분을 쪽 뽑아, 튜브처럼 생긴 꽃술의 아래 부분에 입을 대고 빨아들이면 입안은 어느새 꿀 같은 단물로 적셔져 행복해지곤 했다. 단, 양이 너무 적어 아쉽긴 했다.

사진 31 __ 따리 고성의 입구
이 성문을 통과하면 곧바로 고성의 중앙로가 펼쳐지고, 양 옆으로는 각종 전통민예품 상가가 이어진다. 그와 함께 다양한 먹거리도 맛 볼 수 있다.

따리의 명물 간식거리, 카오루샨(烤乳扇)

따리 바이주(白族)의 유명한 음식으로 루샨(乳扇)이 있다. 유백색을 띠고 납작한 모양이 꼭 종이부채 같아 보여 붙여진 이름인데 일종의 유제품 '뻥 과자'이다.

따리는 강우량이 충분해 방목에 적합한 풀이 잘 자란다. 이 때문에 집집마다 거의 모두 젖소를 키우며, 또한 유제품을 만들기 위한 우유가 충분하다. 루샨 역시 따리의 우유를 가공해 만든 것이다.

루샨을 만드는 모습은 여행객의 발길을 붙들 만큼 흥미롭다. 우선 우유로 만든 걸쭉한 요구르트를 솥에 넣고 가열한다. 솥 안의 온도가 80도 쯤 되면 신선한 우유를 더 부어준다. 그러고는 젓가락을 이용하여 한 방향으로 계속 저어준다. 이렇게 하면 우유 속에 있던 단백질과 지방분이 표면에 층을 이루면서 서서히 굳는다. 이렇게 층이 진 덩어리를 퍼내어 문질러 펴면서 살짝 눌러준다. 그러는 사이에 젓가락으로 대략 크기가 어른 손바닥만 하게 만들면서 끝을 살짝 잡아당겨주면 부챗살 모양이 된다. 이것을 바람에 말려주면 기름기가 돌며 빛이 나면서 달콤한 간식거리가 된다. 물론 영양도 만점이다.

카오루샨은 위에서 만든 루샨을 한 번 더 가공한 것이다. 즉 루샨을 만든 후 이것을 약한 불 위에 얹어 구운 것이다. 이 때 장미꽃으로 만든 쨈을 발라 주기도 하는데 맛을 한결 돋운다. 이렇게 만든 것을 꼬치에 둘둘 말아 들고 다니면서 먹는다.

사진 32 _ 길거리표 간식 카오루샨을 팔고 있는 바이주 아낙네

요구르트와 우유를 이용해 먼저 루샨을 만든 후 이것을 그냥 먹거나, 아니면 다시 약한 불에 구워 둘둘 말아 소스를 끼얹어 먹는다. 2위엔 이면 하나 사먹을 수 있다.

시저우(喜洲) 유상(儒商)의 집에서 맛 본 삼도차(三道茶)

따리 고성 골목길 책방에서 알게 된 책방 주인의 권유에 따라 그녀 남편의 차를 타고 시저우(喜洲) 유상(儒商)의 집을 찾기로 했다. 따리 바이주(白族)인 이 친구는 내가 4,000m가 넘는 창산 최고봉인 마룽봉(马龙峰)을 오르고자 따리 사람과 이야기를 나눴다는 사실을 알고는, 산도 험하고 사람도 위험할 수 있으니 포기하라면서 자기랑 얼하이후나 한 바퀴 돌아보자는 제안을 했었다. 나는 으레 장삿속이려니 짐작하면서 차량 이용료를 건성으로 물어보았다. 그랬더니 서슴없이 50위앤(元)만 내라고 한다. 내 귀를 의심할 수밖에 없었다. 왜냐하면 똑 같은 코스를, 내가 묵고 있는 따리 객잔(유스호스텔) 종업원 말로는 200위앤을 주어야 돌아 볼 수 있다고 했기 때문이다. 나는 솔깃해져 이내 약속을 해버렸다.

나중에 숙소로 돌아와 이 얘기를 종업원에게 했더니 그녀도 이해가 안 된다는 표정이다. 그도 그럴 것이 얼하이후를 한 바퀴 돌면 최소한 120km는 되는데 그 정도 돈으로는 기름 값도 안 되겠다는 거다. 나도 미심쩍기는 마찬가지였지만 이미 돈도 지불하고 온 상태라 믿을 수밖에 없었다.

결국은 그 서점 주인 부부의 호의로 판단할 수밖에 없었다. 내가 그 책방에서 책을 제법 여러 권 샀으니깐, 게다가 그 집에서 잘 팔려 재미가 쏠쏠한 책 중에 한류 관련 책들 즉, 우리나라 연예계 소식을 담고 있는 칼라 화보가 끼어있으니, 책방 주인 입장에서 한국 사람인 나에

사진 33 _ 인생 여정을 세 가지 차 맛으로 표현했다는 삼도차(三道茶)

손님에게 삼도차를 권하는 것이 시저우 상방의 예법인 모양이다. 석 잔의 차는 기본적으로 푸얼차였으나, 둘째 잔에는 천마를 넣었고, 셋째 잔에는 계피를 넣어 첫 잔과 다른 맛을 띠게 만들었다.

게 좀더 친근감이 느껴져 잘 해 주고 싶었던 모양이라고 생각했다.

어쨌든 나와 채환은 차를 타고 20여 분 정도 달려 충성쓰(崇圣寺)를 지나 시저우 마을에 당도했다. 이 마을에는 고래등 같은 대갓집이 서, 너 채 되는데 그 중 한 집을 골라 들어섰다.46) 이 집은 대문 형식이 우리네 식으로 말하자면 솟을대문 형식이었는데 한 가지 이상한 점이 눈에 띄었다. 그것은 처마위에 용을 입체적으로 조각하여 얹었는데 그 용머리 위에 다시 봉황 조각이 올려져 있다는 점이었다. 어째 용이 봉황의 아래에 있을 수 있나 싶었는데 설명을 듣고 웃음이 나왔다. 그것은 이 가옥이 여주인을 위한 안채였기 때문이라는 것이었다.

남조국 시대부터 청(清) 광서제(光绪帝)때 까지 시저우는 상점과 행상이 들끓는 작은 도회지였다. 이 지역 사람들은 바깥 세상에 대한 시야가 트여 상공업을 발전시키면서 유명한 시저우 상방(商帮)을 탄생시켰다. 개중에는 원래 유생이었다가 상인으로 돌아선 이들이 많았다. 이런 연고로 시저우 상방은 유학(儒学)을 공부한 공상인(工商人)집단을 이루게 된다. 통계에 따르면 1900년대 초반까지 시저우진에는 상점이 186호 있었고, 행상은 236호가 있어 둘을 합치면 시저우진 전체 홋수의 1/3이 약간 넘었다고 한다. 그들의 상호는 윈난 지역 내 리지앙(丽江), 쿤밍(昆明), 루저우(泸州)를 넘어 꽝저우(广州), 우한(武汉), 심지어 상하이(上海) 등지까지 뻗어나갔으며, 또한 국외로는 버마, 인도 지역까지 확장했다. 이리하여 시저우는 윈난성에서 화교를 가장 많이 배출한 지역이 되었다.

마을 전체가 문화 보존 구역으로 지정되어 관광객이 몰리는지라 이 집도 상업성을 띠고 있었다. 소수 민족의 삶을 다룬 전시물과 공연도 있었고, 특히 이 지역 특산인 삼도차(三道茶)에 대한 시음이 가능했다.

삼도차는 바이주만의 독특한 차 문화이다. 9세기 남조시기에 개발하여 오늘날에 이른 격조 높은 "핀차(品茶)" 예법이다. 그런데 왜 중국인들은 차 맛을 음미해 보는

---

46) 시저우(喜洲)는 윈난에서 바이주(白族)들이 실제로 생활하는 가장 큰 집단 민가 촌이다. 백족의 전통 민가 형태를 잘 보존하고 있는 집으로는 엄(严)씨, 동(董)씨 양(杨)씨 이렇게 세 집이 있다. 이 집들의 특징은 "3방1조벽(三房一照壁)", "4합5천정(四合五天井)"이라고 해서 집안 4면중 남쪽 면에 벽을 하나 세워 두어야 하고, 또 독립된 마당과 우물을 갖고 있다는 것이다. 건자재는 주로 목재와 벽돌을 쓰며 벽에는 회칠을 하여 희게 만든다.

것을 품(品)이라는 동사를 썼을까? 음식 맛을 볼 때는 상(嘗)자를 쓰지 않던가?

아마도 그것은 아마도 한자의 상형성에서 기인했으리라 추측할 수밖에 없겠다. 즉, 한자 중에 사람 인(人)자 셋을 삼각형으로 쌓아 놓고는 무리 중(众)이라고 하는 것이나, 역시 같은 방식으로 쇠 금(金)자를 세 개 쌓아 놓고는 빛나거나 기쁘다는 흠(鑫)자로 쓰는 것은 모두 이 글자를 보고 직관적으로 그 뜻을 알아보게 하는 마력이 있다. 세상 어느 누가 금덩어리 세 개를 모아 두었는데 이를 보고 기쁘지 않을 수 있고, 또 이것이 반짝거리지 않을 수 있겠는가 말이다. 그렇다면 아마 차 맛을 보는 데 품(品)자를 쓴 것은 누가 보아도 사람의 입(口)과 관련이 있을 게다. 입으로 차를 마시고, 또 마시고 세 번 정도는 마셔야 그 차 맛을 제대로 알 수 있지 않겠는가? 실제로 중국차를 끓여 마실 때는 첫 잔은 그냥 따라 버리고, 둘째 잔과 셋째 잔까지 우려 마시는데 셋째 잔의 차 맛이 제일 좋다고 (나는) 느낀다.

곁말이 길어졌는데, 아무튼 삼도차는 차를 석 잔 마시는 것과 관련하여 붙여진 이름이다. 첫 잔은 쓰다는 의미의 "쿠차(苦茶)"이고,47) 둘째 잔은 달콤하기에 "티앤차(甜茶)"라 하고,48) 마지막 석 잔째는 여운을 음미한다는 뜻에서 "후이웨이차(回味茶)"라고 이름 부른다.49) 이렇게 서로 다른 맛의 차를 마셔봄으로써 사람이 살면서 느끼는 인생의 여정을 되돌아보게 된다는 것이다. 따라서 삼도차를 다 마시고 나면 자신도 모르게 "인생의 초기엔 힘이 들고, 장성해서는 달콤하고, 늙어서는 인생을 관조한다(一苦二甜三回味)"는 인생의 철리(哲理)에 고개를 끄덕이게 된다.

---

47) "쿠차(苦茶)": 은근하게 손님 접대를 잘하는 주인이 한편으로는 손님과 정담을 나누면서, 다른 한편으로는 이미 끓어 넘치는 찻주전자에 찻잎을 넣어, 차 맛이 우러나 향기를 뿜게 되면 약간의 끓는 물을 더 부어준다. 잠시 후 찻주전자에서 물이 끓어 요동치는 소리가 나면 손님의 찻잔에 따른다. 그 맛은 찻물을 끓이고 끓인 터라 농도가 짙어져 쓸 수밖에 없다.

48) "티앤차(甜茶)": 첫 번째 차에 호도를 얇게 썰어 넣고, 여기에 다시 따리 특산인 루샨(乳扇)을 종이처럼 찢어 넣는다. 다시 붉은 설탕이나 천마를 가미하여 가열해주면 차 맛이 약간 씁쓰름하면서도 향기로운 단맛을 띤다.

49) 후이웨이차(回味茶): 꿀, 꽃가루, 생강 조각, 계피 가루를 차에 넣고 다시 끓여준다. 이를 한 모금 입에 넣으면 쓰고, 달고, 마비시키고, 향긋하고, 매운 맛이 동시에 느껴진다. 다섯 가지 맛이 제대로 갖춰져 차 마시는 이로 하여금 여운을 즐기게 하여 결코 잊지 못하게 만든다.

中国 云南省 人文纪行
소수민족 문화의 영속성

저우청(周城)에서 실컷 눈요기한 전통 염색(扎染)작업

따리 지역에서 유명한 전통 염색(扎染)은 저우청(周城)에 가면 볼 수 있다. 굳이 전통 염색이라고 한 것은 요즘 시대와 달리 옛날 그대로인 "자란(扎染)"방식을 사용하기 때문이다. 이것은 염색하고자 하는 천을 물들이고자 하는 색상에 맞춰 천연 물감 통에 담그는 것이 아니라, 자신들의 전통 문양을 만들어 낼 수 있도록 밑그림을 그린 무명천을 실로 부분 부분 단단히 홀쳐(缝扎) 염색 통에 담근다. 이렇게 염색을 끝내고 말린 후 손바느질 했던 부분의 실밥을 틀어 내면 우리로서는 상상도 못했던 기하학적 대칭 무늬가 나타나곤 한다. 물론 구상화로 물들이는 것도 있다.

저우청 전체 촌 3,000여 명의 부녀자들이 각자 집이나 공장에서 일일이 손을 쓰는 전통 염색 작업에 매달리고 있다. 재주에 따라 꽃무늬를 만들도록 천을 바느질 하는 이도 있고, 물감이 어떤 색상을 낼 것인지 저울질 하는 이도 있으며, 또 펄펄 끓는 물을 관리하는 이도 있다.

이 곳 사람들의 염색에 관한 한 자부심은 대단했다. 그들은 자기들이 염색하여 만든 이불보나 의상용 옷감 등은 "5기(五气)"를 띤다고 목청을 돋웠다. 그 다섯 가지 기운이란 첫째, 노

사진 34 _ 저우청(周城) 마을의 전통 염색(扎染)
평소에 기하학 무늬를 가진 염색 천을 보면 신기한 생각이 들었었다. 저 하얀 부분은 어떤 물질을 미리 발라 둔 것일까? 하는 생각이었다. 그런데 견학을 통해 알게 된 것은 염색 전에 실로 잘 감아 준 것이란다. 우리말로는 홀치기다.

저우청(周城)에서 실컷 눈요기한 전통 염색(扎染)작업 **따리**

인이 입으면 신경이 살아나고(神气), 중년층이 입으면 정신이 버쩍 들며(朝气), 젊은이가 입으면 멋진 기운이 감돌고(帅气), 어린 소녀가 입으면 아름답고 또렷또렷해지며(秀气), 외국인이 입으면 서양 분위기가 난다(洋气)는 것이다.

  이 마을의 자란(扎染) 전통은 300여 년의 역사를 갖는다. 하얀 순면을 원료로 다양한 도안대로 섬세한 자수를 놓게 되니 제품이 좋을 수밖에 없겠다. 게다가 소염 살균 성분이 있는 식물 "빤란(板蓝)"의 뿌리로 염색 안료로 삼으니 입는 이의 피부 건강에 좋을 듯싶다. 사족을 달면, 이 식물은 중국에서 "빤란건(板蓝根)"이라는 약명의 감기약으로 유명하다. 우리네 식으로 하자면 원기회복제 하면 "박카스"요, 소화제 하면 "활명수" 하는 셈인데, 중국에선 아이들 감기약 하면 "빤란건"이고, 설사약 하면 "씨에리팅(泻立停)"이다.

  자란(扎染) 공정은 토속 면류로 된 흰 천에 밑그림을 그린(印花) 후 잘 묶어(缝扎), 옷감을 정화조만한 통에 사, 나흘 담갔다 건져 풀죽이기(脱浆), 옷감이 들어 있는 통에 염료를 두, 세 차례 넣어줌으로써(浸染) 옷감을 염색과 동시에 발효시켜 광택내기, 통에서 꺼내 말리기(出缸), 실 틀기(拆线), 빨고 말리고 다림질하여 모양 갖추기 등으로 이루어지는데, 그 중 실을 감고 바느질하는 방법만도 26가지나 되고, 꽃 무늬 도안은 1,180여 종이 되며, 제품 규격이 52종에 이른다는 설명을 들었다. 도안의 모양새로 보아, "복록수희(福禄寿禧)"와 관련된 것이 따리 사람들의 사랑을 받으며, 새와 물고기와 곤충과 꽃을 소재로 삼은 도안도 인기를 끈다고 했다.

사진 35 _ 염색 전에 밑그림대로 홀치기를 하는 모습
전통 생활 양식을 이어가고 있는 아낙이 바느질로 염색물이 들지 말아야 할 부분은 꽁꽁 감아 매고 있다.

中国 云南省 人文紀行
소수민족 문화의 영속성

창산(苍山) 옥대운(玉带云)
길을 트레킹하다

평균 해발 3,500m의 19개 봉우리가 웅장하게 펼쳐있는 창산(苍山)은 산뜻한 자연 풍광을 즐기면서 온나절 걷기에 최적의 산이다. 물론 최고봉인 마룡봉(马龙峰)은 해발 4,122m로 기후 변화가 심해 등반이 항상 즐겁진 않다고 한다. 이번에 우연히 알게 된 창산 전문 가이드와 후일을 기약했는데, 그는 한 달에 두 번 정도 서, 너 명씩 팀을 이뤄 마룡봉에 올라 비박을 즐긴다고 했다. 이 창산의 눈이 얼음이 되면 약초를 캐러 산에 올랐던 백족 아낙네들이 이 얼음을 소쿠리에 담아 내려와 빨간 설탕물을 뿌려 저잣거리에 내다 팔기도 했단다.50)

창산을 트레킹 하고자 무심코 지도를 들여다보니 창산 앞에 자그마한 글자 몇 개가 더 있다. 자세히 살펴보니 옥대운(玉带云)이라는 글자다. 고개를 갸웃했다. 글자는 셋이지만 옥대와 운을 나눠 읽어야겠다. 그렇다면 트레킹 코스에 구름이 둘러쳐졌는데 그것이 꼭 임금들이 차던 옥대를 닮았다는 얘긴가 보다 했다.

창산의 구름은 모였다 흩어지고, 다시 모였다 흩어지면서 종잡을 수 없이 많은 그림을 그려낸다. 그 중 가장 유명한 것이 "망부운(望夫云)"과 "옥대운"이란다.

망부운은 매년 겨울과 봄에 걸쳐 위쥐봉(玉局峰) 정상에 나타나곤 하는데, 망부운이 생기면 얼하이후(洱海湖)에는 어김없이 광풍이 일어 성난 파도를 일으켜 세운다. 고기잡이배들이 출어할 수 없게 되는 것은 당연하다.

전설에 따르면 남조국 공주가 사냥꾼과 사랑에 빠져 위쥐봉에 올라 백년가약을 맺

---

50) 명대(明代) 시인 양선(杨慎)의 <滇南月节词>에 "5월에 滇南… 쌍학교 주변에서 눈을 팔더라(五月滇南…双鹤桥边人卖雪)"이라는 구절이 나오는 걸 봐서는 따리에서 창산의 얼음눈을 먹었던 것은 예부터 있었던 일인 모양이다.

었다. 이를 알게 된 왕이 화가 치밀어 법사를 시켜 사냥꾼을 얼하이후에 처박아 돌 당나귀로 만들었다. 한편 공주는 부군을 기다리다 지쳐 죽었는데 그 혼령이 구름이 되었다고 한다. 망부운이 나타났을 때 얼하이후에 광풍이 몰아치는 것은 바로 공주의 혼백이 바닷물을 갈라 바닥에 놓인 부군을 보고자 함이라고 하니, 임을 향한 그리움을 죽어서도 포기하지 않는 것이 여인의 정서인 모양이다.

한편 옥대운은 여름 끝물, 가을 초엽에 보이는데, 산에 비가 내린 후 갤 때마다 창산 19개 봉우리 사이에서 운무가 일어, 뭉게뭉게 흰구름을 형성하고는 소나무 위로 피어오른다. 아울러 점차 창산의 절반 높이인 허리춤에 모여들어서는 신속하게 양 옆으로 퍼져나간다. 이때가 바로 구름 떼가 희디흰 옥대로 둔갑하는 순간인데, 횡으로 백리에 펼쳐서는 종일 흩어지지 않는다. 이처럼 아름답디 아름다운 옥대운은 바이주 농가에 풍년을 기약하는 전조로 받아들여진다. 그래서 나온 노랫가락이 "창산이 옥대를 두르니 굶주렸던 개도 흰쌀밥을 먹는구나(蒼山系玉帶, 餓狗吃白米)"다.

사진 36 __ 창산이 파랗다면 그 위의 하늘빛은 퍼렇다.

얼하이후의 물빛이 파란 것은 아마 시리도록 파란 하늘빛을 담았기 때문일 것이고, 하늘 색깔이 파란 것은 고산지대이면서 무공해 지역이기 때문이 아닐까 싶다.

이렇게 구름에 대한 전설이 있는 창산이다 보니 이곳을 윈난의 대표적 구름 관상처로 삼는 이도 있게 되나 보다. 그 중의 하나로 현대작가 션총원(沈从文)은 수필<윈난에서 구름을 보네(云南看云)>[51]를 통해 윈난 구름의 특징을 지역색에 비춰 그려냈다.

그의 말에 따르면, 윈난에 와서 1년 반 남짓 살아보면 외지인도 윈난 사람 못지 않게

---

51) 『沈从文选集』第一卷(重庆 : 四川人民出版社, 1983).

活化石 中国 云南省 人文紀行
소수민족 문화의 영속성

구름을 감상할 수 있게 된단다. 구름의 모습을 보고서 날이 갤지 흐릴지를 예측하는 것은 물론이려니와, 구름의 진정한 아름다움을 장시간 얘기할 수 있게 되리라. 윈난 구름의 특징은 변화무쌍하다는 것이다. 특히 해질 무렵 구름의 색깔이나 구름의 모양, 그리고 구름의 분위기는 정말로 사람들의 가슴을 뛰게 한단다. 이제 선총원이 중국인들의 지방색이 사는 곳에 따라 달리 나타나듯이 구름도 그 지역에 따라 어찌 달리 나타나는지 묘사한 부분을 일별해 보자.

사진 37 __ 중흐어쓰 대웅전 앞
자신이 재물 복이 있는 지를 알아보는 비석

많은 지방이 각기 자신만의 날씨를 갖는다. 기후는 사람들의 일이라거나 성격에 영향을 제법 끼친 것 같다. 즉, 중국 북부 지방의 구름은 두텁고 무겁다보니 사람들도 그렇게 중후한 모양이다. 남부의 구름은 활발한데 사람도 예외가 아니어서 매우 활발하다. 흐어난(河南)과 흐어베이(河北)의 구름은 누런데, 한 줌 쥐어 금방이라도 "워워터우(窩窩头)"52)를 만들 수 있을 것 같다. 여기 구름이 두툼하면서도 섬세한 게 있듯이 사람도 거친 듯하면서도 세심한 면이 있다. 후난(湖南)과 후베이(湖北)의 구름은 잿빛인데 오랜 시간 하늘에 재를 뿌려 놓은 듯해서 그 성격을 뭐라 딱히 말하기가 곤란하다. 그러나 이 구름 아래서 귤과 고추가 잘 익어 많이 생산되는 것과 이 곳 사람들의 진취정신이 돋보이고 생존능력이 강한 것은 아마도 불가분의 관계가 있으리라. 쓰추완(四川)의 구름이 후난의 구름과 비슷하긴 하나 완전히 똑 같지는 않다. 아

52) 옥수수 가루나 수수 가루 등 각종 잡곡 가루로 만든 전병으로 아래 부분이 움집처럼 보인다.

미산 등 고산준령이 구름을 갈라놓아 훨씬 밀도가 높다. 이 곳 구름이 잘 흩어지지 않듯이 이곳 사람도 단결력과 생활력이 강하다. 구름의 색채가 풍부하기로는 칭다오(青岛)해변의 구름이 당연히 첫 손 꼽힌다. 때로는 오색이 서로 잘 어우러지다가도 어느 샌가 천변만화하여 온 하늘이 금침을 깔아 놓은 듯하다. 또 어떤 때는 순진 정결하여 하늘이 푸른 옥 같이 빛나 사람들에게 경쾌함과 온유함, 그리고 음악적 감상을 품게도 한다.

윈난의 구름이 사람들에게 주는 인상은 타 지역과 크게 다른데, 그 특징인 소박함이 인간미에 영향을 미쳐 사람을 후덕하고 순박하게 만든다. 윈난의 구름은 마치 티베트 고원의 차가운 눈과 얼음덩어리가 남쪽 바다의 그 뜨거운 파도의 숨결을 받아 만들어진 듯한 기기묘묘함을 품고 있다. 색조의 단순함이 빚어내는 장관은 말할 필요도 없으려니와 특히, 황혼 무렵의 구름 빛깔은 늘 사람을 격동시킨다. 그것은 완전한 수묵화요 붓놀림이 상규를 초탈한 대담 그 자체이다. 하늘 한편이 때로는 검기가 칠흑 같아지기도 하지만 이상하게도 가볍게 느껴진다. 세상 어느 곳에서건 까마귀 구름이 하늘을 가리면 무서움과 곤란의 전조로 받아들인다. 그러나 석양 무렵 윈난 하늘에 뜨는 먹구름은 결코 일을 그르치게 하는 징조도 아니고, 그것은 오히려 다음날 날씨가 매우 좋으리라는 예고다.

한 마디로 윈난 하늘의 구름은 그 색채가 단순한데, 가볍고 온유하고 건강해 보여 숭고함마저 느끼게 한다. 그래서 구름을 바라보기만 해도 사람들은 구름의 그림자에서 시적 감흥과 열정을 갖게 되어, 이 귀한 감정을 다른 이에게 전하게 된다.

한 동안 하늘빛에 취해 허공에서 눈을 떼지 못하다 돌부리에 발이 걸려 곤두박질 할 뻔 했다. 가까스로 몸의 균형을 잡으며 당도한 곳이 중흐어쓰(中和寺)였다. 이 절 대웅전 계단 밑에는 "복(福)"자가 쓰인 비석과 그 앞 대, 여섯 발자국 떨어진 곳 바닥의 "재(財)"자 돌판이 눈길을 끌었다. 한켠에 서 있는 설명문을 읽으니 "재(財)"자 돌판 위에서 합장을 하고 묵상을 한 후 두 눈을 감은 채로 양 팔을 뻗어 앞으로 걸어 나가 손바닥이 "복(福)"자 비석의 어디를 짚느냐에 따라 그 사람의 재물 복을 가늠할 수 있다는 얘기였다. 근거 없는 얘기겠으나 그래도 복을 구해 절을 찾아온 신자들이

中国 云南省 人文纪行
소수민족 문화의 영속성

사진 38 _ 중흐어쓰 주방

주름 진 얼굴이지만 해맑은 미소가 젊은 모델 보다 더 싱그러워 미인으로 만들어준다. 아마 공양하는 마음으로 음식을 장만하니 저절로 보살이 되는 모양이다.

라면 심심풀이 삼아서라도 한 번 해볼 만한 행위리라.

사찰 안의 이곳저곳을 기웃거리다가 해맑은 미소의 할머니 보살 한 분과 눈길이 마주쳤다. 아침 공양을 마친 스님들과 식사를 나눌 준비에 손길이 바빴음에도 불구하고 나에게 인사를 건네고 또 내 말에 대꾸도 해 준다. 참으로 여유가 있는 산사 생활이다.

중흐어쓰를 나와 이제 드디어 옥대운 산길을 걷기 시작했다. 청량한 공기와 파란 하늘, 그리고 저 멀리 내려다보이는 얼하이후와 고성이 그렇게 평화로울 수가 없었다. 그러니 창산은 걷고 걸어도 싫증이 나지 않았다. 파란 하늘만큼이나 마음을 깨끗하게 해 주는 그 무언가가 있었다. 아마 거기에는 서늘한 산기운과 심심하다 싶으면 나타나는 계곡의 볼거리들, 그리고 산모퉁이를 돌 때마다 다음이 끝이려니 하는 생각이 이어져 힘도 들지 않았던 데서 기인할 지도 모르겠다. 한 가지 엉뚱한 생각이 났던 것은 이 길을 나 홀로 자전거로 돌면 어떨까 하는 생각이었다. 시원한 바람을 일으키면서 여유자적하게 페달을 밟다보면 시간이 너무 금방 흘렀다는 아쉬움이 남을 법 하다.

당나라 시기 유명한 시인으로 왕 웨이(王维)가 있다. 그는 산길을 가다가 시를 한 수 지었다(山中). 그 시의 후반은 "山路元无雨, 空翠湿人衣."라고 맺는다. 풀이하자면 "산길에 비 내린 적 없건마는 허공의 푸른 기가 옷을 적신다" 정도가 되겠다. 이는 창산(苍山)트레킹에서 맛볼 수 있는 쾌적함과 시원함과 푸름을 적절히 대변해 준다. 창산(苍山)은 그야말로 송백으로 온 산이 푸르다(苍松翠柏). 그러니 산길은 자연스레 끝없이 농 짙은 푸른빛을 띠었다. 푸른(苍翠) 산색은 본래 비어있어 투명한 것이리라

(空明). 형태가 있어 만져볼 수 있는 것도 아니다. 그래서 왕 웨이는 시어로 "공취(空翠)"를 썼던 모양이다. 비어있는 푸른빛은 당연히 옷을 적실 수(湿衣)도 없다. 그러나 왕 웨이는 그 짙음이 거의 푸른빛의 물기를 뿜어낼 수 있는 정도였고, 산속 공기를 온통 푸름으로 채울 수 있다고 느꼈으리라. 그렇기에 산길을 가는 나그네의 몸과 마음은 모두 푸른 연무로 흠뻑 젖을 수가 있게 되는 것이다. 비어있음(空)에도 적실 수 있는(湿) 모순은 나그네의 심적 쾌감으로 해소되기에 이른다.

지질공원답게 굽이굽이 특이한 암석대를 보여주고 설명해 주는 길이 한참을 이어졌는데, 얼핏 "용의 눈"이라는 굴을 가리키는 푯말이 나온다. 용의 눈이라니? 용머리를 뜻하는 용두암은 들어봤으나 "용안"이라는 이름은 낯설다. 낯서니 호기심이 발동하는 것일까? 올라가지 말라는 금지문을 보고도 발길을 재촉한다. 언제부턴가 신심이 돈독한 이들이 남모를 기도처로 삼고자 절벽에 샛길을 놓아 오르내린 흔적이 역력하다. 나도 그들만큼이나 일관된 생각으로 위험을 무릎 쓰고 "용의 눈"으로 들어갔다. 반 평 남짓한 공간으로 누울 수도 없는 형편이니 오로지 기도에 전념할 수밖에 없겠다 싶다.

그러나 나에게는 이곳이 기도처가 아니라 산 아래 풍광을 굽어보는 전망대였다. 양팔로 문기둥을 잡고 아래쪽을 훑다 보니 불현듯 "17인의 프로페셔널"이라는 영화가 떠올랐다. 제임스 코반이 주연했던 영화로 1980년대에 단성사에서 본 영화다. 상세한 스토리는 가물가물하지만 제임스 코반이 중부유럽 산 속 성채에 유괴된 인물을 구출하는 이

사진 39 _ 칠용녀 연못
심산유곡의 맑은 연못이라면 어디서건 들을 수 있는 선녀들의 목욕에 얽힌 전설 대신에 이곳은 일곱 용녀들의 전설이 서려 있다.

中国 云南省 人文纪行
소수민족 문화의 영속성

사진 40 _ 창산 트레킹에 간간이 만나게 되는 암석 설명판

표본용 암석을 즐비하게 늘어놓는 식의 전시가 아니라 실제로 그곳에 산재한 특이 암석들을 자연스레 접하면서 그 설명을 읽게 만드는 식의 전시가 맘에 든다.

야기이다. 당시 처음 본 행글라이더의 비행이라든지 유괴 상태를 보여주는 사진의 배경을 보고 그곳이 중세 수도원이라는 것을 알아내는 재주에 감탄했던 기억이 난다. 불현듯 이 영화가 생각난 것은 이 영화에서 17명의 특수요원이 야밤에 행글라이더에 몸을 싣고 산 정상에서 쥐도 새도 모르게 산 중턱 수도원으로 잠입하던 장면대로 나도 이곳에서 행글라이딩을 해보고 싶다는 강한 충동 탓이었다. 용의 눈은 내게 있어서 빠삐용처럼 영원한 자유를 찾아 탈출하고 싶다는 욕구를 불러일으킨 독특한 장소였다.

사진 41 _ 용의 눈 동굴(龙眼窟)에서 내려다 본 따리

불현듯 탈출과 도약과 비상을 떠올리게 만드는 곳이었다.

따리(大理)에서 나는 돌(石)이 대리석(大理石)

　우리나라에서 건축 자재로 많이 쓰이는 대리석은 그 이름을 산지 이름 즉, 대리(大理 중국어 발음으로는 '따리Dali')에서 따온 것이다. 창산(蒼山)의 대리석 매장량은 대략 1억㎥라고 한다. 일찍이 남조국 시기에 사람들이 대리석을 캐서 여러모로 사용했고, 따리국 시기에는 이를 공예품으로 만들어 송나라에 진상하곤 했다. 명나라 때의 뻬이징 고궁이라거나 13릉, 청대의 강남 일대 부호들의 사치스런 저택의 원림(園林)들은 모두 윈난의 대리석을 건축재로 사용한 것이다.

사진 42 __ 따리의 "대리석"으로 만든 각종 공예품
다섯 가지의 대리석이 갖고 있는 색상과 무늬를 이용해 "그림"과 관광 상품들을 만들어 판다.

中国 云南省 人文紀行
소수민족 문화의 영속성

창산 대리석에는 다섯 종류가 있다. 즉, 채화석(彩花石), 수화석(水花石), 운회석(云灰石), 묵석(墨石), 한백옥(汉白玉)이 그것이다. 이 가운데 울긋불긋 꽃처럼 빛깔이 화려한 채화석과, 잔잔한 물위에 흰 꽃이 핀 듯한 수화석이 진귀해 대접을 받는다. 한백옥은 희고 흠결이 없어 깨끗하고 단아한 멋을 느낄 수 있다. 뻬이징 천안문광장에 세운 인민영웅기념탑의 기단에 새긴 부조라거나 난간에 쓰인 판, 그리고 마오쩌둥기념관의 모주석 좌상은 모두 한백옥을 조각하여 만든 것이다. 산출량이 가장 많은 운회석은 일명 초석(础石)이라 하여 건축자재로 많이 쓰일 뿐만 아니라 공예품 재료로도 쓰인다. 이와 같은 대리석 제품은 따리의 명물로 여러 나라로 수출되는데 우리나라에서도 수입해 쓴다. 이 대리석에 대한 전설을 들어 보자.

옛날에 따리의 얼하이(洱海)는 이름그대로 바다였다고 한다. 그래서 사람들은 산위에서 살았다. 창산의 관음보살이 얼하이후 용왕에게 언덕을 좀 빌려서 사람들이 경작을 할 수 있게 할 요량으로 용왕을 만났다. 용왕은 관음할머니의 말을 듣고는 사람들이 용왕을 위해 옥으로 우화러우(五华楼) 한 동을 만들 것을 요구했다. 다음날부터 관음보살의 지시에 따라 사람들은 북쪽의 윈농봉(云弄峰)에서 남쪽으로 씨에양봉(斜阳峰)까지 산을 태우고 돌을 다듬었다. 관음보살도 천산의 구름과 무지개, 화초, 나무위의 감로수를 가져다 돌 위에 부었다. 99일이 지나자 이 지역의 산에는 오색찬란한 돌들로 가득 찼다. 그 돌의 표면에는 구름, 무지개, 안개, 산수 등이 너무도 정교하고 부드럽게 그려져 있었다. 이 돌이 바로 윈난 대리석이다. 우화러우가 제대로 지어지자 가없이 펼쳐졌던 바닷물이 물러가고 옥토가 나타났다.

사진 43__ 그늘 아래서 쉬고 있는 바이주 부녀자
다 함께 춤을 추다가 잠깐 쉬고 있는 바이주 부녀자들

성벽(城壁) 없는 성, 리지앙(丽江) 꾸청(古城)

리지앙 꾸청은 오랜 기간 성벽을 쌓지 않고 있다. 민간 전설로는 리지앙의 세습 영주(원 명칭은 土司)가 목씨(木氏) 성이었기에 성벽을 건축하면 이내 나무(木)가 네모난 울타리(口)에 갇혀버려(困) 괴로워질 것이란 이야기가 있다. 설마 이래서 기나긴 역사 시기에 성벽이 없었던 것은 아닐 테고, 자료를 보면 몇 가지 객관적 근거를 댈 수가 있다.

첫째, 리지앙 주위는 산과 강, 뿐만 아니라 험준한 협곡으로 둘러쳐 있어 천연의 울타리가 마련되어 있다. 둘째, 토사(土司)가 조정에 기대어 능히 상대를 통치할 수 있었다. 셋째, 인접했던 토번, 남조, 대리국 등 지방정권과 분쟁 없이 지내 가까이에 근심거리가 없었다. 넷째, 나시주의 개방 전통과 관련이 있는데, 나시 민중의 관념 중에는 리지앙 꾸청이 개방된 촌락 주거지였다. 그래서 주위 촌락이나 산채 및 자연 환경과 혈육처럼 지내야지 분할할 수 없다는 사고였다. 그래서 성벽을 쌓지 않고 이제껏 생활해 왔다고 한다. 이런 생각과 모습들로 인해 리지앙은 한층 평화로워 보이는 것인지도 모르겠다. 여기에 보태어 "싼앤징

사진 44 _ 옛 행정관청인 무푸(木府)에서 내려다 본 리지앙 꾸청 일반 민가구역
리지앙 꾸청 내 상가지역과는 달리 2층 기와집들이 조용히 앉아 있었다. 아무래도 중심 관청 옆에 있는 동네여서 인지 집들이 꽤 크다.

中国 云南省 人文纪行
소수민족 문화의 영속성

사진 45 __ 동네마다 있는 "싼얜징(三眼井)"
맨 위의 "눈물(眼水)"로는 밥을 짓고, 차례로 흐려지는 물로 채소 씻고 옷을 빠는 삶의 지혜가 모여 있다

(三眼井)"이라고 하는 독특한 집 앞 냇물이 골목골목 흐르고 있어 깨끗하다는 인상을 심어준다.

"싼얜징(三眼井)"은 리지앙과 따리의 특유한 물줄기 이용방식이라 할 수 있다. 리지앙은 강물과 우물이 많아 물이 풍부한 곳이다. 이곳 사람들은 샘물이 솟는 곳에 널따란 돌로 폭이 2m쯤 되는 저수조용 물웅덩이를 3개 붙여서 만든다. 사다리를 연상하면 이해가 빠를 것이다. 저수조 3개의 수위 차이는 약 10㎝씩 두어, 높은 곳에서 낮은 곳까지 층을 이루게 한다. 샘물이 솟아 나오는 곳이 맨 위쪽 저수조가 될 텐데, 이 물웅덩이의 물은 음용수로 쓴다. 가운데 것은 채소를 씻는 데 사용하고, 맨 아래 세 번째 것은 옷을 세탁하는 물로 쓴다. 이렇게 샘물을 세 가지 용도로 나눠 쓰는 것은 모든 주민들이 지켜야 하는 불문율이다. 물웅덩이를 눈이라 보고 "세 개의 눈 우물"로 명명한 이 "싼얜징(三眼井)"은 우리네 우물가와 빨래터를 합쳐 놓은 셈이며, 물 아껴 쓰기를 생활화 한 모범 사례가 될 만하다. "싼얜징(三眼井)"이 있는 곳은 어디든 주위에 작은 광장이 있고, 부드러운 가지를 휘늘이고 있는 버드나무나 고목이 있다. 물을 퍼서 일하고 있는 아낙네들 말고도 노인과 아이들이 이 곳에서 한가로이 담소하고 장난치며 노는 모습을 볼 수 있어 고성 특유의 시정(市井) 생활도(生活図)라 하겠다.

"싼얜징(三眼井)"과 더불어 리지앙 꾸청의 골목길을 뒤덮고 있는 석판도 리지앙 거리를 깨끗하게 만들어 주는 데 일조한다. 옛날에는 사람의 발길과 우마차가 많이 다녔을 이 길들은 반짝반짝 빛나는 것이 대리석만큼 아름답다. 그러나 결코 대리석은 아니다. 언뜻 보면 무거운 하중을 잘 견뎌내는 화강암인 듯한데, 자세히 보면 색상이

성벽(城壁) 없는 성, 리지앙(丽江) 꾸청(古城) **리지앙**

나 반들거림이 흔히 보이는 돌이 아님을 알 수 있다. 리지앙 주변의 산허리에서 캐온 돌들인데, 흐릿한 붉은 빛이 도는 꽃무늬 돌이다. 채석 후 너비, 두께 각각 20㎝로 잘라 길에 가지런히 깔았는데, 빛을 받아 반사하는 와중에 오랜 세월 말발굽에 홈이 파인 것도 보인다. 그렇다, 이것이 바로 수 백 년 간 차마고도(茶马古道)를 드나들던 마방들의 흔적인 것이다. 사실, 신화지에(新华街) 노면의 오화석판(五花石板)들은 세로방향으로 깔려 있는데, 이것이 리지앙 꾸청의 초기 차마고도 표시다. 즉, 북쪽의 샹그어리라(香格里拉)로 나아가 시짱(西藏)으로 향하는 마방들의 출입로였다.

사진 46 _ 물을 흘려 거리를 청소한다.

사진 왼편의 게시판에 "放水冲街"라고 써 놓았으니, 물을 퍼부어 길거리나 골목을 청소한다는 뜻일 게다. 그럼 그 물은 어디 있을까? 리지앙에는 흔한 게 물이어서 곳곳에 도랑을 정비해 사시사철 물이 흐르도록 해 놓았다. 사진 우측 아래쪽을 보게 되면 작은 물도랑이 보이는데 거리쪽으로 턱을 낮춰 놓은 것이 보인다. 청소할 때가 되면 이곳에 나무틀을 끼워 수위가 길보다 높아지도록 한다. 즉 수문 역할을 하고 있는 나무틀에 도랑물이 흘러넘치기 시작하면 그때 나무틀을 빼내어 거리 위로 물이 넘치게 하는 것이다. 매우 간편한 길거리 청소법인 셈이다.

사진 47 _ 리지앙 꾸청 내 골목길

오화석판으로 포장된 리지앙 길거리는 흙먼지가 거의 없다. 물론 청소부의 빗자루질도 간간이 눈에 띄었다. 파인 홈만큼이나 무수히 많은 말발굽이 지나쳤으리라.

中国 云南省 人文紀行
소수민족 문화의 영속성

연면히 이어져 "살아 있는 화석(活化石)" 문화 : 나시주(纳西族)

원래 "나시(纳西)족"의 본향은 칭하이성(青海省) 황흐어(黄河) 유역 및 황수이구(湟水谷) 지역이었다. 이 곳에 살던 옛 치앙(羌)인들이 남하하여 쓰추완 서남부와 윈난 서북부 지역에 이주하였다. 현재 나시 족은 주로 윈난 리지앙 나시주 자치현(云南丽江纳西族自治县)에 모여 산다. 역사 문헌에 "모어샤(摩沙)", "모어쑤오어(磨些)", "므어쑤오어(么些)", "모어쑤오어(摩梭)"로 기록된 이들이 오늘날의 나시주인데, 중화인민공화국 수립 이래 이들의 명칭을 하나로 통일하여 나시주라 칭하고 있다. 이 나시 족은 중국의 소수민족 가운데 자기 민족 고유의 문자를 갖고 있는 몇 안 되는 소수민족 중 하나이다.53) 인구가 적으면서도 상대적으로 오래되고 토속적인 문화를 간직하고 있는 것이 나시주의 특징이라 하겠는데, 흔히 하는 말로 그들은 4 개의 "살아있는 화석(活化石)"을 보존하고 있다. 즉, 상형문자인 똥바원(东巴文), 제천 행사용 필수 전통음악, 명맥을 잇고 있는 모계사회, 도시화 속의 리지앙 고성(古城)이 그것이다.

리지앙 꾸청에서 흐에이롱탄(黑龙

사진 48 _ 똥바원으로 그려진 목책
똥바문화원이나 만신전에 가면 볼 수 있는 똥바 문자

---

53) 나시주 총 인구는 31만 명가량 되는데 주로 리지앙시 꾸청 지역이나, 위롱나시주자치현에 몰려 산다. 이곳 주민이 24만 명 정도이다. 윈난에 사는 25소수민족 중 주민수 많기로는 11위이다. 이런데도 고유 문자를 가지고 있으니 대단하다고 할 만하다.

潭) 공원을 오르느라 도로 표지판을 보게 되었는데 한자로 쓰인 도로 명 아래 이상한 표식이 눈에 띄곤 했다. 추측컨대 상형문자 같았다. 이에 대해 궁금증을 안은 채 찾아 간 공원 안에는 문화원이 하나 있었는데 그곳에서 해답을 얻을 수 있었다.

문화원 문턱을 넘어서자 비가 오기 시작했는데, 몇 사람이 차를 마시면서 서예 작품을 품평하는 것이 눈에 띄었다. 자연스레 그쪽으로 발걸음을 옮겼는데 다가가서 보니 그것은 한문 서예 작품이 아니라 기호와 단순한 형상으로 표현된, 일종의 상형문자 작품이었다. 나는 호기심이 생겨 들고 있던 캠코더를 들이댔다.

사진 49 _ 똥바문화원 앞의 12간지 그림판
나시주는 개구리를 닮은 수(署)라는 동물을 향해 제사 드린다. 도화문자 12간지로 둘레를 쳐놓았다.

그러자 한 젊은이가 촬영을 제지한다. 나는 일부러 모르는 척, 정색을 하고 말을 붙였다. 작품들이 그렇게 희귀한 똥바 상형문자로 쓰인 것이라면 나 같은 외국인이 이를 촬영해 다른 이들에게 많이 보여줌으로써 똥바원을 알리는 계기가 되지 않겠냐고 하자, 그는 씨익 웃으면서, "그러냐? 그럼 찍어도 좋다"고 허락해 주었다.

작품들을 골고루 캠코더에 담고는 내 나름대로 작품들을 해석해 보았다. 어떤 것은 도저히 감을 잡을 수 없었으나 어떤 경우는 어설프게나마 뜻을 헤아릴 수 있었다. 내친 김에 아까 그 젊은이에게 해석을 부탁했다. 같은 동양권이어서 그런지 그들의 삶의 지혜랄까 생각들이 녹아 있는 격언들이 모두 익숙하게 받아들여졌다. 나는 그의 안내를 받아 똥바원을 전승시키고자 열고 있는 학습장을 참관하였고, 거기서 학생들을 가르치고 있는 선생과 똥바 문화 연구원들에게 귀동냥을 할 수 있었다. 나는 똥바원 선생과 이야기를 나누고는 그에게 부탁하여 글을 하나 써 받았다. 내가 평소에 좋아하는 문구를 한자로 써 주니, 그가 그 내용을 파악한 후 똥바 상형문자로 풀어 써 주었다. 여기서 생긴 흥미와 호기심으로 나는 이후 들른 목부(木府) 기념품점에서 똥바원 책을 샀고, 리지앙 골목 인장가게에서는 똥바원으로 그린 내 이름의 도장을 새기기까지 했다.

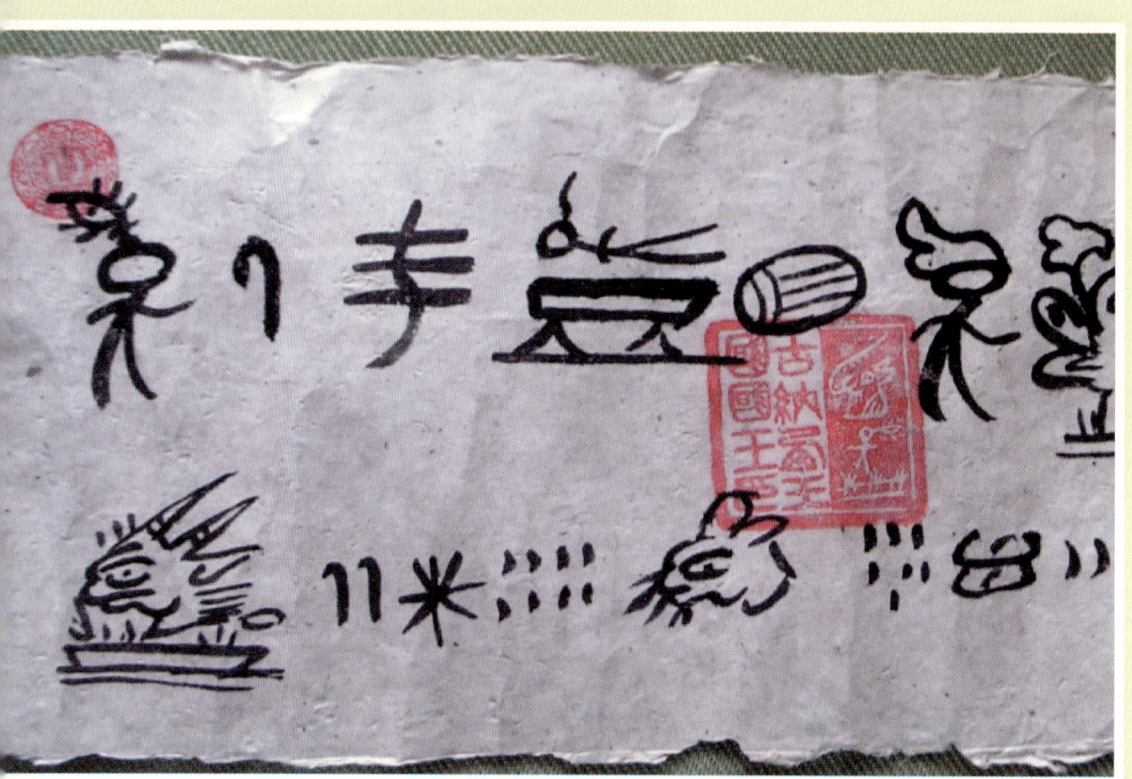

사진 50 _ "人生有梦才算美丽"를 똥바 상형문자로 표현한 작품
인생이란 꿈이 있을 때 비로소 아름답다 말할 수 있는 게 아닐까? 윗줄이 내용이고 아래는 이 글을 쓴 날짜이다. 윗줄 네 번째 그림이 침대에서 잠을 자는 모습이니 이것이 꿈꾸는 것을 상징했고, 마지막 부분에서 사람이 화려하게 핀 꽃을 보고 있는 모습이니 이것이 아름다움을 표현한 것이리라.

살아 숨쉬는
나시주 전통음악단의 연주

리지앙 고성 안을 거닐다 보면, 전통악기 소리가 들린다. 소리나는 곳을 따라 발걸음을 옮기다보면 허름하긴 하나, 꽤 널찍한 사합원(四合院)이 나타나고 그 안의 너른 실내공간에서 백발이 성성한 노인들이 금빛 찬란한 나시주 전통복장을 갖춰입고 악기를 다루는 모습이 나타난다. 이름하여 "리지앙 고전음악 연구악단(麗江大研古乐队)"이다.

두 명의 젊은 비파 연주자를 빼고는 모두 일흔을 넘긴 노인들이다. 이들은 원래 차마고도의 마부였거나, 신기료장수, 혹은 이발사, 사진사 등 다양한 직종에 종사했었는데 평소 음악을 좋아해 퇴직 후에 악단에 가입했다고 한다. 노익장을 과시하고 있

사진 51 _ 나시주 취타대의 공연
리지앙 꾸청의 명물이 된 나시주 전통 음악 연주단. 비파를 켜고 있는 두 여성 연주자를 제외하면 모두 환갑을 넘긴 단원들로 구성되어 있다. 심지어는 90을 바라보는 이도 있다. 사진 위쪽 천장을 보면 태극 8괘가 보인다. 이로써 나시주 고전음악과 도교와의 관계를 짐작할 수 있겠다.

中国 云南省 人文纪行
소수민족 문화의 영속성

사진 52 _ 비파 연주
연주 삼매경에 빠진 예인의 손놀림이 어찌나 빠르고 힘이 있던지 나이에 걸맞지 않아 보인다.

는 이들의 손에는 비파며, 삼현(三弦), 이황(二簧), 호금(胡琴), 대라(大锣), 대우(大钹) 등이 들려 있다. 나시 고전음악은 중국 도교와 관련된 "동경음악(洞经音乐)"[54]이다. 따라서 이들은 연주 직전에 "문창대제(文昌大帝)"[55]를 향하여 공손하게 예를 표한다.

나시주의 고전음악은 《백사세악(白沙细乐)》, 《동경음악(洞经音乐)》, 그리고 지금은 전해지지 않는 《황경음악(皇经音乐)》으로 구성되어 있는데, 여기에 도교의 법사음악(法事音乐)과 유교의 전례음악(典礼音乐), 심지어는 당(唐)·송(宋)·원(元)의 사(词)·곡(曲)음악 등이 유입되어 독특한 멜로디를 형성하고 있어, 음악의 화석이라 일컬어진다.

먼저 《백사세악》은 나시주 선조들이 약 700여 년 전에 만든 《붕석세리(崩石细哩)》의 한역(汉译)으로, 리지앙 나시주 마을에 전해지는 전통음악의 한 기술 형식을 말한다. 이 《백사세악》 속에는 노래도 있고 춤도 있다. 그러나 가장 중요한 것은 악기들의 합주이다. 이 음악은 장례식에 쓰이기도 하고 중대한 제사를 지낼 때 합주

---

54) 중국 윈난의 한족과 바이주 및 나시주 사이에 유행하는 민속음악의 하나로, 원래는 도교제례음악이다. 그 내용이 도교의 《大洞仙经》을 송축하는 것이기에 붙여진 이름이다.

55) 인간의 운세를 기록한 장부를 관리하는 신으로, 성은 장(张)씨이고 이름은 아자(亚子)로. 진(晋)에서 벼슬을 하다 죽었다. 당(唐) 송(宋) 때 영현왕(英显王)으로 봉해 졌으며 문창부(文昌府)의 사무 및 인간의 운세장부를 관리한다고 하여 원대(元代)에 이르러 제군(帝君)에 봉(封)해 졌다. 명리학에서는 사주 안에 문창성이 있으면 흉성(凶星)을 길하게 하며, 총명하고 예술에 재주가 많아, 서예, 시조, 문장 등에 능하다 한다.

곡으로 쓰인다. 일종의 민간 풍속을 표현하는 음악인 셈이다. 1962년 리지앙현 선전부가 이 음악에 대해 자료를 수집하고 조사한 결과, 이 악곡은 ≪笃≫, ≪一封书≫, ≪三思吉≫, ≪阿哩工金拍≫, ≪幕布≫ 등 14수가 전해지고 있다.

한편, ≪洞经古乐≫은 중원의 도교와 나시주 민간 음악이 서로 융합하여 만들어진 독특한 음악이다. 역사가 오래되었으며 중원에서는 이미 소실된 당(唐)·송(宋)·원(元)의 사(词)·곡(曲)음악을 기적적으로 간직하고 있다. 이는 엄격한 전승방식을 취하고 있어 가능했는데, 연주자들이 대부분 연로한 예능인들이며 악기 또한 매우 오래된 것들이다. 그들은 장인이 도제를 키우는 형식이거나 부자전승의 형태를 띠고 있어 대대손손 구전시켜 이어 내려 올 수 있었다. 스승이 입으로 창을 하면서 한 구절씩 가르치면 제자는 일일이 암송하는 방식으로 전승했다 하니 그 노력이 대단했으리라. 한편으로는 곡을 따라 외우고 다른 한편으로는 그에 맞는 악기를 하나씩 골라 연주법을 배웠던 것이다.

이 음악이 리지앙에 전해진 데는 여러 설이 있는데, 그 중 하나로 명의 가정제(嘉靖帝 1522-1566 재위)는 도교를 숭배하여 대규모의 악대를 조직해 천지신명에게 제를 올리곤 했다. 따라서 리지앙의 목씨(木氏)도 사람을 뻬이징에 보내 악사를 초빙해와 그 연주를 익히도록 했다.

사진 53 _ 이황(二簧) 연주
이황은 한족들이 다루는 경호(京胡)와 같은 모습을 하고 있었다. 경호가 경극(京剧)에서 서정적 표현을 하는 데 쓰이고 있는 것처럼, 이황의 소리는 맑으면서도 애끓는 소리를 냈다.

中国 云南省 人文纪行
소수민족 문화의 영속성

나시주 부녀들의 강한 생활력을 상징하는 전승품, 칠성피견(七星披肩)

나시주 여자들의 전통 복식 중에 외부인의 눈길을 끄는 것은 바로 그녀들이 어깨에 걸쳐 입는 "칠성양피(七星羊皮)" 혹은 "치싱피지앤(七星披肩)"이다. 즉, 기름기 도는 털색의 면양피를 반복 가공해 부드럽게 만든 후(일종의 펠트천), 그 위에 동그랗게 오색 문양을 넣어 별을 상징하도록 만들었다. 치싱피지앤은 나시주 부녀들의 전통 복장에 빠질 수 없는 중요한 복식인데 "어깨걸이(披肩)"이다. 그것의 전래에는 다음과 같은 전설이 있다.

아주 오랜 옛날에, 리지앙은 커다란 호수가 있었고 그 주위의 호반에 사람들이 모여 살았다. 그들은 논밭에 씨를 뿌리고, 방목을 하거나 물고기를 잡고, 혹은 사냥을 하면서 생활했다. 그러던 어느 해, 가뭄을 부리는 악귀가 심술을 부려 8개의 태양을 더 만들어 내었다. 그렇게 함으로써 산하를 불태우려는 심산이었다. 그래서 하늘에는 아홉 개의 태양이 번갈아 떠서, 온종일 낮이 되고 밤은 없게 되었다. 마치 주마등처럼 하나가 사라지면 다시 두 번째 태양이 떠오르고, 그것이 지면 또 세 번째 태양이 뜨는 형식으로 불볕더위를 쏟아냈다. 그 뜨거움이란 돌멩이에서도 연기가 솟아오르게 할 정도였다. 그러니 사람들은 방안에 틀어박혀 땀을 비 오듯 흘리고 앉아 있을 수밖에 없었다. 오래잖아 수목과 곡식이 말라비틀어지기 시작했고, 논밭도 쩍쩍 갈라지고 샘물은 말라갔다. 커다란 호수도 곧 바닥을 드러낼 듯이 보였고, 사람과 가축들은 곧 목말라 죽게 될 판국이었다.

그런데 이 마을에는 "잉구(英古)"라는 처녀가 살고 있었다. 그녀는 부지런하고 일 잘하기로 소문난 터였다. 산에 올라 나무를 하건 물에 나가 고기를 잡든, 밭에 나가 씨를 뿌리건 길쌈을 하건, 모두 둘째가라면 서러워할 정도로 열심히 해서 모든 사람들이 인정해 주는 일꾼이었다. 그녀는 늙으신 부모님이 더위와 갈증으로 힘들어 하시

나시주 부녀들의 강한 생활력을 상징하는 전승품, 칠성피견(七星披肩) **리지앙**

는 걸 보고는 곧 동해 바다로 나아가 용왕에게 부탁하여 이 재난을 막아보기로 결심하였다. 그리하여 기갈이 들려 죽어가는 말을 재촉하여 새털을 뽑고는 "떵양산(顶阳衫)"이라는 적삼을 만들었다. 이를 어깨에 걸치고 부리나케 머나먼 동해 바다로 달려갔다. 99개의 산을 넘고 77개의 도랑을 건너고, 33개의 내를 건넌 후에야 그녀는 동쪽의 망망대해에 당도할 수 있었다.

그러나 그녀가 용왕을 만날 방법이 없었다. 그녀는 배회하다가 사람을 감동시킬만한 노래를 부르기 시작했다. "세상에 가물 마귀가 나타나니 태양이 불덩어리 같고요; 백화가 태워 말라가니 무수히 많은 사람들의 목숨도 잇기가 어려워요; 동해 푸른 옥수만이 이 한재(旱灾)를 구해낼 수 있으리오만; 용왕을 뵈올 방법이 없어 내 속만 태우는 구료."

그녀는 멈추지 않고 길을 가면서 끊임없이 노래를 불렀다. 노래 가락이 퍼져나가면서 사납던 파도도 잦아들었고, 마침 주변에서 놀고 있던 용왕의 셋째 아들이 그 노래를 듣게 되었다. 사람으로 변신한 왕자는 곧 그녀와 사랑에 빠지게 되었고, 그녀를 용왕에게 데리고 갔다. 용왕은 기뻐 혼례를 치르도록 허락하였고 곧 잔치 주니에 들어갔다. 그제서야 집 생각이 난 잉구는 고향의 급한 사정을 용왕에게 고했다. 용왕은 마귀를 몰아내 줄 요량으로 왕자

사진 54 __ 칠성피견(七星披肩) "7개 별 무늬 어깨걸이 옷"
나시주 아낙네라면 처녀건 노인이건 등 뒤에 달고 있는 상의 덮개(?) 내지는 어깨걸이 옷 이름이 "칠성피견"이다. 일 잘하고 효성이 지극했던 나시주 영웅 "잉구(英古)"를 기리는 뜻에서 대대손손 전해져온 복식이다.

活化石
中国 云南省 人文纪行
소수민족 문화의 영속성

에게 비구름을 몰고 잉구네 고향으로 가보도록 했다. 왕자는 잉구에게 자신의 어깨를 잡고 눈을 꼭 감도록 했다. 잉구가 느끼기에 마치 구름 한 조각을 붙잡은 듯 했는데 하늘로 날아올랐다. 귓바퀴로 뜨거운 바람이 스쳐지나간 듯 했는데 어느 새 고향에 당도했다. 왕자는 곧 비구름으로 조화를 부려 한발을 몰아낼 수 있었다.

그런데 이를 지켜본 마귀는 왕자와 일전을 벌이는데 왕자가 마귀의 꾀에 넘어가 함정에 빠지게 되었다. 이를 본 잉구가 "띵양산"을 어깨에 두르고 마귀와 싸우게 되었는데 한 번 붙은 싸움이 9일이나 계속되었다. 그러나 결국은 잉구도 힘이 부쳐 꼼짝 못하게 되었다. 사람들이 잉구를 기념하기 위해 그녀가 쓰러졌던 땅을 "잉구툰(英古钝)"이라 이름 지었는데, 이 나시말의 한자 의미가 리지앙(丽江) 즉, 아름다운 강이다.

그리고 마침 신선이 사태를 파악하고는 마귀를 몰아내기 위해 눈을 이용해 커다란 설룡(雪龙)을 만들었다. 그 설룡이 여덟 개의 가짜 태양을 들이 삼킨 후, 내 뱉으니 공중에는 8개의 태양이 얼어붙어 달로 변해 뜨게 되었다. 끝내 마귀를 제압하고는 그가 세월이 흘러도 힘을 쓰지 못하도록 하기 위해 설룡이 그 마귀를 깔고 앉게 되었으니 그것이 요즘의 "옥룡설산"이 되었다.

한편, 깊은 함정에 빠졌던 용왕자는 잉구가 죽었다는 것을 알고는 힘을 모아 함정에서 빠져 나와 잉구를 끌어안았다. 비통에 빠진 용왕자는 항상 잉구와 함께 하고자 잉구가 잠든 지역을 몸으로 감싸 흐르게 되었으니 그것이 오늘날의 리지앙 곳곳을 흐르는 냇물이 되었다. 용왕자가 빠져나온 함정이 또한 현재의 옥룡담(玉龙潭)이다.

끝으로 신선은 설룡이 토해 낸 7개의 얼어붙은 태양을 7개의 반짝이는 작은 별로 만들어서는 잉구가 걸쳤던 띵양산에 파 넣었다. 이는 잉구의 근면성과 지혜와 용기를 기리기 위함이었다. 그 후 리지앙의 나시주 여인들은 잉구를 따라 배우고 기념하기 위해 잉구가 걸쳤던 7개의 별이 박힌 띵양산을 아름다운 어깨걸이(披肩)옷으로 만들어 대대로 전하게 되었다. 그리하여 "별을 걸치고 달을 인(披星戴月)" 근면 용감한 잉구를 상징하는 나시주 여인네의 "치싱피지앤(七星披肩)"은 오늘날까지 전해지게 된 것이다.

나시주 원시종교에서 유래한 똥바교(东巴教)

나시 민족은 나름대로 원시 신앙 활동을 하고 있었다. 당나라 시기에 중디앤(中甸) 바이띠(白地) 등지에 살던 나시주 제사장은 짱주(藏族) 뻰보어(本波)교 조사(祖师)였던 띵바스루오어(丁巴什罗)의 이름을 빌려 똥바스루오어(东巴什罗) 조사 형상을 만들었다. 또한 원래의 원시 씨족 종교 제사장 "비푸(毕朴)"를 "똥바(东巴)"로 바꿔 불렀다. 똥바라는 말은 나시주 언어로는 "지혜로운 사람", "큰 스승"이라는 뜻이다. 이는 시짱 전통불교의 "라마"와 거의 비슷한 의미라 하겠다.

그리고 제사에 사용되던 용어들도 바꾸거나 보충하여 상형문자를 써서 입으로 외는 경문을 만들었고, 제사 과정이나 내용도 조정하고 보충하였다. 이와 더불어 그때까지 숭배대상으로 삼아온 조상들을 엄선하여 승화시켜 민족조상신의 경지로 끌어올렸다. 숭배하는 수호신의 계보에 본교, 불교, 도교의 신들을 추가하였으며 점차 종교 활동에 법기(法器)라거나 도구 및 형상을 증가시켜 나시주 똥바[56]를 창립했다.

사진 55 _ 똥바만신전 앞 할머니들의 합창
손잡고 웃으면서 민요를 불러 관광객을 환영하고 있는 나시주 할머니들

---

56) 이 종교의 시조를 똥바스루오어(东巴什罗)로 했고, 또한 그 제사장도 "똥바(东巴)"라 부르면서 이 종교의 명칭은 자연스레 "똥바(东巴)교"가 되었다.

活化石 中國 云南省 人文紀行
소수민족 문화의 영속성

사진 56 _ 똥바 할아버지의 모습
나시주 전통 종교인 똥바교의 제사장인데, 필자에게 똥바 문자를 설명해주고 있다.

나시주는 정교합일(政敎合一)의 사회체제였기에 똥바들이 제사장이자 정치적 리더가 되어 사회에서 결정해야 할 일이라거나 분규를 책임지고 해결했다.57) 나중에 똥바는 평소 농업과 목축업에 종사하다가 때가 되면 사람들을 위해 조상과 하늘에 제사지내거나 죽은 영혼을 불러내는 일을 했다. 뿐만 아니라 점을 치거나 신을 불러 악귀를 쫓는 푸닥거리도 도맡았다. 똥바는 어찌 보면 우리나라 단군신화의 "단골(檀君)"을 연상케 한다. 즉, 일정 지역마다 제사를 담당하는 전문 "단골"이 있어 그 지역 사람들이 무속 신앙 행위를 통해 문제를 해결해야 할 일이 생기면 반드시 지역 "단골"을 찾아 갔던 것과 비슷하다.

또한 똥바 간에는 상하 관계가 없었다. 단 각자의 능력에 따라, 예를 들어 지식이 남보다 뛰어나다거나 혹은 기예가 출중한 경우에 "대(大) 똥바"나 "똥바왕"으로 불렸지만 서로 대등한 위치에 섰다. 현재 남아 있는 똥바는 매우 적은데 똥바는 모두 남자였고 그 지위는 아들에게 세습되었던 것이다. 아들이 없으면 조카를 후계자로 삼았다. 똥바들은 제사를 관장하고 병을 고쳐주고 경전을 관장했다는 점에서 나시 민족의 지식인 계층이라 할 수 있겠다. 그리고 그들이 제사가 없을 때는 생산 활동에 나섰다는 것에서 알 수 있듯이 똥바들은 무리지어 사원에 거주하질 않았다. 사원이나

---

57) 1253년 몽골족이 이곳을 침략하면서 나시주의 정교합일 원칙은 깨지고 똥바의 역할은 민간을 위한 각종 제사 활동만 주관하는 것으로 축소된다. 이후 한족의 불교와 티베트 불교는 물론 기독교까지 이 곳에 전파된다.

나시주 원시종교에서 유래한 똥바교(东巴教) **리지앙**

사진 57__똥바 만신전 입구
똥바 만신전 초입에 세워진 벽화

사찰이 아예 없다.

 송(宋), 원(元)대에 이르러 똥바교는 찐샤지앙(金沙江) 유역의 나시주 지역에 뿌리를 확고히 내렸고, 종교 사상이라든지 형태가 기본적으로 갖춰졌다. 명(明) 시기에 이르면 무(木) 토사(土司)[58] 세력의 확장에 따라 똥바교도 나시주 군사가 있는 곳과 나시주 민간인들이 이주하는 곳이라면 어디든 전파되기에 이르렀다.

 똥바교는 제사행위를 중시하는데 가장 대표적으로 하늘과 바람과 "수(署)"에 제사 드리는 것이다.[59] 하늘과 바람을 신으로 여기고 이에 제사지내는 것은 쉽게 이해가 되는데 "수(署)"는 무엇일까?

 "수(署)"[60]는 나시 언어에서 자연신의 의미다. 나시주는 예부터 자연을 경외하고 자

---

58) 1382년 중국 북부에 명나라가 등장하면서 나시 민족 지도자도 명나라의 영향권 내에 들어간다. 이때 주위앤장이 나시주 지도자에게 목(木)씨 성을 하사하였고, 이에 따라 제1대 목씨 토사(土司)가 나타났다. 그러다가 1723년이 되면 청나라 정부가 토사들의 통치를 없애고 조정에서 직접 관리를 파견해 이 지역을 통치한다. 이들이 한족 문화를 이 곳에 본격적으로 접목시키기 시작했고, 나시주 풍속도 제도 개혁을 통해 바꿔나가기 시작했다.
59) 똥바교에는 몇 가지의 제사가 있다. 제천(祭天)은 인류의 시조와 제 방면의 천신에게 제사지내는 것이고, 제조(祭祖)는 돌아가신 조상이 극락선경으로 인도되기를 바라는 제사이며, 제풍(祭风)은 사랑을 위해 동반 자살한 남녀를 위한 제사이며, 제서(祭署)는 인간의 이복형제인 자연의 신에게 제사지내는 것이다.
60) "수(署)"는 똥바 상형문자를 보면 그 모습이 마치 머리는 청개구리요, 몸통은 사람, 다리 쪽은 뱀처럼 생겼다. 똥바 경전에는 사람과 이복형제인 것으로 나온다.

活化石 　中国 云南省 人文紀行
소수민족 문화의 영속성

사진 58 __ 똥바 만신전
똥바교가 믿는 온갖 신들을 모신 성소 오르는 길

연과 사이좋게 지내야 한다는 생각을 갖고 있다. 똥바 경전 내용에 따르면, "수(署)"는 산과 내, 날짐승 들짐승, 화초와 나무를 관장하는 신령스런 존재다. 인간은 자신의 생존을 위해 삼림을 개간하고 수자원을 오염시키고 짐승들을 포획하여 살상하는 죄를 거리낌 없이 저질러 왔다. 이런 행위는 자연신인 "수(署)"를 노하게 만들었다. 인간에 대한 "수(署)"의 복수는 홍수와 지진을 가져왔을 뿐만 아니라 역병이 창궐하고 재난을 만들어냈다.

사진 59 __ 만신전 전경
파노라마 촬영한 만신전 동산의 모습. 나름 일주문을 표시하기도 하였지만 위에 올라가 돌아보면 도교의 상징물도 엿볼 수 있다.

나시주 원시종교에서 유래한 똥바교(东巴教) **리지앙**

인간은 살 수 없게 되어 또 다른 절대자에게 매달리게 되었는데, 그러한 존재를 나시주는 똥바교의 교조인 똥바스루오어에게서 찾았다. 그의 중재로 인간과 "수(署)"는 합의점을 찾았는데, 먼저 "수(署)"가 질병, 재난, 홍수 등을 불러들이고, 인간은 자신의 기본 생활을 충족시키는 범위 내에서만 자연을 훼손해야 한다는 것이었다. 이와 함께 인간은 매년 "수(署)"에게 제사를 드리는 형식을 통해 그에게 자신의 일을 보고해야 한다.

나시주는 매년 음력 2월쯤에 "수(署)"에게 제사 지낸다. 마을 단위로 물 맑고 경개 좋은 샘 근처에 제단을 설치하고 청소하는 것이 첫 날의 준비다. 둘째 날은 열정적으로 "수(署)"신을 동네로 모셔, 집집마다 돌게 함으로써 자신과 아버지는 같되 어머니는 다른, 즉 이복동생인 사람들을 둘러보게 한다. 마지막 셋째 날은 "수(署)"신을 공손히 집으로 돌려보내는 날이다. 이때는 지난 1년간 "수(署)"신의 보살핌을 받은 나시 사람들이 그에게 보은의 선물을 올려야 한다. 그래서 과일, 우유차, 향료, 약탕 등을 제수품으로 쓴다. 제사에 당연시되는 제물에 고기가 빠진 것은 "수(署)"신이 살생을

105

中国 云南省 人文紀行
소수민족 문화의 영속성

사진 60 _ 대자연을 통할(统辖)하는 신의 형상

똥바교가 받들어 모시는 대자연의 통할 신으로 인간과 자연환경 간의 조화로운 관계상을 내포하고 있다.

싫어하기 때문이란다. 피비린내 나는 고기를 제사상에 올리면 그가 결코 받지 않는다고 생각한다. 제사가 진행되는 동안에 이를 주관하는 똥바는 <"수(署)"신의 내력>, <"수(署)"신과 사람 간의 모순>, <"수(署)"신과 사람 간의 화해> 등을 담은 70여 편의 경전을 읽는다.

한 마디로 말해서 "수(署)"에 제사지내는 것은 나시 민족이 1년에 한 차례 치르는 통과의례가 아니라, 일상생활 중에 "수(署)"와의 협약을 지키고 이행하는 것이다. 그것은 이미 나시주의 일상 생활에 녹아 있다. 예를 들어보자.

나시주 나무꾼은 나무를 벨 때 대단히 절제를 한다. 자기가 꼭 필요한 만큼만 벌목한다. 그리고 나무에 도끼질을 하기 전에 도끼를 한쪽에 내려놓고는, 채벌하려는 나무를 향해 세 번 머리를 조아리면서 사정 얘기를 한다. "나무야, 정말로 미안하네. 내가 너를 베고 싶어서가 아니라 우리 집이 가난해서 너를 베지 않으면 가족들을 먹여 살릴 길이 없어서라네. 게다가 네 모습을 보니 비틀어지고 휘어져 너는 이 세상에 살아 어느 짝에도 쓰일 용도가 없구나. 그러니 내가 베어 내는 것이 더 나을 것 같구나."

이렇게 말을 하지 않고는 자신의 잘못을 용서받지 못하리라고 생각하는 나무꾼이기에 그는 성심껏 이 과정을 치른다. 그렇지 않으면 나무를 베다가 자신의 다리를 내려치는 벌을 받게 될 지도 모르기 때문이다.[61]

---

[61] 나시 사람들이 자연을 아끼고자 하는 마음은 어린 손자들에게도 경구로 전해진다. 오늘도 나시주 할아버지 할머니는 손자에게 이르기를 "흐르는 물에 침을 뱉으면 벙어리가 되고, 오줌을 누면 꼬추가 썩는다"고 경고한다. 이 뿐이 아니다. 그들은 어린 짐승을 포획하면 자신의 자녀가 병이 생기고, 새끼를 밴 짐승을 해치면 자기집 어미 소가 새끼를 낳지 못하게 된다는 금기를 전수하고 있다.

21세기에도 사용되고 있는 상형문자, 똥바원(东巴文)

똥바(东巴)문화는 나시주 고대문화 가운데 가장 찬란한 부분인데 똥바 도화(图画) 상형문자와 똥바 고적(古籍) 문헌에 주로 나타난다. 이들은 모두 나시주의 원시종교인 똥바교(东巴教) 제사의식에 사용되고 있다. 이와 더불어 똥바문화는 고대 나시주의 사회·역사·문화 제 방면이 담겨 있던 내용들로 채워진 문화 체계이다.

나시주는 두 가지 형태의 문자를 사용한다. 하나는 오래된 도화 상형문자인 똥바원이고, 다른 하나는 후기 똥바들이 창제한 음절문자로서의 끄어바원(哥巴文)이다. 똥바원을 나시말로는 "썬지우루지우(森究鲁究)"라고 하는데, 썬(森)은 나무고, 루(鲁)는 돌이며, 지우(究)는 흔적이라는 뜻이다. 따라서 똥바원은 "나무와 돌 위의 흔적"이라는 뜻이다. 이로써 똥바 글이란 것이 전하고자 하던 의미를 그림으로 표현하다가 점차 일종의 문자군을 이룬 것임을 알 수 있다.[62] 똥바원은 간략하고 과장된 표현이 있으며 생동감이 넘친다. 오랜 기간 동안, 일반 나시주 사람들이 이 문자체계를 이용해 사건을 기록하고 장

사진 61 _ 나시주 똥바원 목판
인쇄용 목판을 기념품 삼아 샀다.

[62] 똥바원은 처음에 나무판위나 돌에 그린 흔적이나 기호였다. 즉 똥바 문화의 발원지라 일컬어지는 중디앤(中甸) 바이띠(白地)나 쩐샤지앙 연안의 절벽에서 암벽화를 많이 발견할 수 있다.

中国 云南省 人文紀行
소수민족 문화의 영속성

사진 62 __ 똥바원(东巴文) 계승
이 사람은 UNESCO가 인정한 세계문화유산으로서의 똥바 문자를 가르치고 연구하는 선생이다. 호에이롱탄(黑龙潭) 내에 있는 <똥바문화연구소>에서 근무한다.

부를 사용하고 편지를 쓰고 또 기타 용도로 사용했겠지만, 주로 똥바교의 제사장이 사용했으리라 추정된다. 그렇기 때문에 똥바원이라는 명칭을 쓰게 된 것이다. 이 문자는 7세기경부터 사용된 것으로 보이는데 이로써 똥바교는 문자와 경서를 갖추게 되매 자리를 잡을 수 있었다.

똥바원은 한 글자에 한 음을 갖는 상형문자도 있지만, 삽화 형식의 도화문자도 있다. 여기에 적은 숫자이긴 하나 형성자(形声字)라거나 지사자(指事字), 그리고 가차(假借)문자도 있다.

똥바들은 지역 사회의 제사 관련 일을 도맡으면서 다른 한편으로는 똥바원으로 축문을 쓰고 경서를 만드는 데 주력했다. 그들은 대나무를 깎아 죽필을 만들고, 소나무 재에 아교를 가미해 먹을 만들었다. 그러고는 똥바 고유의 종이에 똥바 문자로 수만 권의 똥바 경서를 써 내려갔다. 현재 2만여 권의 똥바교 경전을 남기고 있다. 똥바 경전은 나시 선민들의 우주와 인생에 대한 명상, 자연과 사람과 영혼에 대한 탐색, 만물의 기원에 대한 순박하고 철리(哲理)가 담긴 해석들로 가득 차 있다.

똥바원은 겨우 1,300여 자만이 전해오는데, 똥바 제사장들은 아직도 이 문자들을 이용해 책을 쓰거나 경서를 읽고 있기에 가히 세계 유일의 살아있는 도화 상형문자라 할 수 있겠다.

똥바교 경전을 포함해 2만 5,000여 권 정도 보존되고 있는 똥바원 전통 도서는 고대 나시주 사회의 백과전서나 다름없다. 이 고적들은 나시주가 자체 제작한 두텁고 흰 종이에 글을 쓰고 제본한 것인데, 책의 크기는 가로 28㎝, 세로 9㎝이다. 똥바 문자는 왼쪽에서 오른쪽으로 써나가는데 책의 매 쪽마다 석 줄을 썼으며, 매 줄마다 직선으로 선을 그어 공간을 분할하였다.

그림 2 _ 똥바 종이에 쓴 똥바원
똥바 상형문자는 자연과 일상생활을 그대로 표현한 경우가 많다.

19세기부터 20세기 전반기까지 리지앙에 온 프랑스, 영국, 러시아, 미국 등의 선교사와 학자들이 앞 다투어 반출해 간 똥바교 경서가 1만여 권에 이르며, 이와 함께 다량의 그림, 신상(神像), 제기 등을 가져가 도서관이나 박물관에 소장 및 전시하고 있다.[63]

---

63) 19세기 중엽에 프랑스 선교사 한 명이 이곳에 들어와 똥바 11쪽 짜리 경전<高勒趣赎魂>을 모사하여 고향집에 부쳤는데, 이를 계기로 몇 년 후에는 영국인이 3권의 경전을 구해 귀국했는데 그 중 한권은 대영박물관에 전시중이다. 이후 여행가, 탐험가, 선교사들의 탐방이 이어지면서 똥바 경전 원본이 대량 유출되기 시작했다고 한다. 특히 유명한 인물로 1921년부터 1949년까지 27년 간 리지앙 나시주 자치구에 머물면서 똥바 문화를 연구한 미국의 식물학자 요셉 F. 찰스 락이 있다. 그는 똥바교의 발원지인 바이수이타이(白水台)에서 오래된 상형문자에 매료되어 식물연구를 진행하는 한편, 똥바원을 동시에 연구했다. 그는 십수권의 똥바원 관련 도서를 출판한 "나시학 연구의 아버지"라 할 수 있다. 대표 저서로 Joseph F. C. Rock, *The Ancient Nakhi Kingdom of Southwest China*,(Mass.: Cambridge, 1948)가 있다.

活化石

中国 云南省 人文纪行

소수민족 문화의 영속성

그림 3 _ 똥바 종이(东巴纸) 제작 모습
산에서 나무를 해오면 공방 마당에서 차례대로 생산 공정을 거치는데, 그림 중에 중앙 가장 아랫부분에 있는 사람이 하고 있는 일은 가공된 수지를 대발로 만든 종이 규격 크기의 틀에 한 장씩 떠올리는 작업이다. 이건 바닷가에서 김을 만드는 장면을 연상시킨다.

똥바 종이는 나시주 전통 제지 공예 기법 중 하나를 이용해 제작한다. 이 종이는 전적으로 똥바교 제사장에게 공급되어 경전을 쓰거나 그림을 그릴 때 사용하기 때문에 똥바 종이라 이름 붙였다.

　이 종이를 만들기 위해서는 꽤 번거로운 작업과정을 거치는데, 먼저 나무의 겉껍질을 벗겨내고 그 속의 희고 약간 푸르스름한 껍질을 모아 말린다. 이 나무는 내가 보기에 닥나무 종류였는데, 그들 말로는 고산지대에서 벌채한다.[64] 그 껍데기를 물에 담가 부풀린 후 다시 가마솥에 넣고 증기로 삶는다. 재료가 누렇게 변색되면 꺼내서 돌절구에 넣어 공이로 찧어주고 약을 친다. 이제 부드러워진 수지를 꺼내어 나무 통 속에 넣고 물을 부으면서 계속 주걱으로 휘젓는다. 잘 섞인 수지를 밑이 대나무발로 된 나무틀로 한 번씩 퍼낼 때 마다 한 장의 미완성 종이가 가닥을 잡는다. 틀에 압력을 가해 종이의 밀도를 높이면서 돌로 문질러 압축시켜주면 종이에 광택이 생겨난다. 마지막으로 햇살에 잘 말리면 드디어 똥바 종이가 된다. 똥바 종이는 두툼하고 벌레 부식에 강한 항균성을 갖고 있다. 원료로 쓰는 나무 자체가 한약재로써 소염 성분이 있다.

　이렇게 만든 종이를 살펴보니 두 종류였다. 하나는 누리끼리한 게 우리식의 창호지보다 더욱 거칠어 도배 시 방바닥에 발라도 될 만한 강도를 지녔다. 당연히 윤택은 없다. 마치 북어포를 얇게 뜯은 것 같다고나 할까? 다른 하나는 서예용으로 쓸만한 화선지 급의 부드럽고 깨끗하고 고운 한지였다. 내가 작업하는 이에게 한국에도 이렇게 해서 만드는 전통 종이가 있는데 그것과 별반 차이가 없는 것 같다고 했더니, 그는 만드는 과정이나 종이 모양이 비슷할지는 몰라도 똥바 종이를 만들면서 자신들이 쓰는 약이 한국에는 없기에 품질 면에서 차이가 날 거라고 했다. 나는 동의삼아 고개를 끄덕이는 수밖에 없었다. 왜냐하면 그들의 똥바 경전이 수 백 년 째 전혀 상하지 않고 전승되고 있는 것을 보았기 때문이다.

---

64) 이 꽃나무는 "요화(蕘花 학명은 Wikstroemia canescens (Wall.) Meisn)"라고 하는 관목인데 키는 1m정도 자라고 줄기는 직경 4㎝정도 된다. 내피가 부드럽고 섬세하며 유백색을 띤다.

中国 云南省 人文紀行
소수민족 문화의 영속성

똥바원(东巴文)을 배우다

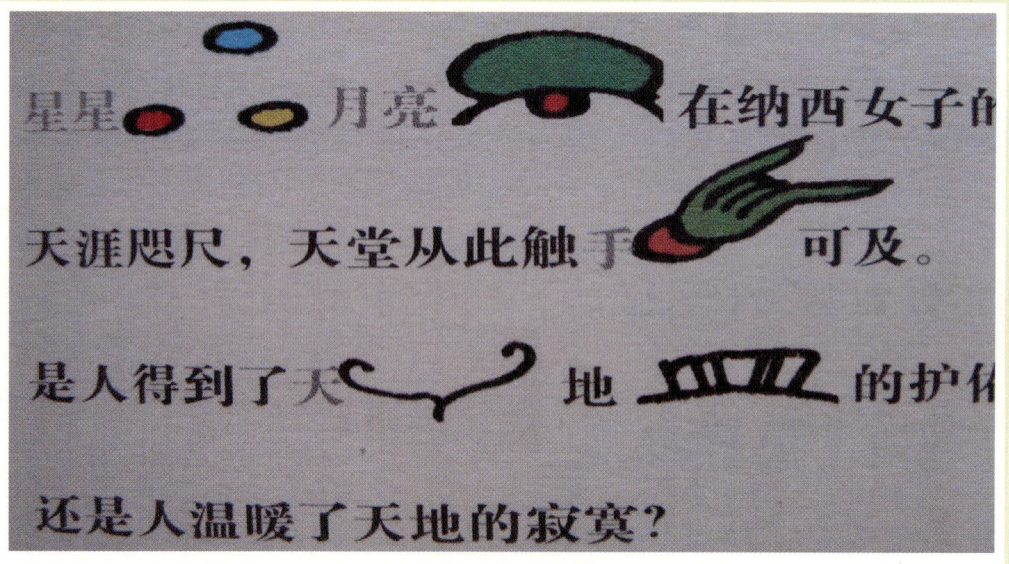

그림 4 __ 똥바 상형문자가 들어간 시(诗) "피성대월(披星戴月)"
그림 앞의 흐릿한 한자는 바로 뒤에 있는 상형문자와 같은 뜻이다.

나시주는 새파란 하늘을 보고 생활해서인지 파란색을 좋아 하는 것 같았다. 그러다 보니 그들의 옷에도 하늘빛을 담은 파란색이 꼭 섞인다. 춤추는 나시주 부녀자들의 두건과 앞치마를 물끄러미 바라보다 시상이 떠오른 시인이 있었나 보다.

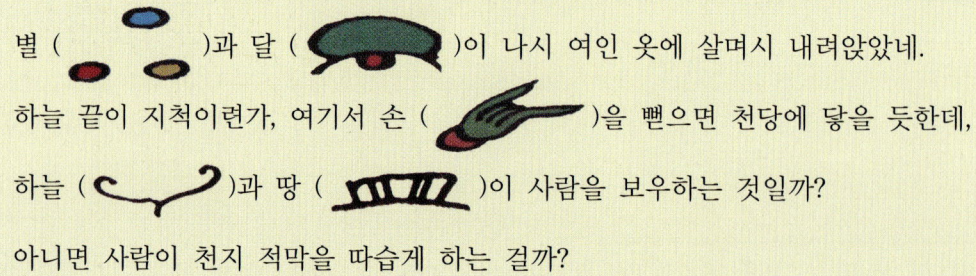

별 (　　) 과 달 (　　) 이 나시 여인 옷에 살며시 내려앉았네.
하늘 끝이 지척이련가, 여기서 손 (　　) 을 뻗으면 천당에 닿을 듯한데,
하늘 (　　) 과 땅 (　　) 이 사람을 보우하는 것일까?
아니면 사람이 천지 적막을 따습게 하는 걸까?

시간의 흐름과 무관하게 인성이랄지 감성은 변치 않는 게 있는 모양이다. 이렇게 아름다운 생각을 상형문자로 표현하니 똥바 문자에 대한 흥미가 더욱 일어난다. 이참에 조금만 배워볼까?

앉아 있는 두 사람 중에 왼쪽이 남자이고, 오른쪽이 여자다. 중간의 P자는 독음기호이기도 하지만 바늘의 의미이기도 하다. 바늘은 두 사람 간 마음을 표현하는 수단이 된다. 깊이 찌르면 정이 깊어 감미롭기도 하지만, 그와 동시에 고통스럽기도 하다. 바늘의 거리는 바로 애정의 거리인데 서로 간에 경외와 관심이 필요하다. 한자(汉字)라면 남과 여가 함께 있으니 좋을 호(好)가 되나, 똥바원에서는 남여가 함께 하는 것은 단순히 "좋음"이 아니라, "사랑"이다.

그림 5 __ 사랑하다(爱)
나를 만나기 전 누구와도 사랑을 나누지 마소

나시 사람들은 애정을 신앙으로 생각한다. 그들은 서로 사랑하는 두 사람이 만일 함께 할 수 없다면 서로 애정을 위해 목숨을 걸 수 있는 민족이다. 구전되는 옛이야기에도 흔히 나오는 이야기다. 나시판 로미오와 줄리엣이 되면 그들은 좋은 술과 음식과 옷을 사서는 풍광이 수려한 위롱(玉龙)설산 아래로 가서 하룻밤을 꼬박 노래와 술로 지샌다. 날이 밝으면 깨끗하게 차려입고 사랑을 이룰 수 있는 천국[65]으로 향한다. 말하자면 "순정(殉情)"을 실행하는 것이다.

이 그림은 한 사람이 자기를 가리키고 있다. 이는 남에게 자신의 존재를 강력하게 알리고 있는 것이다. 마치 자신을 본 적이 없느냐고 강하게 어필하고 있는 듯 하다. 사고를 통해 나시 사람들도 강렬한 자아의식을 드러낸다. 그릇된 자기 고수가 아니라 자신감의 발현이요, 주변의 변화에 순응하면서 버릴 건 버리고 취할 건 취하는 것이다. 여유롭게 바깥세상으로부터 전해지는 문화와 문명을 이용함과 동시

그림 6 __ 나(我)
혼자 서 있는 개인이 아니라 남과 관계를 맺고 싶어 하는 자아를 표현한 듯.

---

65) 전설에 따르면 그들이 찾아 간 천국은 위롱(玉龙) 제3국인데, 이 곳에서 남자는 흰 사슴을 이용해 논을 갈고 여자는 호랑이를 의자 삼아 앉아 베를 짠다.

에 나시 민족 특유의 훌륭한 문명은 철저히 계승해야 하는 것이다.

소수민족일수록 어려서부터 커서까지 소아병적인 자신을 고수하려 들 것이 아니라, 눈을 크게 뜨고 고개를 숙여 사색하매 늘 자신에게 되물어야 한다. "나는 누구인가?" 그래야 나시 민족은 영원할지라.

그림 7 _ 웃다(笑)

웃음은 마음을 여는 표시이고, 그것은 마음의 긴장을 푸는 것이요, 행복 바이러스를 퍼뜨리는 행위다.

사람들은 마음 상할 만한 일을 잘 얘기하려 들지 않는다. 왜냐하면 그로 인해 즐거움이 순식간에 쉽사리 사라져 버리기 때문이다. 그런데 나시 사람들은 항상 어떤 일을 하는 때건 간에 즐거움을 느낀다. 그들은 들뜬 것마냥 큰소리로 떠들고 웃으며 희색이 만면하다. 논이나 밭일을 할 때는 노래와 함께 한다. 일이 없을 때는 밤새워 새벽녘까지 노래하고 춤춘다. 동바 문자에서 "즐거움"은 두 송이 꽃이 나란히 서 있는 그림이다. 흔히 얘기하는 행복 바이러스처럼 즐거움은 옆 사람을 감염시키는 추동력이 있는 모양이다. 그것은 웃음소리를 통해 더욱 쉽게 공유된다.

기실 웃음의 파도는 곧 수그러들게 마련이다. 그렇지만 우리는 언제고 간에 항상 즐거움의 파도를 맞이할 준비를 해야만 한다. 그래야 웃는 일이 늘어날 것이다.

그림 8 _ 아름답다(美)

영원한 봄날, 햇살, 꽃송이는 항상 열린 곳에 있다

꽃봉오리가 벌어지는 이 그림의 모습은 아름다움이 피어나는 모습을 대변한다. 마찬가지로 사람도 아름다움을 표현할 수 있다. "달빛이 희고 밝게 빛나는 밤중에 옷을 잘 차려입은 과년한 규수들이 손에 손을 잡고 횡으로 늘어선 채 길거리를 휩쓸 듯 거닐면서 큰 소리로 웃고 떠들며 해바라기 씨라도 까먹을 때, 배짱이 어지간한 총각이 아니고서는 이들 앞에서 고개도 못 들고 지나 갈 것이다. 그러다 처녀들에게 밉보이는 날에는 그 길로 처녀들에게 휘둘려 어떻게 될지 아무도 모르리라." 이는

1940년대에 러시아 작가가 묘사한 나시주 처녀들의 밤나들이 정경이다. 요즘도 부녀자들이 저녁 9시쯤에 리지앙 꾸청 쓰팡지에(四方街)에 수 십 명이 모여 민속춤을 즐기곤 한다. 이렇게 활달하고 건전한 나시 처자들이고 보니, 그들의 아름다움을 표현하는 데는 온유하고 수줍음을 띤 수식어는 어색할 것 같다.

가난한 이는 예나 지금이나 차림새가 흐트러지는 모양이다. 요즘은 잘 쓰지 않는 표현이긴 한데 봉두난발(蓬头乱发)이란 말이 있지 않은가? 그림이 이 단어를 정확히 표현하고 있다. 재물이 사람을 고뇌와 수심에 빠뜨리는 것은 아니겠지만 그렇다고 돈만 있고 다른 것, 예를 들어 친구라거나 자유로움 같은 것이 없다면 행복은 결코 만져볼 수가 없을 것이다. 반면에 우리가 이런 것들을 가질 수 있다면 절대로 행복하지 못한 삶을 살게 되지는 않을 것이리니. 돈보다 더 커다란 가치를 추구해야 할 시대다.

그림 9 __ 빈곤한 이(贫)
밤하늘에 반짝이는 별은 가난한 이의 다이아먼드다

나시 사람들이 사계를 표현한 그림을 보면, 네 가지 도안에 공통적으로 하늘을 뜻하는 중간 괄호가 그려있다. 그리고는 계절에 맞춰 봄에는 들판에 고만고만한 크기의 백화가 만발한 모습을 그렸고, 여름엔 빗줄기인 듯 바람인 듯 하늘에서 내려오고 있으며, 가을은 논밭에서 작물이 자라 올라온 모습을 나타냈고, 겨울은 눈송이가 내리는 모습이다. 단순하면서도 자연의 변화를 잘 포착한 게 아닐런지.

그림 10 __ 춘하추동
리지앙의 봄은 온갖 꽃이 만발하고 가을은 달빛이 좋더라. 여름엔 서늘한 바람이, 겨울엔 흰 눈이 날려 좋아라.

나시주는 더위도 신으로 모시는데 전설에 따르면 더위와 사람은 형제 관계란다. 평소에 바위덩어리 하나를 캐건, 나무 한 그루를 자르건 모두 이 더위 신에게 예를 갖춰 제를 올려야 한다. 나시주는 자연과 서로 의존해 사는 것을 당연한 것으로 여기는 민족이다. 리지앙 거리는 물줄기를 따라 자연스레 형성되었다. 그들이 믿는 바로는 온갖 물상이 모두 영혼을 갖고 있다. 그래서 만물과 정을 통한다고 글로 써 왔다. 봄꽃, 가을 달, 여름바람, 겨울눈은 간결한 표현이지만 미를 함축하고 있다. 그것들을 생각하노라면 맘속에 모종의 내밀한 희열이 피어오름을 느끼게 된다.

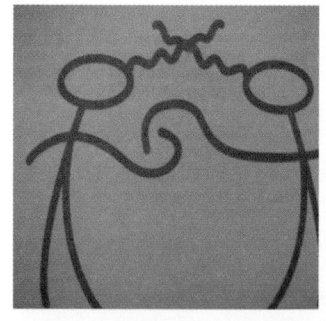

그림 11 _ 거래하다
나는 차를 살 수 있다. 그것이 진정 원하는 바는 자유다. 나는 술을 한 병 살 수 있다. 그것이 뜻하는 바는 친구다. 많은 경우에 나는 진정으로 원했던 것을 잊은 채 그 외형만을 열심히 사들인다.

거래를 한다는 것은 다양한 행위를 내포한다. 물건을 사고 파는 것도 거래고, 타인과의 교유도 일종의 거래다. 우리는 남과 거래할 때 서로 말을 많이 하게 된다. 그림에서도 두 사람이 귀는 없고 목청껏 자기주장을 해대는 것을 느끼게 된다. 아마 물건 값을 흥정하는 모양이리라. 그래도 한 가지 다행인 것은 둘이서 손을 맞잡고 있는 모습이다. 나시 사람들이 물물 교환하는 모습일 수도 있겠으나, 우리의 거래가 단절되지는 말아야 한다는 무언의 합의 하에 자기주장을 펴거나 혹은 상대를 설득하고 있는 것이겠다.

반면에 "입술이 창이 되고, 혀가 검이 되는(唇枪舌剑)"식의 힘겨루기 설전은 예부터 있어왔다. 이처럼 상거래에 있어서 입씨름을 강조하는 것은 아마도 나시 민족의 전통과 유관한 듯 하다. 옛날에는 리지앙 점포에 여자들만 있었다. 일단 남편이 가게에 있게 되면 골치 아픈 일들이 벌어지곤 했다. 왜냐하면 남편은 그야말로 "바깥양반"이기 때문에 손님이 찾는 성냥이 어디 있는지, 절인 채소가 어디 있는지, 어떤 술동이에 그 손님이 찾는 술이 담겨 있는 지 도통 모르기 때문이다. 대부분의 경우 그 남자는 손님에게 처자가 돌아오기를 기다려 달라고 사정해 손님을 붙잡아 두고, 잠시 후 여주인이 돌아오면 손님이 찾던 것을 들고 돌아가게 마련이었다. 여자는 집안 살림을 도맡고, 남자는 악기, 바둑, 그림, 글, 담배, 술, 차 이런 것과 친했던 것이 나시주 생활 관습이었다. 이 남자들 정말 꿈같은 세월을 살았네요.

그림에 있는 잔이랄까 단지가 커서 그렇지, 요즘 같은 더위에는 연인들이 시원한 카페에서 시리도록 차가운 과일 쥬스 한잔을 빨대로 들이키는 장면 같기도 하다. 냉

커피 한 잔 하는 그림 같기도 하다.

옛날에도 술을 마실 때는 속빈 보릿대를 사용했단다. 리지앙에서는 벌써 수백 년 동안 술에 과일을 섞어 즉, 과실주를 만들어 먹었단다. 도수가 높지 않고 호박 광채가 나며 입맛이 달콤하다. 예전에 리지앙의 허다한 가게들이 모두 자기네가 양조한 과실주를 팔았다. 나시 사람이라면 남녀를 불문하고 길을 가다가도 곧 자리에 앉아 과실주를 한 순배씩 돌리곤 했단다. 이 때 보릿대가 빨대로서 한몫했다. 이러다 보니 오늘날의 카페나 바처럼 술이 사람들을 모이게 하는 매개체가 되었다. 산에서 물건을 팔러 내려온 이도 물건을 다 팔아 치우고는 기분 좋게 과실주 단지를 들이켰고, 이내 흥에 겨워 허리춤에서 대피리를 꺼내들어 불면서 산길을 올라가곤 했던 것이다. 술은 누가 뭐래도 생활의 활기를 되찾게 하는 효력이 있다.

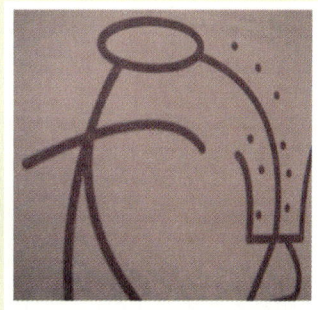

그림 12 _ 음주

어느 주당 왈, "내가 술을 마시는 것은 고통을 익사시키기 위함인데, 망할 놈의 것이 수영을 터득했네 그려"

그림에서 직관적으로 느낄 수 있는 것은 긴장이 풀어진 상태로 화로를 끼고 앉아 있는 사람이다. 마침 화로에서는 음식이 따끈하게 데워져 김이 올라오고 있다. 아마 바깥은 삭풍이 불어 오가는 행인도 적으리라. 이럴 때 이 사람은 스스로 행복을 느낄 수 있으리라.

나시 사람들은 생활 자체를 신앙으로 간주하며 소박한 즐거움을 추구한다. 어떤 이는 나시 사람들이 추구하는 행복을 이렇게 묘사했다. 즉, 밭이 있고 과수원이 있으며, 소나 말 같은 가축이 떼를 이루고, 집이 널찍하여 거소가 쾌적하면 그들은 행복하다고 느낀다.

그림 13 _ 행복

행복은 곧 자기 스스로 행복하다고 느끼는 것이다. 남이 나에게 행복을 가져다주기를 기다리는 사람은 사는 것이 늘 그다지 행복하지 않다.

여기까지라면 나도 옛날 나시 사람들이 소박한 행복을 그려왔다고 동의하겠다. 그런데 위의 표현은 다음으로 이어진다. 처자가 예쁘고, 쌀과 소유(酥油 : 연유)가 창고에 그득하며, 술 단지가 지천으로 널려있고, 신체 건강

中国 云南省 人文紀行
소수민족 문화의 영속성

하고 성욕 왕성하며, 싱싱한 꽃들이 만발한 고원 초지위에서 의기투합하는 지인들과 연달아 가무음주를 할 수 있다면 행복하다는 거다. 이 정도 수준으로 삶의 조건을 구비한 것이라면 결코 소박한 욕심이라고 말 할 수 없으리라. 이건 아마도 나시 사람들이 터 잡고 살던 지역이 자연 환경이 쾌적한데다 기후조건도 좋아 농사와 목축 모두 풍요로운 생활이 가능했다는 반증이 아닐까 싶다.

그림 14 _ 겁나다
사람들은 태곳적 원시라거나 신비한 사물에 대해서 두려움을 갖곤 한다. 그런데 어떤 이는 떨칠 수 없는 두려움으로 그 곳을 회피하고, 또 다른 이는 그 곳을 정복해 인간의 한계를 극복한다.

이 그림문자는 특히 재밌는 표현이다. 누가 보아도 손과 발에 쥐가 나고 있음을 알 수 있다. 그것이 겁을 먹고 있는 의미로 표현됐다. 겁은 사람의 본능적 반응이다. 입술은 심장이 떨리는 것을 감출 수 있으나, 몸은 도리어 거짓말 하기가 힘들다. 우리가 흔히 하는 표현으로 오금이 저리다는 말이 있지 않은가. 너무 긴장하면, 지나치게 겁이 나면 움찔도 못하고 마비되는 게 인간의 감정과 신경계다. 그런 면에서 이 그림도 직관성을 잘 살려 손쉽게 의사전달을 하고 있는 셈이다.

초자연 현상에 대한 겁을 인간은 신앙으로 극복하기도 한다. 나시주의 신앙은 똥바교(东巴教)인데 숭배의 대상이 매우 다양하다. 각양각색의 신령한 존재가 2,400여 개나 된다. 그들은 각종 의식을 통하여 가축신, 약초신, 전쟁신, 대장장이신 등 다양한 신령에게 축복을 기구하며, 또한 물귀신이라거나 구설시비 귀신 등 각종 귀신을 내쫓는다. 이웃집과 말로써 시비가 붙는 것도 귀신의 장난으로 보고 있음이 재미있다. 제사 지낼 때 추는 춤 가운데, 어떤 동작은 악귀와 대적하고 있는 모습을 흉내 낸 것이다. 종교적 신앙은 나시주에게 심리적 위안을 준다.

그림 15 _ 울다
눈물을 흘리지 않고는 살 수 없을까? 욕심이다. 모든 인생은 눈물을 흘리도록 재촉한다고 위안 삼자.

양미간을 찌푸려 눈 꼬리가 올라간 상태에서 눈물이

그렁그렁 매달렸다. 분노의 눈물이다. 그러나 그것은 때때로 우리 마음에게 필요한 탈출구이다. 만일 눈물을 통해 슬픔이나 분노나 억울함을 배출하지 못한다면 우리 마음은 진작에 산산조각이 나고 말 것이다. 어쩌면 그것은 조물주가 우리에게 내린 선물이리라. 그런데 우리 인간은 학습능력이 있는 동물이다. 그래서 마음을 감추고 눈물을 감출 줄 안다. 거기에서 스트레스가 쌓이고 그것이 마음의 병이 되곤 한다. 이제부터는 천진난만한 아이의 숨김없는 눈물처럼 내 마음의 분노와 억압과 서러움을 쏟아내는 눈물을 감추지 말자. 그러기에 눈물은 카타르시스라 하지 않던가.

그림에서 배고픈 자와 배부른 자의 차이점 하나는 배에 점을 찍은 것과 안 찍은 것이다. 아마 요즘의 골다공증 증세 그림처럼 채워져야 할 것이 채워지지 못한 상태를 배고픈 상태로 표현한 것일 게다. 그 옆의 배부른 이는 입 모양도 다르다. 입을 크게 벌린 품이 노래라도 하는 모양이다. 행복감의 표현이리라.

그림 16 _ 배고픔과 배부름

배가 텅 비면 배고프다 하고, 배고프면 곧 배를 채운다. 배가 불러오면 그 포만감이 행복으로 바뀐다.

그런데 왜 배가 "부르다"와 "고프다"를 가지고 상대어를 만들었을까? 부르다는 뭔가 차올라 붕싯한 모양을 뜻한다. 그렇다면 고프다는 속이 비어 푹 가라앉은 모습을 나타내야 할 텐데, 그런 느낌이 없다.

아하, 그렇구나. 고프다는 "곱다"라는 말에 "으"가 들어간 것이 아닐까? 만일 이 추정이 가능하다면 "곱다"는 구부러진 상태를 뜻하기도 하니까, 즉 예를 들면 어릴 적에 겨울철 맨손으로 눈싸움을 하느라 손이 얼었다가 따뜻한 실내로 들어오면 그 자그마한 손이 맥없이 굽어있는 것을 경험하곤 했으니, "곱다"는 "굽다"의 작은 말로 배가 구부러진 상태임을 보여주는 것이라 생각할 수 있겠다. 곧 속이 비어 배에 힘이 없으면 상체가 약간 앞으로 쏠릴 정도로 휘지 않던가?

동자승이 큰 스님에게 물었다. "스님은 어떻게 수행을 하시나요?" 큰 스님이 대답하길 "밥 먹고, 잠자지"했다. 이 말 들은 동자승이 다시 "저도 똑 같이 하는데요, 어째서 저는 수행이 안 될까요?"했다. 큰 스님이 깨우쳐 말하기를 "왜냐하면 너는 자야할 때 자지 않고, 먹어야할 때 먹지 않기 때문이지"라고 했다. 큰 스님의 말은 처음부터 끝까지 매우 자연스럽고 간단하다. 그런데 우리가 항상 깨닫지 못하고 행하지 못하는 게 바로 "간단함"이다.

그림 17 _ 집안
집은 이성을 논하는 곳이 아니라 사랑을 나누는 공간이다. Home은 사랑하는 이가 불 밝히고 우리를 기다리는 곳이다.

이 그림의 전체 형상은 나시 사람들이 사는 가옥을 표현했고, 아래쪽 사각형은 방을 뜻하는데, 방안에 그려진 것은 담뱃잎과 바늘이다. 그렇다, 나시주에게 있어서 방이라면 담뱃잎과 바늘이 있어야 하는 거다.

그러나 한자는 이와 다르다. 한자의 "집(家)"은 처마 밑에 돼지가 있는 형상이다. 어떤 이는 이 한자에서 돼지를 어린 자식들로 풀이하기도 하지만, 있는 그대로 놓고 얘기한다면 한족들은 농경 생활을 했기에 외양간이나 돼지우리가 있어야 집이 된다. 이에 반해 나시주는 초기에 유목 생활을 했기에 그들에게 집안은 남자가 담배 피고 여자가 바느질 하는 곳이다.

어떤 그림이 집을 그리고 그 안에 남자와 여자, 그리고 아이 이렇게 세 사람이 있는 모양이라 하자. 이것은 바로 똥바 문장에서 흔히 볼 수 있는 길상(吉祥) 축복어인 "집에 함께 있어 즐겁기를 바라다"는 뜻이다. 집은 가족 구성원 간의 사랑이 넘치는 곳이지 결코 덩그러니 크기만 한 공간이 아니다. 집은 서로 정을 나누고 서로 의지하는 곳이므로, 사랑받는 느낌을 갖지 못하는 사람은 집이 없는 사람이나 마찬가지다.

쩌우쥔

결혼은 No! 사랑은 Yes!!
쩌우훈(走婚)이 살아 있다

연전에 텔레비전 프로그램을 통해 "쩌우훈(走婚)"이라는 말을 처음 알았다. 중국 소수 민족 가운데 옛날 전통을 그대로 간직하고 있는 오지를 방송사에서 탐방하여 제작한 프로그램이었는데 몹시 충격적이었다. 한 집안의 호주는 당연히 여자이고, 남자라고는 어린 아이거나 혹은 여주인의 형제로 독신 "외삼촌"만 있지, 있어야 할 남편은 없었던 것이다. 그렇다고 사별한 것은 더욱 아니다. 저녁 식사가 다 끝나갈 무렵 불쑥 찾아온 젊은 남자가 있었는데 이가 바로 이 집 여주인의 연인이자 꼬마 아이의 실제 아버지였다.

그 프로그램에서 본 내용은 이 것 외에 외삼촌이 열 살 갓 넘긴 조카에게 담장을 타오르는 법을 가르쳐 준다든지, 남자들은 농사일을 안 하고 빈둥거리다가 힘든 일 즉, 옛날 같으면 전쟁이겠으나 요즘은 집 짓는 일 같은 것만 한다든지, 3층을 타고 올라온 남자가 창문을 두드렸을 때 여자가 창문을 열어 맘에 들면 들어오게 하지만 아니면 그대로 창문을 닫아 걸어버리는 것, 또 이 남자들은 한 동네 여자 집을 넘어 들어가지는 않고 옆의 동네로 "쩌우훈" 하러 간다는 둥 모두 생경한 모습이었다. 그 다음날 학교에서 만난 중국 선생님과 "쩌우훈"을 주제로 얘기까지 나누었을 정도로 이색적인 내용이었다.

그런데, 리지앙 근처 루꾸후(泸沽湖)에서 간신히 명맥을 잇고 있는 쩌우훈 전통을 찾아볼 수 있다니 가보고 싶은 생각이 부쩍 일었다. 이번 여행은 친구하고 단 둘의 트레킹이었으나 리지앙에서 후티아오시아를 들어갔다가 날씨가 안 좋아 스케줄에 차질이 생겨 예정에 없던 곳을 하루 둘러보기로 하고 리지앙 꾸청 내 여행사를 찾아 갔다. 요즘 중국의 젊은 여행자들은 패키지 단체 여행보다는 개별 자유 여행을 좋아한다. 이런 이들을 대상으로 교통편만 제공하는 간단한 여행 프로그램이 현지여행

活化石

中国 云南省 人文纪行
소수민족 문화의 영속성

그림 18 _ 맨발인 채로 춤을 추고 있는 부녀들
일종의 노동춤을 추다가 맘에 드는 이성을 고르기도 한다.

사들의 상품이다.

이곳에서 알게 된 가이드, 호칭이 "아루"였는데 이 총각이 바로 나시주였고 고향 동네가 루꾸후(泸沽湖)66)여서 자신도 이 곳에 나와 있지 않으면 아마도 쩌우훈을 해야 할 처지라고 했다. 리지앙에 나온지 3년이 되어 이제는 중국 푸퉁화 구사에 막힘이 없으니 돈을 많이 벌어 도회지 아가씨와 결혼하는 게 소원이라고 했다. 내가 그와 친해진 후 루꾸후 모계중심사회 탐방에 관심을 보이자 만일 내가 실제로 간다면 자기 외삼촌에게 연락을 해 둘 터이니 찾아가 보라고 했다. 그러면서 자기 동네 이야기를 내게 한참 동안 해주었다.

"아시아(阿夏)"는 모어쑤오어(摩梭) 말로 "친밀한 연인"을 뜻하는데 특히 남자를 뜻한다. 여자 연인의 호칭은 "아뚜(阿都)"다. 남자를 뜻하는 "아시아(阿夏)"건, 여자를 뜻하는 "아뚜(阿都)"건 모두 모어쑤오어인의 독특한 전통인 "쩌우훈(走婚)"을 상징하는 말이기도 하다.

---

66) 루꾸후는 쓰추완과 윈난 두 성의 접경지대에 있다. 따라서 이 지역주민인 나시주 모오쑤오어인들 가운데 일부의 행정상 거주지는 쓰추완 소속이고 일부는 윈난 소속이다. 호수면적은 76,500무나 된다(1무는 200평, 혹은 1마지기). 호수 주변 둘레는 50㎞이고, 가장 깊은 곳은 수심 93.6m이며, 물속 12m까지 육안 관찰이 가능하다. 행정 구역상으로는 윈난 리지앙시 닝랑(宁蒗)이주(彝族)자치현 내 융닝빠취(永宁坝区), 랑취빠구(浪渠坝谷), 라뽀오어 찐샤지앙시아구(拉伯金沙江峡谷)의 3 지역이다. 한편 쓰추완 쪽으로는 량산이주(凉山彝族)자치주 앤위앤(盐源)현에 속한 지역이다.

"쩌우훈(走婚)"의 특징은 이러하다. 혼인은 하되 결혼은 하지 않는다. 즉, 남녀간 성적 관계는 맺지만, "남자는 장가들지 않고, 여자는 시집가지 않는다(男不娶, 女不嫁)". 즉 각자 자기 어머니 집에 살면서 남자가 밤에 여자 집에 왔다가 새벽이 되면 돌아가는 것으로, 오로지 여자의 집에서만 "밤을 샌다". 이렇게 해서 둘 사이에 태어나는 아이는 모두 여자 집안의 구성원이 되고 성씨도 엄마 성을 따른다. 자녀와 생부 간에는 경제적 관계가 없다. 즉 친아버지라 하더라도 자녀를 경제적으로 부양할 의무가 없다. 단 그들 사이에 왕래는 있을 수 있고 관심도 기울일 수는 있다.

그들이 상대를 고르는 시기는 밭에서 일하거나 산에 올라 방목을 할 때 혹은 모여서 명절을 지낼 때 등 다양하다. 예를 들어 가을에 넓은 마당에서 공동으로 타작을 할 때, 남녀는 각자 한 줄씩 이뤄 선다. 다같이 박자를 맞춰 타작틀을 어깨 위로 들어 올려 곡식을 타작하면서 노래를 부른다. 이 때, 남자들은 마음에 드는 여자를 은연중에 물색한다. 만일 그런 여자가 눈에 띄면 곧 타작틀을 내려놓고는 갑작스레 앞으로 뛰어가 그녀의 수건이나 허리띠 혹은 두건을 빼앗는다. 만일 상대 여자가 자신의 것을 돌려달라고 하지 않으면 이는 그 둘이 서로 관계를 맺을 수 있는 가능성이 생겼음을 의미한다.

또 독특하게도 모어쑤오어인들의 풍습 중 하나인 남녀혼욕 기회를 이용해 상대방을 만나기도 한다. 가을걷이가 끝난 후 천막과 솥단지, 찹쌀과 고기, 계란 및 술을 싸들고 주변 온천으로 목욕 가는 모어쑤오어인들을 많이 볼 수 있다.

온천지에 도착하면 우선 천막을 치고 솥을 걸어 닭을 잡고 밥을 지어 술과 함께 배불리 먹는다. 다시 저녁 식사거리를 잘 준비해 놓은 다음 남자부터 노천탕으로 들어가 바지를 벗는다. 곧이어 여자들도 탕으로 들어와 옷을 벗는다. 남자들은 유유자적하게 담뱃대를 빨거나 때를 밀고, 여인들은 칠흑같은 삼단 머리채를 온천물로 깨끗이 감는다. 어떤 때는 서로 벌거벗은 채로 온몸을 드러내면서 유쾌한 잡담을 나누기도 한다. 그렇지만 남녀 어느 누구도 거리껴 하거나 수줍어하지 않는다. 단, 모든 남녀가 공동 혼욕이 가능한 것은 아니다. 최소한 같은 혈연관계에 있는 경우라면 혼욕을 하지 않으나 외지 사람이라면 기피하지 않는다.

해질 무렵 사람들은 1차 온천욕을 끝내고 불가로 나와 저녁을 짓는다. 배불리 저녁을

中国 云南省 人文紀行
소수민족 문화의 영속성

사진 63 _ 온천욕을 같이 즐기면서 상대방을 고르기도 한다.
우리나라에서 "남녀칠세부동석"이라는 구닥다리 표현이 철저히 지켜지고 있는 곳은 아마도 공중목욕탕 한 곳뿐일 것이다. 그런데 자연과 함께 사는 중국의 소수민족들은 성인 혼욕도 그다지 이상한 게 아니다.

먹고는 다시 뜨끈한 탕 속에 몸을 담근다. 그러고는 다시 나와 이번에는 술을 마시고 떠들며 자연을 즐긴다. 이러한 혼욕 풍습이 단순한 목욕 자체에 있는 것만이 아니다. 서로 처음 보는 이들끼리 목욕을 하면서 상대방을 주의 깊게 살핀 끝에 눈이 맞으면 둘만이 장소를 옮겨 사랑을 속삭인다. 밤이 깊어 가면 평평한 곳에 자리를 깔고 누워 쉬다가 잠이 든다. 다음 날 해가 뜨면 아침밥을 해먹고는 다 같이 아쉽게도 온천지를 떠난다.

이처럼 남녀 간의 왕래가 상호 내락된 상태가 되면 곧 양자가 개인적으로 혹은 다른 이에게 부탁하여 예물을 교환함으로써 관계를 확정한다. 때에 따라 서로 장신구를 주고받던지, 혹은 여자가 손수 만든 허리띠나 신발창을 남자에게 선물하고, 이 남자는 그녀에게 목도리나 장신구를 선사한다. 남녀가 일단 예물을 교환하고나면 곧 정을 나눌 수 있는 파트너가 된다. 이제 밤이 이슥해지면 남자는 그녀의 집으로 "쩌우훈(走婚)"하러 가는 일만 남았다.

처음에는 남자가 쩌우훈을 갈 때 남의 이목을 피해야만 한다. 그녀의 집에 가서는 미리 정해 놓은 암호에 따라 문을 두드리거나 방으로 작은 돌멩이 등 신호가 될 만한 것을 던진다. 이 때 집안의 어른이나 다른 자매들은 이 일에 간섭해서는 안 되며, 어떤 이들은 일부러 피하기도 한다. 약속을 했던 여자는 곧 아래층으로 내려와 문을 열어 "아시아(阿夏)" 즉 연인을 맞이한다. 다음 날, 날이 밝기 전에 남자는 "아뚜(阿都)"의 집을 나와 자기 집으로 돌아간다.

이런 야밤의 방문이 몇 차례 이루어져 남녀 간에 감정이 무르익은 후에는 여자 집에서 남자를 환영한다는 표시를 하고, 이 때부터는 남녀가 서로의 애정관계를 공개할 수 있다.

한편 남자건 여자건 모두 각자 다수의 "아뚜(阿都)"나 "아시아(阿夏)"를 가질 수 있는데 다만 동시에 복수를 사귀어서는 안 된다. 만일 제3자가 생긴다면 그는 사회적 제지를 받게 된다. 남녀 쌍방간의 결합이 자유의사에 따르듯 헤어짐 또한 자유롭다. 만약에 감정이 더 이상 통하지 않는다면 여자가 문을 닫아버리거나 혹은 남자가 여자 집을 찾아가지 않으면 된다. 이로써 연인 관계는 해제된다.

이 정도의 혼인 문화라면 이건 우리나라 스타일보다는 훨씬 앞섰고, 서구 사회 중에서도 성적으로 상당히 개방된 지역에서나 볼 수 있는 현상이 아닐까 싶다. 요즘 말로 "쿠울"하다.

어떻게 해서 이런 혼인 문화가 형성되었을까? 왜 그들은 혼인을 맺으려(結婚) 하지 않고 다만 혼인을 찾아가기만(走婚) 하는 걸까? 외부인이자 외국인인 나로서는 몹시 궁금했다. 정확한 조사 결과는 아니지만, 모어쑤오어인들의 남녀평등 관념이 남달랐다는 점, 그리고 한 가정 내에서 더 많은 노동력을 확보할 필요가 있었다는 점을 떠올릴 수 있겠다.

그런데 만일 후자의 이유라면 남자가 가장이어도 괜찮지 않겠냐는 생각이 얼핏 든다. 그렇지만 그렇게 되면 봉건시대 일부다처제처럼 생산력의 확보보다는 한 남자에 종속된 여자만 많아지는 현상이 재연될 것이므로, 출산 능력이 있는 여자가 독립적으로 생활하면서 보다 많은 남자와 인연을 맺도록 하는 것이 아이를 많이 낳는 데는 더 유리할 것이다.

내가 후자에 큰 비중을 두는 것은 이들이 금기시 하는 내용을 음미해 보면, 여자의 출산을 굉장히 중시하고 보호한다는 것을 알 수 있기 때문이다. 예를 들어, "남자와 아이들은 부녀가 생리중이면 먹을 것을 양보해야 한다" 든지, "아이를 낳을 때 모르는 이를 집에 들이지 마라" 는 등의 이야기는 출산을 고려한 조치이다.

여기에 "만삭의 몸으로는 장례식에 참석하지 않는다" 거나, "임신부는 날이 어두워진 후 외출을 삼간다"는 금기사항도 혹시나 부정 타거나 놀라는 일이 생겨 출산에 지장을 줄까봐 걱정하는 조항일 게다.

그리고 "어머니가 같은 경우에는 쩌우훈(走婚)을 해서는 안 된다"와 "형제와 외삼촌은 누이 혹은 생질녀와 육체관계를 가져서는 안 된다"는 금기 내용은 근친혼에 따른 열성교배를 우려한 내용이라 하겠다.

결국 대표적인 금기사항 20개[67] 가운데 6가지가 출산과 관련된 내용이라 보기 때문에 이들은 다산을 고려한 쩌우훈 풍습을 지녀왔다고 볼 수 있겠다.

그러나 이러한 모계중심사회가 이제까지 대부분의 지역에서 이어지지 못한 것은 기구나 기계를 이용한 생산력 발전이 인간의 노동에 의한 생산량을 추월한 데서 원인을 찾을 수 있겠다. 즉, 생산성이 저급한 사회경제상태라면 모계사회가 가능하나 일단 생산력 발전이 빨라지고 대량 생산이 가능해지면 남성 중심 사회로 넘어가곤 한 것이 인류의 역사였다.

그리고 당시 모어쑤오어 사람들의 남녀평등 관념도 사실은 사회적으로 여자가 우월하고 남자가 약했던 것이었음을 인정해야 한다. 즉, 사회 노동에 있어서 여자가 경제력을 확보할 수 있다거나 심지어는 남자보다 생산성이 더 높은 노동이라면 여자가 굳이 남자와 평등해지려 하지 않을 것이다. 오히려 남자 위에 올라서려고 하지 않겠는가? 근현대 사회에서 남성우월주의가 자리 잡았던 것처럼 말이다.

---

[67] 나머지 금기 내용은 이렇다. 집안에서 "지저분한" 말을 하지 않는다. 특히 성에 관련된 말은 더욱 그렇다 ; 춤을 출 때 남의 발을 밟지 마라 ; 화롯가를 지나 갈 때는 다른 이의 등 뒤로 돌아가야지 앞으로 가선 안 된다 ; 밤에 화롯가에서 휘파람을 불면 안 된다 ; 말을 타고 남의 동네를 지날 때는 내려서 말을 끌고 간다. 이는 동네 사람을 존경한다는 의미를 띤다 ; 말을 타고 가다가 노인이나 라마를 만나면 얼른 말에서 내려 길을 양보하여 존중을 표한다 ; 길을 가다가 마니퇴를 지나가게 되면 반드시 시계바늘 방향으로 세 바퀴 돌고 길을 간다. 이는 일종의 기도다 ; 밥을 더 먹을 때는 반드시 두 주걱을 퍼야지 한 주걱만 푸면 불경하다. 그것은 제삿밥이나 그렇게 한다 ; 장애인을 학대하면 안 된다. 이들을 하늘에서 내려온 사자로 생각 한다 ; 집식구가 문을 나선 직후에는 마당을 쓸거나 쓰레기를 쏟아 버리지 않는다 ; 개, 고양이, 개구리, 뱀, 말고기를 먹어서는 안 된다 ; 수원지나 불난 곳의 나무를 베지 않는다 ; 화로에 침을 뱉어서는 안 된다 ; 여자가 살생하는 것을 금기로 여긴다.

쩌우훈의 효시,
루꾸후 그어마산 여신의 전설

　루꾸후(泸沽湖)와 융닝(永宁)분지 사이에 그어마산(格姆山)이 있다. 그 생김새가 한 마리 사자가 엎드려 있는 듯 하다 해서 "사자산"이라고도 부른다. 이 산은 루꾸후 주변 모어쑤오어 사람들의 눈에는 그어마여신(格姆女神)의 화신이다. 이 여신은 산 아래 각 부락 사람들의 평안과 행복을 보호해 주었고, 처녀들을 아름답고 건강하게 지켜 주었다고 한다. 이 그어마여신이 쩌우훈(走婚)의 원조라고 한다.

　그어마는 원래 용신산의 셋째 딸이었다. 정이 많고 낭만적인 성품인 데다가 약간의 장난기를 갖추고 있어 주위 뭇 남신들이 구애를 하느라 줄을 섰다. 그러나 그녀는 한

사진 64 __ 루꾸후
아직도 남아 있는 모계중심 사회를 찾아가 보자.

명만을 평생 반려로 삼는 것에 만족치 못했다. 그래서 비밀스런 연애 상대자를 몇 명 만들었다. 즉 하와산(哈瓦山)의 남신을 평생 아시아로 삼고, 즈산(枝山)과 아루오어산(阿落山)의 남신을 임시 아시아로 삼았다. 그런데 이런 애정 관계를 못마땅하게 여긴 심술궂은 한 신이 이 셋을 모두 바윗덩어리로 만들어 버렸다. 그러자 그녀는 슬퍼서 하염없이 눈물을 흘렸는데, 그 눈물이 루꾸후가 되었다는 전설이 회자되고 있다.

그 후 사람들 사이에서 쩌우훈이 관습이 되어버려, 그어마여신은 숭모의 대상이 되었다. 매년 음력 7월 25일이 되면 이 일대의 모오쑤오어인들은 모두 그어마여신을 찾아 제사를 지낸다. 이를 조산절(朝山节)이라고 하는데, 이날 부근 촌락의 남녀들은 모두 명절에 입는 화려한 복장을 갖춰 입고는 맛있는 음식과 안주를 준비하여 말을 타거나 걸어 그어마산 순례에 나선다. 그들은 여명에 그어마산 산자락에 모여 향을 태우고 라마승들이 조산경(朝山经)을 염불한다. 사람들은 여신을 향하여 술과 고기와 과일을 올리고 머리를 조아려 조배(朝拜)한다. 제례가 끝나면 곧 그 장소에서 먹고 마시는 작은 잔치가 벌어진다. 이렇게 되면 남녀가 번갈아 노래하고, 사자춤을 추며, 말달리기 시합을 한다. 청년들은 이 틈을 빌어 친구를 사귀고 마음에 드는 사람을 물색한다. 밤이 되면 어떤 이들은 그 곳에서 노숙을 한다.

"아시아"가 말하는 "쩌우훈"

나는 1940년생이고, 1953년에 바지를 입었다. 즉 13살에 성인식을 치렀다.[68] 가족은 15명인데, 개혁개방 이후 생활이 좋아져 쩌우훈 관계를 맺고 있는 아뚜가 적지 않다. 오래된 아뚜는 대여섯 명이고, 짧게 관계한 아뚜는 열서너 명 되며, 하루 이틀 관계를 맺은 아뚜는 최소한 30여 명 쯤 된다. 아이는 모두 해서 6명 낳았다.

사진 65 _ 루꾸후의 한 아시아
모어쑤어인으로 쩌우훈을 경험한 남자, 아시아

---

68) 宋兆麟, 『走婚: 女儿国亲历记』(北京: 西苑出版社, 2004), 122~125쪽 참조.

中国 云南省 人文纪行
소수민족 문화의 영속성

　　4 명의 외삼촌과 함께 일하며 자랐는데 그들은 일일이 농사짓는 법을 가르쳐 주었으며, 짐승을 어떻게 잡는 지도 가르쳐 주었다. 여자들과 왕래가 있었던 것은 15살 이후였다. 그들과 함께 춤추고, 노래하였으나 쩌우훈 관계를 갖지는 않았다.

　　16살 되던 해 말을 타고 멀리 나갔다 오다가 이웃 동네에서 한 살 아래의 여자를 만나 말을 걸었다. "너에게 선물을 주고 싶은데 받을래?" 그녀는 고개를 끄덕여 동의를 표했고 나는 치마를 건네 주었다. 이어서 "오늘 저녁에 너희 집에 놀러 갈게"라는 내 말에 그녀는 거절을 하지 않았고, 그날 저녁 그녀는 문 앞에서 나를 기다렸다. 우리는 가족 몰래 집안으로 들어가 하룻밤을 함께 했다.

　　우리 둘은 젊었기에 유쾌히 며칠을 보냈다. 나는 그녀에게 다시 윗옷 2장과 허리띠 1 개, 그리고 2 통의 찻잎을 선물했다. 그 후 그녀의 모친이 우리 둘의 관계를 알고나서, "우리 딸애가 아직 어리고, 너도 다 크지 않았다. 너무 이르게 쩌우훈 관계를 가지면 나중에 아이도 못 낳게 된다"고 내게 말했다. 그녀는 어른의 말씀에 따라 나를 피했다. 내가 몇 차례 그녀를 찾아 갔으나 만날 수가 없었다. 나는 그녀와의 관계에 흥미를 잃어 발걸음을 끊었다. 그에게 준 선물도 되돌려 받지 않았다.

　　얼마 지나지 않아 예쁘고 말 잘하고 일도 잘하는 동갑내기 처녀를 알게 되었다. 나는 마음이 이끌려 어머니에게 내 생각을 말했다. 어머니는 중간에 사람을 놓아 옷 한 벌과 허리띠를 예물로 처녀 집에 보냈다. 처음 두 번은 우리의 예물을 거절했으나, 사람을 바꿔 세 번째 예물을 보냈을 때 상대방은 이를 받아들였다. 이는 우리 둘의 쩌우훈 관계를 승낙하는 셈이며, 이 과정을 우리 동네에서는 "티아오 따이즈(调带子)" 즉, 허리띠를 고른다고 말한다.

　　이튿날 중간에 다리를 놓아준 이가 나를 데리고 그녀 집에 갔다. 그후로 우리 둘은 7년 여 동안 쩌우훈 관계를 가졌다. 그녀는 내게 있어 첫 번째의 오랜 지속된 아뚜였다. 우리는 서로 좋아해 두 명의 여자 아이를 낳았다. 이 아이들이 이제 16, 17살이 되었는데 어려서나 지금 나의 아뚜가 병사한 후에도, 나는 때때로 이 아이들에게 입을 것, 먹을 것 등을 보낸다. 그 아이들은 절기 때 나를 찾아온다.

　　내가 그녀와 사이가 좋아 오래도록 쩌우훈 관계를 유지했지만 그 사이에도 짧게 만나는 아뚜를 몇 명씩 두곤 했다. 한 번은 나보다 두 살 위인 여자와 짧게 쩌우훈 관계를 가졌는데, 그녀는 자신의 아시아가 따로 있으면서도 그 남자가 리지앙으로 일을 보러 가는 몇 달 사이에 나를 주동적으로 찾아와 만나자고 했다. 나는 밤에 그녀 집에 갈 때마다 작은 선물을 준비하곤 했다. 그녀가 선물을 좋아했기 때문이다. 그녀와의 관계는 2년 정도 지속되다 자연스레 끊어졌다.

나는 주기적으로 돈 벌러 밖으로 나가 부업에 열중했던 탓에 제법 많은 아가씨들 눈에 띄었다. 1957년이라고 생각되는데 그 때도 짧게 맺은 쩌우훈 상대방이 있었다. 마을로 돌아오는 길에 맘에 드는 처녀가 눈에 띄자 나는 능동적으로 나서 물었다. "아시아 있어요? 없다면 오늘 밤에 함께 하고 싶은데" 라고 하자 그녀도 단박에 "와요, 기다리고 있을 테니"했다. 나는 그녀에게 아주 많은 선물을 했고, 우리 둘의 관계는 3년 넘게 지속되었다.

그녀와의 관계를 끝맺게 된 계기는 그녀가 나 말고도 만나는 아시아가 몇 명 있다는 점, 그리고 그녀가 내게 노골적으로 못생겼으면서 돈으로 자기를 꼬드겼다는 말을 한 것이었다. 그 후로 나는 그녀 집으로 향하는 발걸음을 끊었다. 얼마 후 우연히 그녀를 만났는데, 그녀가 내게 어째 자기를 찾아오지 않느냐고 하길래, "니가 나를 보고 싶어 하지 않는데 내가 너의 아시아가 될 수는 없지 않냐"고 쏘아붙였다. 그녀와는 이렇게 쉽게 만나 쉽게 헤어졌다.

그 후 1960년대 들어 맘에 드는 여자가 나타났는데 그녀는 원래 귀족집안 출신이라 남들이 감히 그녀 앞에 나서질 못했다. 나는 빈농출신이라 겁날 게 없어 사람을 시켜 그 집에 선물을 보냈다. 그녀 집에서는 나를 능력 있는 인물로 보고 선물을 흔쾌히 받아주었다. "허리띠를 고른 날"부터 우리는 2년 넘게 사귀었다. 그 사이에 여자아이를 하나 낳았는데 이제 15살이 되었다. 이 아이가 태어나고 얼마 되지 않았을 때 동네사람들이 하는 말을 듣게 되었는데, 그것은 그녀가 다른 아시아를 두고 있고, 이번에 낳은 아이가 나와 관계해서 낳은 자식이 아닐 것이라는 말이었다. 나는 화가 나 그녀 집을 더 이상 찾지 않았다. 그래도 그 아이만큼은 보살펴주고 싶었으나 집안 어른들의 방해로 그 아이는 나를 알아보지 못하고 있는 처지다.

이 정도가 내가 제대로 된 쩌우훈 관계를 가진 아뚜들이었고, 이 외로 하루 이틀 관계했던 아뚜들은 부지기수다. 최소한 30명은 될 게다. 이런 여자들과는 돌발적인 만남을 가졌던 것이고 그녀들도 모두 자신의 아시아가 따로 있었다. 내가 젊어 일했던 인민공사 2소대 처자 가운데 나와 쩌우훈 관계를 맺지 않은 처녀들은 몇 명 안 된다. 오늘은 이 집으로 내일은 저 집으로 하는 식으로 놀면서 젊은 시절을 보냈는데 오랜 기간 관계를 맺고 있던 아뚜들과는 그다지 만족스럽지 못했다.

내가 서른 살이 되던 해에도 옆 동네 처녀와 짧게 사귀었는데, 그녀는 18살에 불과했다. 내가 일을 보고 집으로 돌아오는 길에 그녀 집 앞에서 서로 얼굴을 마주쳤는데, 그녀가 내게 대뜸 자기 집에 장작이 필요하니 산에 나무하러 가 달라는 부탁을 해왔다. 우리는 몇 마디 나누지도 않고 곧바로 도끼 등을 챙겨 산으로 올라가 나무를 베었다. 그녀가 자신의 아시아가 자주 집에 오지 않는다는 말을 하기에 나는 그날 밤에 놀러가겠다는 말을 했다. 그러자 그녀는 놀러오는 것은 좋은데 남의 이목을 끌면 체면이 안서니 조용히 와 달라는 말을 했다. 내가 동의하자 그녀는 그날은 산에서 함께 하고 다음날 자기 집에 찾아와 돌멩이를 던지면 문을 열어 주겠다고 했다. 그 다음날부터 나는 보름 정도 그녀 집에 드나들었다. 그녀의 아시아는 인민공사 간부였기에 남자들이 섣불리 그녀 집에 드나들 수가 없었다. 나도 마찬가지여서 오래잖아 모르쇠로 지내게 되었다.

"아뚜"가 말하는 "쩌우훈"

　한 남자가 나를 좋아했다.69) 나는 꿈도 꾸지 않았었는데, 하루는 그 남자가 자기 친구를 시켜 우리 집에 찾아와서는 나의 큰언니에게 자기 친구가 나의 방으로 "쩌우훈"을 와도 되겠냐고 물었다. 엄마가 없었기에 큰언니는 나에게 엄마와 같은 존재였다. 언니는 만족해하면서 나의 의중을 물었고 나는 좋아한단 말은 못하고 고개 숙여 웃기만 했다. 며칠 후 그 남자가 사람을 시켜 예물을 보내왔다. 옷감, 구두, 허리띠, 치마 등이었는데, 그 이튿날 그가 친구와 함께 정식으로 나타났다. 큰언니는 닭을 잡고 쌀밥을 지어 술과 함께 대접했다. 술자리가 끝난 후 함께 왔던 친구는 돌아갔고

사진 66 _ 루꾸후의 한 아뚜
모어쑤어인으로 쩌우훈 관계를 맺은 여자, 아뚜

---

69) 宋兆麟, 『走婚: 女儿国亲历记』(北京 : 西苑出版社, 2004), 111~115쪽 참조.

그 남자는 언니의 안내를 받아 내 방에 왔다. 그렇게 우리의 쩌우훈은 시작되었다. 평소에 그는 우리 집에 나무를 베어 오기도 하고 소금이나 차 등을 종종 가져왔고 우리 집에서도 별식을 만들면 남겨 두었다가 그가 먹도록 했다. 그렇게 우리 둘의 관계는 좋게 진행되었다.

그러다 내가 22세 되던 해, 나는 큰 딸을 임신했다. 내 남자가 말을 사러 도회지에 나갔다가 돌아오는 길에 온천에 들렀는데 거기서 한 여자를 만났다. 그녀는 닭을 등에 메고 술을 갖고 온천에 와서 내 남자와 관계를 맺었다. 그 둘은 이틀 저녁을 온천에서 함께 보냈다. 이 소식을 친구를 통해 접하고 나는 몹시 화가 났다. 하필이면 내가 임신 중에 이런 일이 벌어졌으니 그는 도덕적으로 문제가 있는 남자라고 욕을 해 댔다. 그러나 큰언니의 생각은 달랐다. 우리 둘은 부부관계가 아니라 아시아 아뚜 관계이니 그런 일을 면키 어렵다고 했다. 그러니 내게 너무 심각하게 생각지 말라는 거였다. 그러나 나는 내 남자와 다른 여자와의 관계를 묵과할 수 없었다. 그 둘의 관계가 지속되었기 때문이다. 나는 결별을 선언했다. 이로써 나의 첫 번째 쩌우훈은 막을 내렸다.

큰 딸을 낳고 나서 홀로 딸을 키우며 지냈다. 딸아이가 7살이 되었을 때 관습에 따라 생부를 보여주러 그 남자를 찾아 갔다. 피파러우와 술을 사들고 갔고, 그 남자는 내 딸에게 옷과 팔찌를 주었다. 그런데 그 남자는 몇 달 후 불귀의 객이 되었다.

한참 후에 다른 남자들이 내게 접근했으나 모두 거절했다. 그런데 그중 하나가 평소에 자주 부딪히는 이였는데 어느 날 나를 찾아와서는 반드시 나와 쩌우훈을 해야겠다고 통사정을 해댔다. 결과는 둘째 아이의 임신으로 나타났다. 그러나 내가 임신한 사이에 그 남자도 본래의 아뚜를 찾아갔다. 나도 본의 아니게 그 둘의 관계에 찬물을 끼얹은 셈이 되었다. 나는 크게 후회했다. 그런데 이 남자가 나를 다시 만나러 왔다. 그는 나보다 네 살 연하였다. 나는 크게 그를 나무랐다. 그와의 관계를 완전히 끝냈다.

그 후 5년이 흘렀지만 나는 누구와도 쩌우훈을 하지 않고 있다. 이곳의 풍토는 여자에게만 책임을 묻고 남자에게는 어떠한 책임도 묻지 않는다. 이거 고쳐야 한다. 그런데 요즘 옛날에 알던 남자가 사귀자고 해서 마음이 흔들리고 있다. 아마 그와 사랑을 나누게 될 것 같다.

이상 두 편의 자술은 전통적 쩌우훈이 변모된 사회 환경 내에서 일정 부분 변질되고 있음을 보여준다. 마치 작금의 프리섹스 시대를 방불케 하는 듯하다. 그러나 남자가 여자를 찾음에 있어서 예물을 준비하는 것은 변함이 없고, 또 두 사람 사이에 태어난 아이에 대한 양육권을 여자측이 갖고 있다는 점에서 모계 전통을 잇고 있다. 사회적, 시대적 변화를 반영한 쩌우훈 유습의 변화는 불가피 할 것이다.

그러기에 쩌우훈 관습을 가진 지역이 모두 모계사회를 구성하고 있는 것은 아니며, 또한 모계 사회의 유지가 점점 어려워지고 있는 실정이다.[70] 그것은 아무래도 산업 발전에 따른 경제 주체의 변동에 기인하는 것으로 바깥세상의 남성중심사회가 전통적 모계사회를 침습하고 있는 결과이며, 여기에 여성들이 더 이상 가사 노동이라든지 혹심한 가계 유지의 부담에서 벗어나려는 자연스런 추세가 가미된 현상이라 하겠다.

---

70) 한 조사 결과에 따르면, 루꾸후(泸沽湖) 주변 모어쑤오어주 가계의 모계제 비율은 51%에 이르고, 부계제 가정은 11.3%, 부모 공동 가장 가정은 33.7%였다. 宋兆麟, 『走婚: 女儿国亲历记』(北京 : 西苑出版社, 2004), 133쪽 참조.

중국에 여인국이 있었다?

현대 사회에 모계중심사회가 있다면 혹시 중국 어딘가 "여인국"이 있었던 것은 아닐까 하는 생각이 들 법하다. 실제로 후진(後晋) 리우쉬(刘昫) 등이 엮은 <구당서(旧唐书)>는 여인국이 실존했음을 기록하고 있다. 즉, 동여국(东女国)은 시치앙(西羌)의 별종으로 풍속 상 여자를 왕으로 삼고 있으며, 그 경계는 동서로 9일을 갈만하고 남북으로는 20일을 갈 수 있는 크기다. 크고 작은 성이 80여 개가 있으며 왕은 캉앤추완(康延川)에 산다고 했다.[71] 이 캉앤추완이 요즘으로 따지면 창뚜(昌都)일대[72]라고 한다.

당시 동여국은 비교적 발달된 문명을 갖고 있었으며 인구는 4만여 호에 병사가 만 명 가량 된다고 했다. 또 고유문자와 11개월을 1년으로 삼은 역법도 있었다. 건축물도 9층짜리가 있었으며, 왕이 이 높이에 살고, 대신들은 6층에 살았다.

동여국 문화 가운데 가장 특이한 점은 여성이 중심이고, 심지어 여성을 숭배하는 사회제도를 갖추고 있었다는 점이다. 단 동여국이 여성 국가이지 모계씨족사회는 아니었다고 한다. 즉 여인이 전면적으로 국가를 관리했다고 보는 것이다. <구당서(旧唐书)> 내용대로 라면, 부녀자를 중시하고 장부를 경시하는 풍속이었고, 그러다보니 여자가 왕이 되고 고위 대신이 되어 국사를 논했다. 남자들은 궁성 바깥의 일 특히 국가 보위 역할을 맡았다.[73]

만일 여왕이 죽으면 왕족 여자들 가운데 2명의 여자를 뽑아 왕의 자리를 잇게 했는데, 둘 중 하나는 정식 왕이 되고 나머지는 부왕(副王)이 된다. 부왕은 후일 정식 왕의

---

71) <旧唐书>东女国 西羌之别种 … 俗以女为王. 其境东西九日行 南北二十日行. 有大小八十馀城. 其王所居名康延川.

72) 전문가에 따라서는 캉앤추완을 쓰추완성 찐추완(金川)현 안닝(安宁)지구로 보는 이도 있다. 그런데 실제로 찐추완현 남쪽 92km에 있는 딴바(丹巴)에 은폐된 여인국의 형태가 남아 있다.

73) 이러한 사실은 <신당서(新唐书)>卷146"西域传"에도 유사하게 언급되어 있는 바, "남자를 경시하는 풍조요, 여자는 귀한 존재라 남자가 힘을 다해 모시더라(俗轻男子 女贵者咸有侍男)"

지위를 계승하여 국가를 관리한다. 여왕은 종신제 였으며, 계승권은 왕족이 세습하였으나 남자는 왕위 계승권이 없었다.74) 그럼에도 불구하고 결코 왕위 찬탈은 벌어지지 않았다. 이런 동여국이 역사에서 갑자기 사라진다. 즉, <구한서>에는 분명히 동여국에 관한 사실이 기록되어 있지만, 당대 이후를 다룬 사서에는 동여국에 관한 기록이 종적을 감추고 있다. 왜 이렇게 되었을까?

당 현종 시기에 당나라와 토번과의 관계는 우호적이었으나, 당 중기에 이르면 쌍방 간의 관계가 긴장 관계로 변한다. 그리하여 장기간 전쟁이 벌어지는데 당나라가 일부 토번인들의 항복을 받아들이는 상황이 된다. 이때 당나라는 자국과의 관계가 우호적이던 동여국으로 하여금 이 투항한 토번인들을 다스리게 한다. 당시 당나라는 동여국 여왕을 "은청광록대부(银青光禄大夫)"에 책봉하였는데 이는 상당히 높은 지위였다.

그러다가 당 후기에 이르면 토번의 세력이 다시 강대해져 여러 차례 당조를 침략한다. 두 나라 사이에 다시 전쟁이 벌어졌는데 이 때 동여국이 전란의 영향을 받아 쇠퇴하기 시작한다. 결국 동여국은 몇 개 부락만이 명맥을 유지할 정도로 축소되었다. 나중에는 당나라도 점차 쇠망해갔고 토번 또한 붕괴되었다. 이렇게 되자 교통 요충지에 있던 동여국의 잔존 부락들이 외래 문화의 영향을 받기 시작해 급기야는 여인국의 전통과 풍습이 서서히 소멸되어 간 것으로 본다. 요즘 민속학자 등 전문 연구자들의 고증에 따르면 역사상의 동여국은 오늘날의 윈난, 쓰추완, 시짱의 접경지인 따뚜흐어(大渡河)의 지류인 찐추완(金川) 일대라고 한다.

기실, 동여국 잔존 부락 중 극히 일부는 자신들의 습속을 지키고자 더욱더 편벽되고 먼 곳으로 이주를 했을 가능성이 있다. 루꾸후 주변의 모어쑤오어인들도 이들과 관련이 있을 것이며, 몇 년 전부터 외부 세계에 알려지기 시작한 딴바(丹巴)지역의 모계사회도 동여국의 후손일 수 있다. 내가 본 텔레비전 방송국의 탐방 영상물도 바로 이곳을 찾아가 제작한 것이었다.

---

74) 연구자에 따라서는 왕족만이 왕위 세습 권한이 있었던 것이 아니라 일반 백성들 가운데 누구나 출중한 기량을 갖추고 있으면 왕위 세습에 선발될 수 있었다고 한다.

活化石 中国 云南省 人文紀行
소수민족 문화의 영속성

마지막 모계사회?
나시주(纳西族) "모어쑤오어(摩梭)인"

　루꾸후(泸沽湖) 호반의 모어쑤오어(摩梭)인들이 사는 동네 중에는 아직도 그들의 전통을 살려 "남자는 장가들지 않고 여자는 시집가지 않은(男不娶, 女不嫁)" 채 세대를 이어가는 이들이 있다. 이런 집들은 철저히 모계중심으로 가계가 구성되고 계승된다.

　한 가정은 대체로 20여 명의 가족으로 구성되는데 "아버지"만 없다. 집안에서 할머니가 최고 어른이다. 어머니는 가장이 되어 가정 경제를 꾸린다. 어머니의 남자 형제인 외삼촌은 집안 행사를 챙긴다. 가족 중 누구는 학교 다니고 누구는 노동하고 누구는 장사 나가는

사진 67 __ 모어쑤오어주의 어머니 중심 대가족 모습
남자 중 하나는 반드시 라마가 돼야 하니 손자 한 명이 라마가 되었고, 사진 양 옆의 남자는 가운데 가장인 어머니의 아들이다. 자신의 연인이 있지만 생활은 어머니 집에서 하는 거다. 사진 왼쪽에서 두,세 번째는 쩌우훈만 하고 시집을 "가버리지"않은 중년의 딸이고, 우측에서 두 번째 아이를 안고 있는 이는 이 집의 가장 자리를 이을 주부이며, 그 오른쪽으로 여자 셋은 모두 이 주부의 딸이다. 딸 셋 중 가장 끄트머리 즉 파란 옷을 입은 이가 쩌우훈으로 아들을 낳아 어머니에게 손자를 안겨 줬다.

등 다양한 역할을 맡고 있다. 집에서 대부분의 농사일은 큰 딸들과 어머니가 도맡아 하다시피 한다. 일반 가사 활동도 이들이 다 한다. 외삼촌이나 크고 작은 아들은 부업이나 혹은 장사에 종사하면서 돈을 벌어 모든 수입을 할머니 혹은 어머니에게 바친다. 이 "모계 중심"가정에서 할머니는 어머니와 외삼촌의 본보기 대상이다. 어머니나 외삼촌 및 큰딸들은 모두 고생스레 일하고 있고 언제나 집안을 이끄는 일에 몰두한다. 생산 활동을 안배하고 생활이나 자녀취학 등 골칫거리를 해결해야 한다. 이 모습이 일반적인 모어쑤오어 모계 중심 대가족 집안의 한 단면이다.

사진 68 _ 루꾸후의 한 따부
모어쑤어 모계중심 가정의 호주인 따부

이런 가정을 방문하게 되면 먼저 거실에 들어서게 된다. 통나무를 켜켜이 쌓아 올려 만든 널찍한 거실에는 화로(부뚜막 겸용)가 있게 마련이고 그 주변이 바로 이 집안의 생활 중심이다. 하루의 생활은 여기에서 시작되곤 한다. 매일 아침 5시 반 정도가 되면 어머니가 제일 먼저 기상한다. 어머니는 먼저 화로에 불을 피우고 여자 식구들은 아침 식사를 준비한다. 이때쯤이면 외삼촌, 오빠, 남동생들도 앞서거니 뒤서거니 하며 집으로 돌아온다. 모어쑤오어 사람들이 아침에 먹는 것은 밀가루나 쌀 등 곡류이나, 1980년대 이전에는 "짠바(糌粑)"와 "쑤여우(酥油)"를 먹었다.

어머니는 만두와 쑤여우차를 만들어 제일 먼저 화로겸 부뚜막 위쪽에 세워져 있는 "구오어짱스(锅桩石)"[75]라 불리는 신줏돌에 올린다. 이 절차는 주인이건 손님이건 모두 하루 세 끼니 식사 때마다 수행하여야 하며 동시에 돌아가신 조상들을 회념하는 표시를 해야 한다. 손님이 가져온 선물도 이곳에 놓아야 한다. 이렇게 해야 내일 신이 오늘보다 더 좋은 음식을 내릴 것이라고 믿기 때문이다.

아침 식사가 끝나면 식구들은 각자 자기의 일을 한다. 점심과 저녁 식사는 쌀과 옥

---

75) 높이 60㎝, 폭 20㎝인 돌기둥으로 신령을 상징.

사진 69 _ 루꾸후의 한 따부
모어쑤어 모계중심 가정의 호주인 따부가 하는 일은 고되다. 가정 경제를 책임질뿐만 아니라, 가사 노동도 가장 많이 한다. 사진은 아침, 저녁으로 반복되는 식사 준비 모습.

수수 등을 주식으로 하고 육류는 주로 피파러우를 먹는다. 집집마다 열 개 이상, 어떤 집은 30여 개의 피파러우를 쌓아 놓고 먹는다.

이들에게 있어 "모계중심 가정"은 생존의 풍파를 피할 수 있는 안전지대이자 노후 양로원의 역할을 한다. 이 집안의 남자 아이들은 아버지만 없다 뿐이지 엄마와 외할머니, 고모, 누나, 여동생과 함께 생활하기 때문에 화목하게 지낼 수 있다.

이 남자 아이가 크면 이 집안에서 외삼촌이 된다. 그는 이 가정의 구성원인 누나나 여동생이 낳은 모든 아이들을 키우는 데 한 몫 한다. 조카들에게 각종 예의범절이라거나 생활 지식 및 기능을 전수하고 가르칠 책임이 있다. 평생 동안 어머니와 여자 형제들과 잘 협조하여 다음 세대를 키워야 한다. 집안에 큰 일이 생기면 어머니와 여자 형제들은 모두 이 (아들이거나 오빠인) 외삼촌을 찾는다.76) 특히 조카들의 교육이나

---

76) 혹시 여자형제가 남의 집에서 죽게 되는 경우가 발생하면 "외삼촌"의 공식 역할이 있은 후 장례가 진행된다. 즉, 여자형제의 사망 소식을 듣게 되면 외삼촌은 허리에 칼을 차고 어깨에는 담요 한 장을 둘러메고 여자형제가 죽은 집에 찾아 간다. 그 집 앞에 당도하면 정해진 대로 짐짓 억울하다는 듯이 큰소리로 사설을 늘어놓는다. "나의 누이가 지난 이틀 동안 잘 지냈고

집을 새로 짓거나 수리하는 일은 더욱 그들을 필요로 한다. 이렇기 때문에 조카들은 외삼촌을 매우 따른다 사내 녀석들은 크면 외삼촌을 따라 동서남북으로 나다니면서 생존에 필요한 사냥을 포함한 온갖 노하우를 배운다.

이 모계중심 사회의 특징을 몇 가지 꼽는다면 다음과 같다. 첫째, 후세를 잇는 것은 당연히 모계에 따른다. 이곳 주민들이 하는 말에 "아들이 없으면 걱정거리가 없고, 딸이 없으면 물이 흐르질 않는다",77) "딸을 낳는 것이 아들을 낳는 것보다 중요하니, 딸은 뿌리중의 뿌리로고"78)

사진 72 __ 물 긷기도 아부의 몫
한가할 만하면 길어 와야 하는 생활용수

둘째, 모든 친족 내에 한 명의 계승자가 있다. 가정을 이끌 후계자를 "따부(达布)"라 하는데, 이 "따부"는 일반적으로 위신이 있고, 능력이 있는 부녀가 맡는다. 생산 계획을 세우고 노동량을 나눠 맡기고, 생활 및 종교 제사를 책임진다. 그런데 만약에 어느 집에 여자 아이가 없을 경우에는 후일을 위해 딸 많은 친척 집에서 양녀를 데려 온다.79)

아프다는 소리도 못 들었는데 어찌 이렇게 졸지에 죽었단 말이요? 당신들이 우리 누이를 학대한 거 아니오?!" 그러고는 둘러 멘 칼을 뽑아 대문 문턱을 세 번 내려친다. 이어서 그는 슬픈 만가를 구슬피 부른 후 가져온 담요로 죽은 누이를 덮는다. 이렇게 해야 장례가 시작될 수 있다.

77) "无男不愁儿, 无女水不流"
78) "生女重於生男, 女儿是根根"
79) 양녀를 맞이하는 방법은 아주 간단하다. 가족 모두의 동의를 얻은 후 식구가 많은 모계 친족에 예물을 보내 양녀를 하나 보낼 줄 것을 청한다. 이 집에서 만일 양녀로 딸을 하나 보내기로 결정하면, 우선 날을 잡아 자기 조상에게 제사를 지낸다. 딸 누구누구를 친척집에 양녀로 보내는 것을 고하는 것이다. 제사를 집전하는 씨족의 제사장 "따바"는 "'누구누구', 너 그 집에 가거든 아들 딸 아홉씩 낳아, 자손으로 온집안을 가득 채우고 만대에 이어지기를 축원한다"고 말한다. 양녀를 맞는 집에서도 제사를 지내 가족이 늘어남을 조상에게 알리고 딸을 위해 새로 이름을 지어주며 함께 잔치를 벌인다. 양녀로 들어왔다 할지라도 가족

中国 云南省 人文纪行
소수민족 문화의 영속성

셋째, 친척 외혼제를 실행한다. 즉 근친혼을 금지한다. 아이들은 13세가 되기까지는 긴 겉옷을 입기에 남녀구별이 애매하다. 그들은 아직 사회의 정식 성원으로 취급하지 않기에 죽는다 할지라도 영혼이 없다고 여긴다. 소년이 13살이 되어 성인식을 치르고 나면 그날로 "쩌우훈"을 갈 수 있다. 그가 나이가 어린 듯해도 이미 성인으로 인정받았기에 여자 쪽 집안의 누구도 이를 구속하지 않는다. 이 때 결코 모계가 같은 집 여자를 찾아가지는 않는다.

넷째, 재산을 가족이 공유한다. 집이라거나 가축 및 농기구 등 재산이 될만한 것들은 모두 가족 집단 소유로 한다. 또 씨족 단위로 함께 사용하는 큰 창고도 있고 집단노동, 일종의 품앗이를 실행하고, 공동 소비를 한다. 당연히 공유재산은 모계중심 원칙에 따라 집단 계승하며 개별적으로는 소유권이 없다.

그런데 1974년 중국 정부가 법적으로 일부일처제를 시행하면서, "모계중심" 가정에 변화의 조짐이 생기기 시작했다. 1980년대 이후 출생한 아이들은 중국의 개혁개방 추세에 따라 교육이나 외부에 대한 식견이 높아지고 자기중심적 사고를 갖게 되었다. 여자 아이들도 이제 더 이상 집안에만 있지 않고 외지로 나가 돈을 벌고 학교를 다니기 시작했다. 이러면서 더 이상 "모계중심"가정에서 여인이 겪어야 하는 고통과 부담을 원치 않게 되었고, 이들이 고향으로 돌아오지 않는 한 고향의 청년들도 더 이상 고향에 머물지 않고 대처로 나가버리는 추세다. 이럼으로써 "모계중심" 사회가 서서히 "외삼촌" 중심으로 변하고 있는 것이다. 실제로 만난 모어쑤오어 처녀(여행 가이드)도 자신의 어머니가 평생 겪은 고생을 누구보다 자신이 잘 알기 때문에 자기는 그 역할을 하기 싫다, 그러나 어머니가 와서 자신의 대를 이어 가장이 되어 달라하면 어쩔 수 없지 않겠냐면서 눈물을 글썽였다.

사진 71 _ 돼지치기도 따부의 몫
우리 안에 가둬만 둬서는 안되기에 틈만 나면 돼지떼를 몰고 나갔다 온다.

성원과 똑같은 권리와 의무를 지닌다. 나이가 차면 "따부"를 맡을 수도 있다.

모어쑤오어인들의 원시 종교
"따바(达巴)교"

따바(达巴)의 "따(达)"는 모어쑤오어 말로 나무를 벤다거나 쇠와 돌에 새긴다는 의미다. 그리고 "바(巴)"는 벌목을 하고 난 흔적이나, 움푹 파인 것을 의미한다. 결국 칼이나 도끼로 인간사 재난을 찍어 낸다는 의미이며, 이는 따바들의 직무 중 가장 핵심적인 일을 가리킨다.

최초의 따바는 아마도 제사를 주재하는 이였을 것이다.[80] 나중에 업무를 나눠 세 종류의 따바가 출현했는데, 첫째는 "하따바(哈达巴)"라고 해서 하늘과 땅과 조상에 대해 제사를 지내는 따바이다. 이는 지위가 비교적 높은 따바인데 혼백을 보내고 장례를 치르는 주관자이기도 하다. 둘째는 "부따바(布达巴)"로 병을 고쳐주거나 귀신을 쫓는 일을 담당한다. 이는 무속을 알고 있으며 염불을 하고 일상생활 속에서는 흡사 의사와 같다. 끝으로 "파이따바(排达巴)"가 있는데, 점술 서적을 갖고 주로 점괘를 보며 일상생활 시 예언자 노릇을 하기도 한다.

따바는 똥바와 같은 점이 많은데 예를 들면, 교의가 없다는 점, 또 일정 조직이나 활동 장소도 없다는 점에서 같다. 여러 신을 숭배하면서도 주신은 없고, 법구는 같다. 그러나 따바와 똥바는 또한 적지 아니 차이가 나기도 한다. 예를 들어 따바는 외삼촌이 조카에게 전승시키는 데 반해, 똥바는 부자 사이에 계승된다. 또 따바는 남녀 모두

---

[80] 따바들이 드리는 제사로 모시는 대상에는 천신류, 산신류, 수신류, 동식물류, 선조류, 귀신류 등이 있다. 특히 이밖에 성기신앙이라고 해서 자연물 가운데 남녀 성기와 유사하게 생긴 것에 대한 외경심이 대단하다. 예를 들어 산골짜기의 하천이라거나 암혈, 혹은 동굴 등은 여성의 생식기와 같다고 여겨, 자식이 없는 여인은 이 곳을 찾아 치성을 드리는데, 안쪽으로 돌을 던져보아 맞히면 회임을 하게 되고 못 맞히면 불임이 된다고 믿는다. 남성 성기도 숭배의 대상이 되어 남근석이 있는 동굴을 찾아 제사를 지내곤 한다. 그 순서는 향 피우기, 점등, 소각, 공양, 기도, 음수, 목욕, 접촉, 야합으로 이어진다.

있으나 똥바는 오로지 남자만이 맡는다. 따바는 점술서 외에는 어떤 경서도 없으나[81], 똥바는 똥바문자로 쓰인 경서를 보편적으로 전승시키고 있다. 또한 조상에 대한 숭배에 있어서도 따바는 남녀 조상 모두를 공양하지만, 똥바는 오직 남자 조상만을 받들어 모신다. 끝으로 똥바는 장족의 영향을 비교적 많이 받았음에 비해 따바는 장족의 영향을 적게 받았다는 점이 다르다.

따바가 하는 중요한 역할 가운데 하나가 점을 치는 일이라고 했다. 모어쑤오어인들은 많은 귀신을 믿기에 일의 경중을 떠나 모두 점괘에 따른다. 간단하게는 작은 돌멩이를 늘어놓아 그것이 홀수인지 짝수인지로 점을 치는 돌점에서부터 닭의 배를 갈라 알의 상태로 점을 치는 알점까지 매우 다양하다. 실제로 점을 치는 무리를 둘러보니 매우 다양했다.

첫째, 옷깃점을 보는 이들이 있었다. 이 점은 점을 보러 온 이가 입고 있는 옷이 점을 치는 도구가 된다. 한편으로는 귀신의 이름을 암송하면서, 다른 한편으로는 손으로 옷깃의 길이를 재 나간다. 귀신 하나의 이름을 부르고, 손으로 옷깃을 한 차례 재고 하는 식이다. 어떤 귀신의 이름을 대는 순간에 잰 옷깃의 길이가 긴가가 점괘인 셈인데, 그 귀신에게 잘못을 저지른 것으로 보고 반드시 제사를 드려 귀신의 노여움을 푼다.

둘째, 나무 가락 점이 있다. 점을 치기 전에 둥그런 나무 막대기 17개를 우리네의 윷가락처럼 쪼갠다. 겉의 둥근 면이 흉조이고 안쪽의 판판한 면이 길조이다. 나무가락을 손에 쥔 채 입으로 주술을 외고는 땅바닥에 흩뿌린다. 바깥쪽보다 안쪽 면이 하늘을 향해 더 많이 늘어져 있으면 길조다. 즉 윷놀이를 빌어 설명하자면 "윷"이 가장 좋고 "모"가 가장 나쁜 것이다.

---

81) 따바는 모든 일에 있어서 염불을 하기는 한다. 그러나 그들은 똥바문자를 사용하지 않기 때문에 책으로 된 경전이 없다. 따라서 그들은 오로지 구전(口传)과 심전(心传)을 통해 경서를 이어오고 있다. 따바의 경서 암송과 제사 활동을 보면 이어져 오는 구전 경서가 최소한 수십 종은 되는 듯한데, 적게는 60여 종에서 많게는 100여 종으로 본다. 경서는 대체로 창세기에 관한 것이거나 천체 기상에 관한 것이 많으며, 이 외에 동식물경, 조상경, 귀신을 쫓거나 질병 치료에 관련된 경서 및 인생 제의에 관한 경서가 있다.

셋째, 뼈 점. 양이나 소 등을 잡을 경우 그 견갑골을 남겨 둔다. 이를 바람에 잘 말린 후 점술에 사용하기 위함이다. 견갑골을 불에 태워 뼈에 생겨난 균열이 어느 방향을 향하고 있느냐가 길흉의 관건이 된다. 위쪽은 하늘로 신방(神方)이 되고, 아래는 땅으로 귀방(鬼方)이 된다. 또 왼쪽은 나의 방향이 되고 오른쪽은 상대방의 방향이 된다. 만일 천방이나 내 방향이 되면 길한 것이고, 땅 방향이나 오른쪽이 되면 흉조다.

넷째, 닭을 가지고 치는 점이 비교적 다양한데 닭을 삶은 후 닭의 눈을 보는 점, 닭의 부리를 보는 점, 골수를 보는 점, 뼈를 보는 점 등이 있고, 살아있는 닭을 주문을 외면서 허공으로 던져 보는 점, 계란을 삶아 보는 점 등 매우 세세하다.

사진 72 _ 장례를 치르느라 경문을 외고 있는 모어쑤오어 사람들의 제사장 따바(达巴)
제사를 주관하는 따바, 점을 치는 따바, 죽은 혼령을 불러내는 따바 등이 있다.

1956년 까지 지속된 노예사회, 량산(凉山)지구 이족(彛族)

사진 73 _ 샤핑(沙坪)에 선 7일장에 나온 이족(彛族) 할머니들
아직도 산속 생활을 하고 있는 이족 부녀자들은 산에서 채취한 나물이나 사냥감들을 도회지로 가지고 나와 팔거나 물물 교환을 한다.

중화인민공화국 정권이 수립된 1956년까지 윈난 씨아오량산 지구의 이족은 여전히 노예사회 단계에 있었다. 사회 내부에 혈통에 근거한 사회등급 제도가 유지되었다. 노예제 사회 구성은 크게 두 부류로 나뉘고 다시 4등급으로 나뉘었다. 총체적 호칭은 "누오어흐어(诺合)"와 "취후오어(曲伙)"(혹은 白彝) 두 부류였는데, "누오어흐어"는 이족 노예사회의 통치 계급이었고, 또 다른 호칭으로 쓰는 "흑골[黑骨斗]"은 스스로 혈통이 순결하고 고귀하다는 의미이다. "취후오어"는 피지배계급인데 삶의 예속 정도가 서로 다르다. 이는 혈통에 따른 것으로 "취누오어(曲诺)", "아지아(阿加)", "시아시(呷西)"의 세 등급으로 나뉜다.

한족들은 "누오어흐어"를 흐에이이(黑彝)라 부르는데 역사적으로 이족 지역의 통치자였다. 이들은 대략 이족 전체 인구의 8.2%에 불과하지만 생산수단의 70% 이상을 소유했다. 그러다보니 이들은 스스로를 고귀하게 여기고 노동을 우습게 여겼으며 소유한 토지와 가축은 노예를 부려 무상 경작 및 방목을 해왔다. 간혹 "누오어흐어" 계급 가운데 쇠락하는 이들이 나와도 신분은 변치 않았다. 피지배계급의 사람들과는 함께 식사도 하지 않았고 같이 자거나 길을 가지도 않았다. 그들은 노예를 부리는 각종 특권을 갖고 있었고 스스로는 "취누오어"를 지배하는 자유를 가졌다. 또한 "아지아"의 재산을 탈취했으며, "아지아"의 자녀 가운데 아무나 뽑아서 "시아시"로 삼기도 하였다. 그리고 이들은 "시아시"를 완전히 점유하였으며 그를 자신의 재산으로 여겼다. 그리하여 "시아시"를 임의로 매매할 수 있었고, 남에게 양도하거나 죽일 수도 있었다. "누오어흐어"는 자신의 지위와 혈통의 순수성을 지키기 위하여 엄격하게 등급 내 결혼이나 동족 내 결혼을 실행했다. 이들은 가세를 키워 대외적 약탈을 자행하거나 세력이 빈약한 가문을 병탄하기도 했다. "누오어흐어"는 이족 내의 관습법과 잔혹한 형벌을 이용해 통치 지위를 유지해 나갔다.

사진 74 __ 샤핑(沙坪) 장터
따리에서 리지앙 방향으로 출발하다 보면 얼하이후를 빠져 나올 때쯤 왼편으로 샤핑 장터를 볼 수 있다. 일주일에 한 번, 월요일마다 장이 선다.

"취후오어(曲伙)"는 피지배계급 가운데 상대적으로 지위가 높은 등급인데 노예주를 벗어나 "깨끗하다"는 의미이다. 이들은 피지배계급 내에서 약간의 자유와 삶의 권리를 누린다. 이 등급은 전체 인구의 80% 가량 되어 널리 퍼져 살고 있으며 가세도 제법 윤택하다. 자신의 가문 조직을 유지하며 일정한 재산을 갖고 있다. 또한 생산수단을 취득하여 경작할 권리가 있어 주인이 함부로 이들을 죽이거나 팔거나 지배할 수 없다. 또한 주인의 관할 구역 내에서 자유로이 다른 이를 방문하거나 옮겨 다닐 수 있다. 결혼도 주인의 지배를 받지 않는다. 그러나 주인이 이들의 예속권을 다른 이에게 양도할 수는 있다. "취누오어"는 반드시 주인을 위한 무상 노동을 감수해야 하며, 주인이 책정한 각종 세금이나 헌금 및 고리를 받쳐야만 했다. 명절이나 주인집에 관혼상제가 있을 시에는 반드시 주인에게 예물을 바쳐야 했으며, 주인집이 원한 관계에 있는 가문과 싸움을 하게 되면 목숨 바쳐 나서야 한다. 이 등급의 사람들도 자신의 혈통을 보존하기 위해 다른 민족의 하층 계급과는 혼인하지 않았다.

"아지아(阿加)"는 "아투아지아(阿图阿加)"의 줄임말인데 이족말로는 "주인집 안의 사람"이란 뜻이다. 이 계층은 "취누오어"보다는 낮고 "시아시"보다는 높은 사회적 지위를 갖는다. 이들은 주인집 근처에 살면서 대부분의 시간을 주인집 일에 쏟는다. 물론 노역은 무상이며 각종 세금도 내야 한다. 또한 그 자녀들은 아무 때고 주인집에 불려 들어가 "시아시"가 되거나 혹은 주인집 딸이 시집갈 때 몸종으로 따라 가기도 한다. 이들은 돈을 모은 경우 주인의 동의 하에 약간의 토지나 가축을 살 수 있다. 그러나 자유로이 처분할 수는 없다. 이를 어기면 그재산은 전부 주인의 소유로 귀속된다. 친지 집을 방문하거나 옮겨 다닐 자유도 없다. 그 뿐만 아니라 자녀의 결혼도 주인의 허락을 받아야만 가능하며 일정액의 몸값을 지불해야 한다. 주인이 "아지아"에 대해 생사여탈권을 쥐고 있는 것은 아니지만 남에게 양도할 수는 있다. 이들은 주인 재산의 일부로 여겨지는 것이다. 이들은 원래 다른 민족에게서 약탈해 온 사람들인데 주인이 결혼을 시켜주고 주인집에서 나가 사는 것이다.

"시아시(呷西)"는 "시아시시아루오어(呷西呷洛)"의 간칭으로 이족 노예사회 등급 가운데 가장 낮은 계층이다. "시아시"는 대부분 독신 남녀이며, 주인집 안에서 살면서 가사일이나 밭일 등을 맡아 한다. 생활이 비참하며 자기 삶의 권리가 없다. 주인의 사유물인 셈이다. 주인은 이들을 저당 잡히거나 팔수도 있고 다른 이에게 넘겨 줄 수도 있다. 이들에게 노예 노동은 당연한 것이 되며 심지어는 주인이 자의로 죽일 수도 있다. 이들은 주로 외부에서 강압적으로 붙잡아오거나 꾀어 납치한 이민족, 특히 한족이며, "아지아"의 자녀 가운데 끌어온 경우, 몰락한 "취누오어"이거나 친척도 없는 고아, 과부, 노인, 어린애 등이다. 간혹 원한 관계에 있던 집에서 싸움을 통해 약탈해 온 경우도 있다.

노예사회를 유지해나가던 시절 이족 사회의 부유 표준은 노예가 얼마나 되며 통솔하는 백성이 얼마나 많은 가였다. 또한 계급 계층 의식이 철저해 "누오어흐어"는 영원히 통치계급이었으며, "취누오어"가 재산이 늘고 노복이 생겨났다 해도 신분상의 변화는 없었다. 또 "아지아"와 "시아시"는 종신토록 주인집에서 일만 하는 노복이었다. 1956년에야 민주개혁이 일어, 등급 제도를 폐지하였으나 혼인 상 아직도 혈통 관념의 속박에서 벗어나지 못하고 있다.

中国 云南省 人文紀行
소수민족 문화의 영속성

아들의 이름에 아버지의 이름 한 자를 이어 쓰는 부자 연명제(联名制)

윈난의 일부 소수민족들은 이름을 지을 때 연명제(联名制)라고 해서, 아들의 이름 중에 아버지의 이름 중 일부가 포함되도록 한다. 더 넓게는 자녀의 본명에 덧붙이기를 아버지나 어머니 혹은 외조부모의 이름을 붙여 세대간 이름으로 이어지게 하는 것이다. 이 연명제를 사용하는 민족들은 대부분 성을 쓰지 않는다. 부자간에 이름을 연이어 지을 때 어떤 부족은 본명 뒤에 아버지의 이름자를 갖다 붙이기도 하고, 어떤 부족은 이와 반대로 아버지의 이름을 본명 앞에 쓰기도 한다. 이 가운데 앞의 방식 즉, 본명 뒤에 아버지의 이름자를 붙이는 경우가 더 많다.

역사적으로는 바이주나 나시주도 본명 앞에 아버지의 이름을 넣었다. 즉 부친의 이름의 마지막 한 자, 혹은 최후의 두 글자를 자식 이름의 첫 자로 삼은 것이다. 예를 들면 한 집안 5대의 이름이 茂英充, 充罗并, 罗并者, 者茂特, 茂特朋으로 이어진다. 따리국의 바이주 정권은 왕씨가 "뚜완(段)"이었는데, 이들의 이름도 살펴보면 연명제였던 것을 알 수 있다. 즉, 뚜완즈시앙(段智祥), 뚜완시앙싱(段祥兴), 뚜완싱즈(段兴智) 이렇게 삼대 부자 국왕의 이름이 이어졌다는 것을 볼 수 있다.

한편 윈난의 부랑주(布朗族)와 라후주(拉祜族)는 모친의 이름으로 연명을 한다. 그런데 라후주는 장자와 장녀에게만 어머니와 연명할 권리가 주어진다. 다른 자녀들은 이런 권리를 누리지 못한다.

윈난 비지앙(碧江)에 사는 누주(怒族) 남자는 평생에 이름을 세 차례 짓는다. 첫 번째는 태어나서 조부나 부친 혹은 백부가 지어주는 이름으로 이것이 평생 사용하는 "정식 이름"이다. 두 번째로는 14,5세가 되어 같은 또래 혹은 연인이 지어주는 "청년 이름"으로 자기네들끼리만 부르는 이름이다. 끝으로 결혼 시 부친이 지어주는 이름이 따로 있는데 이 이름만큼은 부자 연명제로 짓는다. 이렇게 결혼 시에 이름을 새로

지어주는 데는 재산 상속권을 보장한다는 의미가 있다. 이와 아울러 세손을 이어야 한다는 의무도 지게 된다.

　요즘은 민족 간에 교류가 잦아지면서 소수민족들이 점차 한족식의 작명 방식을 채택하고 있다.

차마고도(茶馬古道)를 찾아서

"차마고도(茶馬古道)"는 윈난, 쓰추완, 시짱 간의 고대 교역통로인데, 고대의 "차마호시(茶馬互市)"로 인해 생겨났다. 즉 옛날에 이 세 지역 간 서로 차와 말을 바꾼 데서 비롯되었다. 그렇지 않겠는가? 차와 말을 바꾸려다 보니 자연히 서로 먼 길을 왕래했어야 할 것이다. 좀 더 정확히 말하자면 이 차마호시는 한족이 생산한 차와 장족이 사육한 말을 서로 맞바꾸는 거래였다. 사람들이 쓰추완과 윈난의 찻잎과 시짱의 마필이나 약재를 거래할 때, 마방(馬帮)들이 운반을 책임졌는데 그들이 걷던 길이 후일 "차마고도"라 이름 지어졌다.

당시 윈난 구역 내 차마고도에는 반드시 거쳐야 하는 험로로 샹그어리라현 후티아오시아전 내의 "12난간"이 있다.82) 이 곳은 높고 험준한 산허리에 절묘하게 길을 냈다. 앞은 옥룡설산이고 폭이 한 척에 불과한 협로의 양쪽은 낭떠러지로 고목은 하늘을 찔렀다.

사진 75 _ 리지앙 라스하이(拉市海)를 끼고 도는 차마고도

후티아오시아 12난간 중 한 곳인 이곳을 지나며 사투를 벌이곤 하던 마방들. 리지앙 근교라 할 수 있는 곳에 옛 차마고도의 흔적을 찾아 사람들로 하여금 하루 종일 말을 타면서 마방의 향취에 젖게 해놓았다.

---

82) 샹그어리라 현에서 남쪽으로 35km쯤 내려가면 관음암이 나오는데 이곳부터 12굽이의 외길을 말한다. 이 길은 1725년 청 옹정제 즉위 3년에, 인근 상공업자들이 공사비를 갹출하여 사람이 다닐만하게 낸 것이다.

차마고도는 쓰추완과 윈난 및 시짱 이렇게 중국 내 세 지역만을 통과한 것이 아니라 부탄, 네팔, 인도 등 다른 나라도 포함되었고, 더 멀리는 서남아시아나 서부아프리카 홍해 부근까지도 연결되었다.[83]

한(汉)·당(唐) 시기에 서남부 지역에 마방들이 차를 운송하기 시작하였고, 남·북송 시기에는 윈난, 시짱, 쓰추완 지역간 "차마호시" 교역이 빈번해졌다. 명·청 시기에는 차마호시의 규모가 더욱 커지고 교역 내용 또한 풍부해졌다. 당시 시짱에 들여온 물품은 주로 찻잎, 자기, 비단, 베필이었고, 시짱에서 팔려나간 것은 대부분 마필, 양모, 가죽, 약재 등이었다. 사료에 따르면, 교역량은 청 순치제 18년(1666년) 1년 간 윈난차 3만여 다발(担 말 안장 양쪽에 거는 크기)과 시짱의 1만 필이 넘는 노새와 말이 교환되었다.[84] 요즘은 현대화 덕분에 차마고도의 운송 역할이 214, 317, 318국도에 의해 대폭 대체되었다.

각설하고, 요즘도 이 차마고도의 흔적을 찾아 관광 프로그램으로 활용하는 마방들이 있다. 이 마방들이 부리는 말을 타고 느긋하게 산길 협로를 걷다 보면 말의 영리함에 새삼 놀라게 된다. 내가 탔던 말은 이름을 "하리"라고 했다. 중국식 이름이 아니기에 마방 대원에게 물어보았더니 "해리 포터"에서 따온 말이라고 했다. 웃음이 절로 나왔다. 그 작품에 말이 나온 것도 아니고 게다가 사람의 이름을 말에 붙였으니 그 발상이 엉뚱하게 느껴졌던 것이다. 유럽외교사에서 독일의 철혈 재상 비스마르크를 증오한 프랑스 사람들이 한때 자기가 키우는 개의 이름을 비스마르크로 했던 적이 있기는 하다만서도, 나도 말의 고삐를 잡아채면서 말을 조종하다가 길옆 나뭇가지의

---

83) 차마고도는 두 노선이 있었다. 하나는 윈난과 시짱을 잇는 것으로, 윈난 푸얼차의 산지인 지금의 시수왕반나(西双版纳), 쓰마오(思茅) 등지에서 출발하여 따리의 시아꽌(大理 下关), 중디앤(中甸 오늘날 샹그어리라), 리지앙(丽江), 띠칭(迪庆), 드어친(德钦)을 경유한 뒤, 시짱의 망캉(芒康), 창뚜(昌都), 뽀어미(波密), 라싸(拉萨)에 도착했고, 이곳에서 다시 시짱의 남부지역인 즈어당(泽当)과 서부인 지앙쯔(江孜), 야동(亚东) 등지로 퍼져나갔다. 이 노선은 여기서 그친 것이 아니라 국외인 버마와 인도로 확장되었다. 두 번째 노선은 쓰추완과 시짱을 잇는 노선으로, 쓰추완의 따지앤루(打箭炉, 오늘날의 雅安)에서 출발하여 루띵(泸定), 캉띵(康定), 바탕(巴塘), 창뚜(昌都)를 거쳐 라싸(拉萨)에 도착했고, 이곳에서 다시 시짱의 동쪽인 르카즈어(日喀则)를 거쳐 국경 밖인 네팔, 인도, 버마 등지로 나아갔다.

84) 王全成 编著, 『滇味文化』(北京 : 时事出版社, 2008), 41쪽.

연한 잎사귀를 따먹느라 말을 안 들으면 할 수 없이 언성을 높여 "하리!"라고 외치곤 해야 했다.

서, 너 시간 말을 타다 보니 이 녀석이 얼마나 영리한지를 알게 되었는데, 그것은 하리가 길을 골라 내딛는 것을 보고서였다.[85] 높이가 그다지 높지는 않았으나 폭이 1미터도 안 되는 산벼랑 길을 말 잔등 위에서 내려다보며 지나는 것은 일말의 불안감을 안겨 주었다. 그런데 한 번도 실수 않고 나를 안전하게 태워주었을 뿐만 아니라, 길에 물이 고여 있으면 애써 그 옆의 진흙길로 발을 내디뎠고, 돌길이 나타나면 마른 흙길을 골라 발을 옮겼던 것이다. 단, 길에 널린 마변을 피하지 않는 게 이채로웠다. 이건 마방들도 마찬가지였다. 문득 "마부는 말똥을 피하지 않는다"고 태연스레 말하던 마방 대원이 생각난다. 이 정도면 말이 영리하다는 평을 할 수 있지 않을까 싶다. 그리고 보니 말에 얽힌 고사성어들도 말의 영리함이랄까 비상한 기억력을 인정해 주고 있다. 예를 들면, "늙은 말의 지혜(老马之智)"라

사진 76 _ 마방들의 후예

요즘은 마방들이 차마고도로 차를 운반하는 일이 거의 없다. 그만큼 다른 교통 수단이 발달해 있기 때문이다. 그 마방들은 지금 무얼하고 지낼까? 그들은 여전히 말을 통해 생계를 꾸려나간다. 그 자녀들도 마찬가지라 학교도 들어가기 전에 말타기를 배운다. 어쩌면 말잔등이 땅보다 편안할 게다.

---

85) 실제로 말을 키우다 보면 말의 영리함을 보여주는 장면은 많다. 풀을 뜯으러 멀리 나갔던 말이 자기 마방을 제대로 찾아온다거나, 걸어 둔 마굿간 빗장을 입이나 발을 써서 열고 밖으로 뛰쳐나오기도 한다. 또 바짝 마른 건초더미는 물통에 담갔다 먹기도 하고, 독초와 맛있는 풀을 구별해 먹으며, 다른 말을 만나면 서로 가려운 곳을 긁어 주기도 한다. 또한 말은 자신이 생활하는 주변 지역의 지형지물을 잘 파악해 기억하는 능력이 있단다. 마구간 근처에 평소에 없던 물체가 놓여 있거나 혹은 시설물의 위치나 자연 지형이 바뀌면 몹시 경계를 한다. 심지어 늘상 다니던 길가에 개나리나 진달래 등 식물군락에 꽃이 피어도 몹시 낯설어 한다. 이렇듯 말은 주변 환경의 변화에 매우 민감하다. 그리고 말은 어떤 특정 장소를 잘 기억하는 능력이 있다. 들에서 풀을 뜯던 말이 몹시 놀라는 경우가 있는데 그럴 때는 대부분 어떤 동물이나 물체가 갑자기 움직인 경우이다. 이렇게 되면 말은 다음에도 그 장소에는 절대 가려고 하지 않거나, 그곳에만 가면 겁을 먹고 긴장한단다. 실제로 경주마 가운데도 잘 달리다가 특정 장소에 이르면 놀란 듯 갑자기 옆으로 달아나는 경우가 종종 발생한단다. 이럴 때는 이 말이 과거에 그 곳에서 어떤 이유로든 놀란 경험이 있기 때문이다.

는 말이 그러한데, 중국 춘추(春秋)시대 5패(五覇) 중의 하나였던 제나라(齐) 환공(桓公 B.C 685~B.C 645 재위)에 얽힌 고사다.

어느 해 봄, 환공은 고죽국(孤竹国: 오늘날의 흐어베이성 부근)을 정벌하고자 출정하였다. 그런데 전쟁이 의외로 길어지는 바람에 그 해 겨울에야 승전고를 울리게 되었다. 그러다보니 혹한 속을 헤치고 돌아오는 개선길이 고난의 길로 바뀌었다. 하루는 낯선 길을 오다가 폭설을 만나게 되어 설원에서 길을 잃게 되었다. 전군이 전장도 아닌 곳에서 갈 길을 못 찾아 이러지도 저러지도 못하는 진퇴양난에 빠지게 되었던 것이다.

이 때, 정벌전에 따라 나섰던 명재상 관중(管仲: ?~B.C. 645)이 한 마디 던졌다.
"말을 관리하는 병사에게 늙은 말을 한 필 가져오게 하십시오."
이 말을 들은 환공은 의아해 하면서 관중에게 물었다.
"재상은 갑자기 웬 말을 찾으시오?"
관중은 이렇게 대답했다.
"말은 경험이 많아 출정 시에 지나온 길을 본능적으로 찾아 낼 수 있을 것입니다. 그러하오니 늙은 말을 골라 앞장세우는 것이 지금으로서는 상책이 될 것입니다."

이에 늙은 말을 풀어놓고 그 말이 향하는 곳을 따라가니 과연 고국으로 돌아가는 길을 찾을 수 있었다(老马之智可用也, 乃放老马而随之, 遂得道行).[86] 늙고 힘이 없다는 이유로 전쟁터에서는 푸대접을 받던 늙은 말이 잃어버린 길을 찾는데 결정적인 공을 세우게 될 줄 누가 알았겠는가? 이 고사에서 <老马之智> 혹은 <老马得道>라는 4자성어가 나왔다.

---

86) ≪韩非子≫说林篇

차마고도(茶马古道)에 목숨 걸었던 마방(马帮)

악수를 하느라 내 민 손이 무척이나 두툼했다. 나에게 자신을 소개하는데 처음에는 "말대가리"라는 줄 알았다. 그의 얼굴 모습과 너무 딱 떨어지는 말이어서 그의 별명인 줄 알았다. 그런데 초면에 웃음을 터뜨릴 수는 없어 억지로 참아내면서 성을 물어보았다. 그랬더니 그냥 "마구오어터우(马锅头)"라고 불러달란다. 꽤 재미난 친구란 생각이 들었다. 아마 4상의학에서 얘기하는 태양인이 이런 친구를 두고 일컫는 말이지 싶었다.

사진 77 _ 현대판 마구오어터우(马锅头)
사진 중앙의 남자는 레저용으로 개발한 차마고도의 마방 대장이다.

그에게서 받아든 명함을 보고서야 그가 마방을 이끌고 있다는 것을 알았다. 그런데 왜 "솥(锅)"자가 말대가리(马头) 사이에 들어갔는지 의아해 졌다. 마방 중에서 솥을 책임지는 조장쯤 된다는 얘긴가 싶었다. 궁금증을 참지 못하고 물어보았더니 그냥 마방의 우두머리라는 대답만 돌아왔다. 나중에 사전을 찾아보니깐 "마구오어터우"란 윈난 사투리인 "마끄어터우(马哥头)"를 음역한 말이었다. 그 뜻은 "말을 끄는 무리의 우두머리" 즉, 마방의 수령이라는 뜻이었다.

마방에서 말을 끌고 가는 이를 "마지아오즈(马脚子)"라고 하는데 이들은 마구오어터우의 지휘에 절대 복종해야했다. 마구오어터우가 가라면 가고 서라면 서야했다. 이들은 방위와 도로를 변별하는 능력을 갖춰야 했으며 몇 가지의 방언도 구사해야 했다. 또한 장부책도 들여다 볼줄 알아야 하고 불을 피워 밥을 짓는 일도 능숙했다. 그

活化石

中国 云南省 人文纪행
소수민족 문화의 영속성

사진 78 __ 마방 대장 마구오어터우(马锅头)

마방을 이끌고 차마고도에 오르면 그 우두머리인 마구오어터우는 절대 권한을 지녔다. 한 마디로 운반길의 총대장인 셈이다.

뿐 아니라 말굽도 갈아 줄 수 있어야 하고 총을 쏘고 싸움을 할 줄 알아야 했다. 때로는 돌팔이 수의사가 되어 말들을 돌보아야 하기도 했다.

이들은 자신들의 임무를 완수하기 위해 기꺼이 목숨을 바칠 각오로 다녔다. 그들이 걷는 길은 위험하기 그지없는 매우 열악한 협로가 많았고, 야수나 독충, 각종 질병이 늘 괴롭혔으며, 때로는 산적들이 출몰하는 길을 가야했기 때문이다. 마방도 자신의 무기를 휴대하고 다니기는 했으나 불시에 습격하는 토비들에게 살상 당하는 경우도 종종 있었다.

옛날에 윈난의 마방은 기본적으로 5필의 말로 1파(一把)를 이루었다. 다시 여덟 파(八把) 즉, 40필로 1소방(小帮)을 이루고, 3소방으로 1대방(大帮)을 구성했다. 1대방 즉 120필로 한 팀을 짜 길을 떠나곤 했다. 1파 마다 마지아오즈 한 명이 책임자였다. 또한 모든 마방에는 "따구오어터우(大锅头)", "얼구오어터우(二锅头)"[87]가 있었는데 이들은 우두머리이기 때문에 각자 말을 한 필씩 타고 다녔으며 별도로 노새도 한 마리씩 가지고 다녔다. 이들은 목에 일종의 호루라기를 걸고 삼각 깃발을 들고 다녔다.

마방의 구성원들은 모두 남자였는데, 길을 가다가 밥 지어 먹는 것은 "카이샤오(开稍)"라 하고, 야간에 산속에서 노숙하는 것은 "카이리양(开亮)"이라고 한다. 카이샤오 하거나 카이리양할 때는 평탄하고 시야가 툭 트이고 물과 풀이 있는 곳을 골랐다. 네

---

87) 이름이 하필 베이징의 전통 술과 같으나 뜻은 전혀 다르다. 마방 중에서는 두 번째 우두머리란 뜻이고, 술 이름으로서는 두 개의 솥으로 걸러낸 술이란 뜻이다.

모나게 진을 친 후 말을 풀어 물마시고 풀을 뜯게 해준다. 자신들은 5인 1조가 되어 식사를 마련한다.

나도 이번에 차마고도를 조금 체험하느라 마방을 따라 하루 생활해 보았는데 이들은 산 속에서 밥을 짓는데 능숙했다. 특히 생솔 가지에 불을 붙이고, 가마솥 뚜껑을 뒤집어 후라이팬 삼아 각종 야채와 돼지고기를 얹어 볶아낸 후 밥 위에 얹어 먹게 했는데 그 맛이 일품이었다. 아무래도 산길을 말 타고 다니다가 바람시원하고 햇살 좋은 데서 밥을 해먹으니 꿀맛일 수밖에 없었겠다.

처음에 대부분의 마방은 주문품을 배달하기 위해 큰 상회가 조직하곤 했다. 심지어 마구오어터우가 갖고 다니는 노새나 말도 상회 소유인 경우가 많았다. 소수의 마방만이 마구오어터우가 독자적으로 경영하는 것이었고, 그들도 임시로 상회에 고용되기도 했다. 마방과 상회 사이에는 상호 협력 관계가 형성되었다. 어떤 마구오어터우는 돈을 벌어 자금을 마련한 뒤, 자신의 상회를 갖기도 하였다. 가게를 연 다음 이 마구오어터우는 마방들의 협조가 더욱 절실해진다. 과거에 윈난의 큰 상점들은 모두 마방의 도움을 받아 가게를 일으키곤 했다.

사진 79 __ 설산을 지나온 마방들
차마고도를 걷다 보면 협곡도 지나고 설산 밑도 지나게 된다. 그러면서 계절이 바뀌고 말 잔등의 차잎은 자연 발효과정을 겪는다.

中国 云南省 人文纪行
소수민족 문화의 영속성

마방(马帮)들이 목숨 걸고 운반해간 푸얼차(普洱茶)

　마방들이 운반해 간 차는 푸얼차였다. 푸얼차란 윈난성의 일정 지역 내에서 생산된 잎사귀가 큰 차종을 1차 가공하여 원료로 삼아, 발효 가공을 거쳐 일반 차처럼 차잎이 흩어진 상태로 출시하는 "산차(散茶)"와 일정한 틀에 넣어 증기로 압축시켜 만드는 "긴압차(紧压茶)"의 두 가지가 있다. 긴압차는 외형이 갈홍색을 띠며, 차를 끓여 내면 홍색이 짙어지면서 투명해진다. 오래 묵은 향기가 나고 차 맛이 두터우면서 마시고 난 후의 맛이 오래 간다. 찻잎 바닥이 갈홍색으로 변한다.

　만일 발효시키지 않은 상태로 마시게 되면 그것은 제대로 된 푸얼차라 할 수 없다. 그것은 푸얼차의 반제품에 불과하다.[88] 왜냐하면 푸얼차는 인부가 지고 말에 실어 오랜 시간 운반해 갔고, 또 오랜 시간 저장을 해 두면서 끓여 마시기 때문에 그 사이에 점점 발효가 많이 진행될 수밖에 없다. 그런 고로 푸얼차는 오래 묵힐수록 맛이 더 좋다는 말이 나오게 된 것이다. 요즘은 푸얼차의 원료나 제작 방식은 옛날과 흡사하나 인공으로 발효시킨다는 점에서 전통 푸얼차와 다르다. 인공으로 발효시키기 시작한 것은 1970년대부터이다.

[88] 그러나 시중에서 거래되는 푸얼차에는 발효 공정을 거치지 않은 것도 있긴 하다. 그것을 성차(生茶)라 하여 발효 공정을 거친 수차(熟茶)와 구분한다. 이 성차는 차나무에서 따 낸 찻잎을 자연스레 모아두었다 가공하는 것으로, 찻잎을 쌓아 놓고 대기 중에서 습기를 흡수하여 발효시키는 과정이 생략된 것이다. 이 차는 맛이 비교적 강하고 약간 떫다. 우러난 찻물도 비교적 연한 황록색을 띠며 날이 갈수록 찻잎 색깔이 진해지고 찻물 색깔도 점점 붉어질 뿐만 아니라 차향과 맛이 좋아진다. 한편, 수차는 제조 공정 중에 발효 단계를 거쳐 차 맛이 구수하여 한약재 맛이 난다. 물론 떫은맛도 적어져 마시기에 거부감이 없다. 이 수차도 시간이 지나면 발효가 더 진행되는 탓에 맛이 순해지고 떫은맛이 거의 사라지며 단맛이 더 나게 된다. 발효시킨 푸얼차는 찻잎에 함유된 아미노산이나 당류 등이 변화를 일으켜 몸에 더 좋고 마시기에 더 좋게 되는 것이다. 따라서 품질이 좋은 푸얼차는 오래 묵을수록 진가를 더해간다.

마방(马帮)들이 목숨 걸고 운반해간 푸얼차(普洱茶) **차마고도**

푸얼차를 증기로 찌면서 압력을 가해 다양한 모양으로 만든 이유는 운송과 저장 및 교역 시 무게를 재는 데 편리함 때문이었다. 차마고도를 통해서는 오로지 사람이 지거나 말 등에 싣는 방법밖에 없었기에 휴대가 간편해야 했다. 둘째로는 한 번 길에 나서면 최소한 반 달가량, 어떤 경우에는 몇 달 걸려서야 배달이 가능했다. 도중에 비나 이슬 혹은 눈을 맞기도 하고 바람 맞고 폭양에 노출되기도 했다. 그러니 긴압차라야 고정된 형태로 손실 없이 운송이 가능했다. 한 가지 지적해야 할 것은 제조 후 발효가 처음부터 의도된 것은 아니라는 점이다. 오랜 기간에 걸쳐 자연 기후에 노출되면서 배달된 푸얼차가 주인 집에서 또 한동안 묵혀지면서 우연히도 절묘하게 발효 효과를 보기 시작한 것이다.

그러면, 왜 시짱 등지의 고원지대 사람들은 푸얼차를 그렇게 좋아했던 것일까? 아마 그것은 그들의 식생활과 관련이 깊을 것이다. 즉 일반적으로 차는 소화를 돕고 갈증을 덜어주며 느끼한 음식 맛을 제거해주는 효능이 있기 때문이다.

사진 80 _ 다양한 형태의 푸얼차

쿤밍 시내 푸얼차 가게<东方甘霖>에서 찍은 사진인데, 진열된 모양들도 다양했지만 기둥처럼 쌓은 이 푸얼차는 시가 1천만 원도 넘는 분량이었다. 가게 이름에 장맛비가 들어 있어서인지는 모르겠으나, 이날 두 시간 넘게 이 가게에 갇혀 있었다.

짱주(藏族) 사료에 따르면,[89] 시짱 고원 지대에는 차를 마시는 습관이 성행했다. 쏭

---

89) 티베트 언어로 쓰인 《汉藏史集》에는 두 개 장 즉, 《茶叶和碗在吐蕃出现的故事》와 《茶叶的种类》에서 차가 어떻게 한족에게서 토번으로 전해졌는지를 설명하고 있다. "차를 마시는 데 정통한 이는 한족 승려이다. 그어미왕(噶米王, 즉 赤松德赞)이 승려들에게 차 끓이

中国 云南省 人文紀行
소수민족 문화의 영속성

사진 81 _ 손님에게 대접하기 위해 쑤여우차를 준비한다.
짱주 사람들은 집에 찾아온 손님에게 뜨거운 쑤여우차를 권한다.

사진 82 _ 숙성중인 쑤여우
짱주 사람들의 필수품인 쑤여우가 방 한 구석에 자리하고 있다. 이를 보고 우리네 메주 쑤는 생각이 났다.

잔깐부(松赞干布 송첸캄포)는 티베트를 통일한 후, 당 나라의 문성공주(文成公主)를 둘째 왕비로 맞아들였다. 이때부터 시짱은 당 나라와 차마무역(茶马贸易)을 시작했던 것인데, 이는 토번(吐蕃)과 당 나라 간의 주요무역이 되었다. 이와 관련하여 당 나라는 "차마사(茶马司)"를 임명하여 토번과의 차마무역을 전담케 했다. 서기 743년, 당과 토번은 맹약을 맺고는 "적령(赤岭)", 즉 오늘날의 칭하이후(青海湖) 동쪽에 있는 일월산(日月山) 부근에 "차마호시(茶马互市)"를 열었다. 또 토번은 차잎을 교환하기 위한 전문 상인을 파견하였다.

찻잎이 시짱에 전래되자 그것은 소화를 돕고, 느끼함을 덜어주는 특수 효능으로 인해 주로 육식과 가축의 젖을 마시는 짱주 사람들에게 필수 음료가 되었다. 위로는 왕과 고관부터 아래로는 서민 백성에 이르기까지 차를 마시는 것이 일반적 추세가 되었다. 이는 차를 두고 서로 다투는 품귀현상을 자아내, 두 나라 간에 차마교역을 흥성케 하였다.

차와 말을 서로 교환하는 "차마호시(茶马互市)"는 비단 장족과 한족의 주요 경제 근간이 되었을 뿐만 아니라 시짱 민간 무역의 발전을 촉진시켰다. 나중에 차마무역은 개인 간의 교역으로 확대되었다. 쓰추완과 윈난의 적지 않은 차상(茶商)들이 차를 판

는 방법을 배웠고", 이후 폭넓게 전파되었다. 차잎이 좋고 나쁜지는《甘露之海》에서 다루고 있다.

매하기 위하여 시짱으로 운반해 왔으며, 그 이윤은 본전의 몇 배에 달해 중국의 서남부를 가로지르고 험준한 히말라야를 넘는 차마고도를 형성시켰던 것이다.

한편 시짱의 음차(飮茶) 유행은 세월이 흐르면서 장족 특유의 새롭고 특색 있는 쑤여우차(酥油茶) 문화로 발전되었다. 이제 손님에게 차를 대접하는 것은 공경과 화목, 그리고 상서로운 분위기를 반영하는 일상사가 되었다. 이 쑤여우차는 쓰추완과 윈난 등지에서 생산한 벽돌 모양의 푸얼차(砖茶)를 이용하여 만든다. 이것은 열량이 높고 추위를 녹여주는 데는 그만이다. 의학적으로도 사람들의 체질을 강화시켜 주는 것으로 알려져 있다. 특히 차는 지방을 녹여주고 육류에 대한 소화력이 뛰어날 뿐만 아니라, 야채나 과일의 섭취가 적고 산소가 희박한 고산지대 유목민들은 배뇨량이 많기 때문에 차를 마심으로써 체내 수분의 평형을 이루게 되고 신진대사를 원활히 하게 된다.90)

사진 83 __ 야생노전차(野生老砖茶)
찻잎을 숙성시키는 과정에서 벽돌 모양으로 만들어 운반시 편의성을 더한다.

---

90) 시짱 민간에서는 차가 친지들의 평안을 기원하는 좋은 예물이 되기도 한다. 마을 입구나 정류장, 비행장 등지에서 먼 길을 떠나는 이들이 항상 쑤여우차를 가득 채운 보온병을 휴대하고 있는 것을 보게 된다. 스스로 챙기기도 하지만 친지가 선물로 주는 경우가 많다. 또한 아이가 태어나면 사내아이는 생후 이틀 째(여아는 나흘째) 되는 날, 친지들이 쑤여우차를 축하선물로 가져온다. 뿐만 아니라 병문안 가는 사람도 농도 짙은 쑤여우차를 들고 가는데 환자들은 몹시 고마워하며 위안을 삼는다.

中国 云南省 人文紀行
소수민족 문화의 영속성

리지앙(丽江)에서 찾은
린즈어쉬(林则徐)의 흔적

    린즈어쉬(林则徐)는 청조의 몰락이 가속화되던 시기에 서구 제국주의 세력에게 중국인의 의기를 보여준 인물이다. 영국은 당시 산업혁명을 통해 공산품을 대량생산 할 수 있게 되자 해외 식민지 경영의 길로 나섰다. 우선 영국의 야욕에 중남미가 당했고 다시 인도, 그리고 중국 청나라로 제국주의의 손길을 뻗치던 시기, 영국은 청나라의 차를 수입하게 되면서 무역역조 현상을 맞게 된다. 종래 겪어보지 못했던 경험에 당황한 영국은 부족한 은화를 대체하기 위해 동인도회사를 통한 아편의 중국 내 확산을 모르는 척 방기했다. 급기야 위로는 고관대작부터 아래로는 일반인까지, 심지어 군인과 거렁뱅이에 이르기까지 마약의 늪에 빠진 중국 사회에 초강경 아편 엄금론자(严禁论者)가 등장했으니 그가 바로 린즈어쉬(林则徐)였다.

    호광(湖广) 총독이던 린즈어쉬는 흠차대신 신분으로 광동성에 부임하여, 영국의 아편 밀매업자를 상대로 국내법을 엄중히 집행하여 세인을 놀라게 했다. 아편굴을 폐쇄시키고 아편 공급을 막고자 영국인에게서 압수한 마약 2만 여 상자 전량을 소석회에 풀어 20여 일 간 소각 후 바닷물에 흘려보낸 것이다(虎门销烟). 이 사건이 1839년 6월에 벌어졌고, 이듬해 중국과 영국 간에는 인간의 탐욕을 가장 적나라하게 드러낸 국제전쟁 중의 하나인 "아편전쟁"이 벌어진다. 영국의 힘에 밀린 청 정부는 애꿎게도 린즈어쉬를 희생양으로 삼는데, 그에게 아편전쟁 발발의 책임을 물어 신지앙(新疆) 지역으로 유배를 보냈다.

    이렇게 충직하고 애국애민하는 인물이었기에 나도 그를 좋아한다. 그런데 그의 발자취를 리지앙에서 찾아볼 수 있어 여행의 즐거움을 더할 수 있었다. 린즈어쉬를 신지앙으로 유배시켰던 도광제(道光帝)는 4년 후 린즈어쉬를 사면하고 샨시(陕西) 순무(巡抚)에 봉했다가 곧 1847년에 윈꾸이(云贵)총독으로 중용하였다.[91] 윈난에서 2년간 봉직했

리지앙(丽江)에서 찾은 린즈어쉬(林则徐)의 흔적 **차마고도**

사진 84 _ 린즈어쉬 흉상
린즈어쉬를 기리는 윈난 사람들은 그의 공적을 후대에 알리기 위해 거대한 흉상을 세우고, 그 주변에 그에 관한 행적을 부조와 글로 남겼다. 윗 사진 우측의 명판이 바로 용을 꾸짖어 비를 내리게 한 고사를 전하고 있다.

던 린즈어쉬는 1849년 7월 중순에 윈난 학사(学使) 쑨우지앙(孙悟江)을 전별하는 자리를 갖는다. 린즈어쉬는 쑨우지앙과 함께 리지앙 흐에이롱탄(黑龙潭)과 쿤밍 따꽌러우(大观楼)를 노닐면서 두 곳에 대한 시를 한 수씩 남겼다. 그 중 흐에이롱탄에 대한 시[92]를 감상해 보자.

---

91) 린즈어쉬는 예전에 윈난을 한 차례 찾은 적이 있다. 1819년, 당시 그의 나이 35세였는데, 윈난 향시(乡试)를 주관하는 시험관으로 출장 나와 6개월여 머물면서 64명의 거인(举人)을 선발했다.

92) 玉鉴悬秋欲采风, 郊原联辔访龙宫。松杉过雨垂髯碧, 鱼鲔跳波弄眼红。揽胜莫辞衣袂湿, 临歧肯放酒杯空？老梅认取陈根在, 卅载鸿泥一梦中。(黑龙潭有唐梅二株。嘉庆己卯, 徐使滇中尚见之。一株已枯, 而旁出小茎引一大株犹极蟋郁之盛。今此株变只剩枯根尺许, 为之慨然。)

먼저, 나는 문인으로서의 린즈어쉬가 갖고 있는 풍부한 상상력에 감탄했다. 흐에이룽탄을 용궁으로 보고는(郊原联辔访龙宫) 비갠 후 더욱 푸르러간 소나무 가지의 축 처진 모습을 용의 수염으로 묘사했다(松杉过雨垂髯碧). 거기에 연못에서 튀어 오르는 붉은 물고기의 모습에서 용의 번득이는 눈을 보았으니(鱼鲔跳波弄眼红) 참으로 시심이 대단히 깊다고 아니할 수 없겠다.

그는 친절하게도 자신의 시 아래 해제를 붙여주었는데 그를 참고하면, 30년 전 린즈어쉬가 흐에이룽탄에 와봤을 때는 두 그루의 매화나무가 있었다(黑龙潭有唐梅二株). 당시 두 그루 가운데 하나는 메말랐고, 다른 하나는 번성했었다(一株已枯, 而旁出小茎引一大株犹极蟋郁之盛. 그런데 오늘 와보니 남은 한 그루마저도 30년의 홍진을 덮어써 고사 직전에 이르렀다(今此株变只剩枯根尺许). 이를 보고 그는 자신도 세월의 낙진 속에 힘없이 늙어가고 있음을(卅载鸿泥一梦中) 빗대고는 한탄하고 있는 것이다(为之慨然).

이곳 흐에이룽탄에는 그가 남긴 시만 있는 것이 아니라 아름다운 전설도 한 편 전해진다. 그가 호문(虎门)에서 영국상인들의 마약상자를 소각한 후 파직당하여 신지앙의 보충병 신분으로 쫓겨 갔다가, 윈난에 복직되어 왔을 때(1847-1849) 그는 백성들을 위하여 목민관으로서 선정을 폈다. 그 중 하나가, 비를 내려달라고 기원하는 기우제를 통해서가 아니라 용에게 명령하여 비를 내리게 한 일이다.

이 전설은 흐에이룽탄을 무대로 삼고 있다. 가뭄이 심각하던 때 린즈어쉬는 흐에이룽탄으로 나아가 향도 피우지 않고 제도 올리지 않고는, 흐에이룽탄에 기거한다고 여겨지는 용을 향해 버럭 외쳤다. "흑룡아, 너 내 말 들어라! 나는 운귀총독 린즈어쉬인데, 너는 윈난의 용왕이지. 그렇다면 너는 나의 관할 지역에서 서식하고 있는 셈이니 반드시 나의 명령을 들어야만 한다. 지금 날이 몹시 가물어 백성들의 고통이 이만저만하지 않다. 내 너에게 명하노니 즉각 구름을 모아 비를 내리거라" 이 말이 끝나자마자 하늘에 검은 구름이 모여들어 비를 억수같이 퍼부었다는 것이다. 이야기는 어디까지나 우연의 일치 혹은 전설에 불과하지만 그 내용으로 짐작컨대 린즈어쉬가 재임한 2년 동안 윈난 백성들에게 깊은 감동을 심어준 것이리라.

리지앙에 뿌리 내린 강남 거부 션완싼(沈万三)의 후예들

션완싼(沈万三 1317-1372)은 강남사람들이라면 누구나 알고 있는 부자다. 션완싼이 어느 정도로 부자였는가 하면, 그의 사업이 성공을 거둬 이주해 온지 수십 년 만에 천하에 이름을 떨치는 강남 제일 부자가 되었을 때, 궁궐 안에 갇혀 지내는 명태조의 마황후(马秀英 1332-1382)마저 션완싼의 재산이 나라와도 겨룰 만하다고 평가했을 정도다.

그런데 그의 본명은 완싼(万三)이 아니라 푸(富)다. 그를 션푸라 부르지 않고 션완싼 이라고 부르는 데는 사회적 의미가 있다. 명나라 초기 사회에서는 백성의 계층을 가(哥), 기(畸), 랑(郞), 관(官), 수(秀)라고 하는 5등급으로 나누었는데, "가"가 최저 계층이고, "수"가 최상 등급이었다. 션완싼은 부자였기에 당연히 가장 상급인 "수" 계층에 속했다. 이 다섯 계층은 다시 각기 세 등급으로 나뉘었는데, 큰 부자는 만호(万户)라 하였다. 그리고 그는 형제 항렬 중 셋째였기에 삼(三)이라는 이름

사진 85 _ 강남의 대표적 수향(水乡)으로 남아 있는 저우주왕(周庄)
북쪽 지방을 대표하는 뻬이징의 골목을 후통(胡同)이라 하여 담장 사잇길을 말한다. 이와 달리 강남은 수향이라 하여 물이 많은 덕분에 물길이 골목길을 대신한다 해도 과언이 아니겠다.

자를 가질 수 있었다. 따라서 그의 호칭은 성과 사회 계층과 형제 항렬을 포함한 "심. 만. 삼. 수"여야 하나, 맨 끝의 "수"를 빼고 편하게 심만삼 즉, 션완싼이라 부르게 된 것이다.

션완싼의 본적은 절강성 오흥 남심에 있는 심가양이라는 작은 마을이다. 원나라 지순 원년(1330)에 션완싼의 아버지는 가족을 데리고 고향 심가양을 떠나 저우주왕(周庄)으로 이사했다. 사실 요즘 강남의 전형적인 수향(水乡)으로 여행객들의 발걸음이 끊이지 않는 저우주왕이 당시에는 다른 지명이었다. 즉, 션완싼 가족이 이사 온 후 션씨네가 농사를 잘 짓고 상업을 확대해 나가 마을에 사람이 늘어나면서 점차 큰 고을로 발전하게 되었고 이에 따라 저우주왕이라는 이름을 갖게 된 것이다. 이 곳에 가 보면 "심청(沈厅)"이라고 하는 저택을 관람할 수 있는데 이 저택은 션완싼이 노년에 거처하던 집이다.

사진 86 _ 강남의 운하를 뱃길삼아 대외 무역에 나선 션완싼
션완싼이 강남의 운하를 통해 대외 무역에 종사했음을 보여주는 동판. 저우주왕 그의 집에 있는 일대기의 한 면이다.

션완싼의 가족은 원나라 말기의 혼란한 틈을 타 주인 없는 토지나 소작농이 없는 땅을 자기 소유로 만들어 나갔다. 이처럼 땅을 넓혀 나가면서 다른 한편으로는 축적된 재산을 이용해 고리대금업에 나섰고, 나중에는 강남의 편리한 수운을 이용해 대규모의 대외 무역을 시도했다.

한편, 션완싼네가 주인 없는 토지를 겸병해 나가는 것이 가능했던 것은 원에 반기를 든 장사성(张士诚)의 등장 덕분이었다. 장사성은 원래 소금 밀매업자였다. 국가 전매 사업인 소금 밀매는 큰 이익을 남겨주었으나 위법이었기에 관에 잡히면 중형을 받게 된다. 장사성도 여러 차례 붙잡혀 곤욕을 치렀고, 또 지방 토호들의 미움을 사 발 붙일 곳이 없게 되었다. 이럴 즈음 마침 홍건적의 난이 일어나 원나라 통치가 위태로워졌다.

홍건적이 세를 넓혀 나가자 장사성은 이 틈을 타 1353년에 동생들을 데리고 정부에 대항했다. 장사성이 이끄는 반란군은 농민과 염민(소금 제조 노동자)으로 구성되었으나 정부에 대한 반감이 깊어 전투에서 계속 승리했다.

장사성은 드디어 1365년에 쑤저우(苏州)를 점령한 뒤 평강부를 웅평부로 개칭하면서 정권을 세워 대주(大周)의 왕이 되었다.[93] 장사성 정권은 성립 초기에 강남의 농공 상업의 발전에 유리한 정책을 실시하여, 강남의 재력가들을 포용해 나갔다. 부자들의 지지를 받게 된 장사성의 통치 하에서 강남 지역 경제는 원나라 말기의 혼란을 극복할 수 있었다.

이에 힘입어 그는 강남 지주들의 수호자로 나서게 되었다. 강남 부호들의 지지가 없으면 대주 정권은 유지가 힘든 상황이었다. 그래서 대주 정권은 강남 지역의 토지 겸병을 암묵적으로 지지하였다. 이에 따라 강남 신흥 지주 세력의 대표격인 션완싼은 장사성을 전적으로 지지했다. 즉 권력과 금전 간의 상호 결탁이 이루어진 것이다. 션완싼이 대표가 된 강남 지주세력은 장사성의 군비도 보조해 주었으며, 션완싼은 자신의 딸을 장사성의 비로 삼게 했다. 이에 션씨 집안의 재산이 불어나는 것은 시간문제였고 실제로 얼마 지나지 않아 션완싼은 강남 제일의 부자가 되었다.

이와 같이 션완싼의 일생은 주로 원나라 말기에 집중되나 사적으로 남아 있질 않다. 그런데 그와 명태조 주원장(朱元璋)에 얽힌 이야기는 많다. 믿을만한 사료가 많지 않아 진실과는 어느 정도 거리가 있는 이야기들임에도 불구하고 그 이야기가 오늘날까지 구전되고 있는 것은 나름대로 근거가 있기 때문이리라.

주원장(朱元璋)이 도읍을 난징으로 정하고 응천성(应天城)을 웅장하게 확장키로 결

---

[93] 그는 자신의 세력으로는 원에 항거할 수 없음을 알고 있기에, 이듬해 원에 투항하여 태위를 제수 받는다. 그는 계속 주변을 점령하면서 지배 범위를 남쪽으로는 소흥, 북쪽으로는 산동의 제령, 서쪽으로는 안후이 북부까지 세력 범위를 확장했다.

정했다. 그런데 전쟁 통에 지출이 많아 성을 수리하고 성벽을 쌓을 자금이 부족했다. 이에 부호 션완싼(沈万三)은 자발적으로 취보문에서 수서문에 이르는 구간 10여 km에 성벽을 책임지고 쌓기로 했다. 그는 성벽뿐만 아니라 성곽의 방이나 관저라든지, 부설 도로 및 교량과 수로 등 관련 건축도 책임을 떠맡았다. 션완싼은 최고 기술자들을 모아 축성에 진력토록 했고 자신도 하루 종일 공사 현장에 나가 독려하는 등 열과 성을 다했다. 이런 노력의 댓가로 그는 황제측이 지휘한 부분보다 공사를 사흘이나 먼저 끝낼 수 있었다. 그런데 이것이 오히려 황제의 체면을 손상시킨 셈이 되었다.

그 후 션완싼은 황제에게 밉보인 것을 만회하고자 자신이 백 만량의 황금을 들여 황제의 군사들을 위무하겠다고 나섰다. 그런데 이 또한 예상외로 명태조의 분노를 샀다.[94] 이로 인해 결국 그는 가산을 몰수당하고 윈난 지역의 변방을 지키는 임무를 받고 쫓겨났다.

이야기가 어째 좀 이상하지 않은가? 세상에 자신을 위해 거금을 들여 성벽을 쌓고 군사들을 위무하겠다는 백성을 증오한 황제가 있다니 믿기 어려운 얘기다. 이에 대한 궁금증을 풀기 위해서는, 즉 션완싼과 주원장 간의 구전 설화를 제대로 이해하려면 우선 주원장의 등장 역사를 살펴봐야 한다.

주원장은 1328년 9월, 안후이성 호주의 가난한 집에서 태어났다. 1344년 가뭄이 들자 주원장과 둘째 형만 남고 가족들이 모두 사망하였다. 그 후 어린 주원장은 황각사(皇觉寺)에 들어가 목숨을 부지했다.

그 후 원나라 정권의 전횡에 못 이긴 농민들이 여러 곳에서 반란을 일으켰다. 1352년, 25세가 된 주원장은 황각사를 떠나 호주의 곽자흥(郭子兴) 반란군에 가담했다. 용맹하고 지혜로웠던 주원장은 곧 공을 세워 군사를 통솔하기 시작했고, 1356년 난징(南京)을 공략했고, 장사성, 진우량(陈友谅) 등 지방 세력을 제거한 후, 중국 남방의 대부분 지역을 차지하였다.

1368년 정월, 주원장은 스스로 황제라 칭하고 응천부에 국호를 명(明)으로 하는 나

---

[94] 《明史》의 「후비전」에는 이렇게 기록되어 있다. "일개 필부에 불과한 자가 천자의 군사를 위무하겠다니 참으로 몰지각한 자구나. 죽여버려야 겠다."

라를 세웠다. 명나라를 개국한 주원장은 빈민 출신이었기에 부호들의 토지 겸병과 농민에 대한 착취에 대해 깊은 반감을 갖고 있었다. 그는 지방 토호 세력들을 제거하기로 결심하게 되는데 그 중에서도 부자들이 가장 밀집해 살고 있는 강남을 첫 표적으로 삼았다.

홍무(洪武) 3년에 주원장은 강남 백성 14만 호를 강제 이주시켜 빈민으로 만들었는데, 그 중 대부분이 강남 부호와 지주들이었다. 그 후 홍무 24년과 30년에, 조정에서는 천하의 부호들을 난징에 이주시켜 수도를 경제의 중심지로 변모시켰다. 주원장의 부자 차별 정책에 강남 부호 세력은 뿌리가 뽑히게 된 것이다. 션완싼도 마찬가지 신세가 되었는데, 그는 장사성과의 결탁 경험을 근거로 주원장에게도 돈으로 접근했다가 더욱 큰 화를 자초한 셈이 되었다.

빈민 출신의 주원장이 지닌 거부(巨富)에 대한 질시와 션완싼의 오판이 양자 간의 불화를 심화시켰고 이것이 션완싼의 몰락을 가져오는데 일조한 것은 사실이나 더 큰 이유는 아마도 명나라 초기 사회·정치·경제적 배경과 연관이 있을 것이다. 즉, 명나라 초기 강남지역의 토지 겸병은 유랑민들을 양산했고 농민들의 반란 조짐도 많았다. 이들 유랑 농민은 신생 명나라 정권을 위협하는 사회 불안 요소였으며, 또한 중앙정부의 회인(淮人) 관료 그룹은 강남 부호 지주 그룹과 필연적 갈등을 가질 수밖에 없는 상황이었다. 이 두 요소를 해소시키기 위한 방안이 바로 강남 부호들의 강제 이주를

사진 87 __ 마황후의 발이 큰 것을 비하하여 만들었다는 등

주원장은 반란군의 우두머리였던 동지였던 곽자흥의 양녀 마수영과 혼인했다. 그런데 이 마황후가 어려서 평민처럼 집안일을 많이 하여 신체가 컸는데 특히 발이 몹시 커서 놀림감이 된 모양이다. 오죽하면 그의 별명이 (우리식으로 표현한다면) "왕족발(马大脚)"이었으랴.

통한 몰락 유도였다.95)

한편, 홍무(洪武) 16년 명나라 군대가 윈난을 평정한 후, 이곳을 명의 영향권 하에 두고자 군대를 주둔시키고 이민을 장려하였을 뿐만 아니라, 윈난은 명나라 초기 죄수를 풀어놓는 중요지역이 되었다.

주원장의 의도적인 강소 절강성 주민들의 강제 이주 방침에 따라 윈난에는 점점 사람들이 불어났다. 윈난의 쿤밍, 따리, 리지앙 등지에는 강제 이주에 대한 이야기가 퍼져나갔다. 즉, 어느 해 원소절에 주원장과 마(马)황후가 난징에서 등불축제를 즐기다가 눈에 띄는 커다란 등을 발견했다. 그것은 유수만(柳树湾)에서 어떤 이가 만든 것이었는데, 발이 큰 여인이 말위에 올라타 위풍당당한 풍모를 풍기는 모양의 등이었다.

말하기 좋아하는 이가 있어 이를 두고 말하기를, 이는 마황후의 발이 큰 것을 풍자한 것이라 했다. 이를 듣고 주원장은 화가 나서 유수만 사람 전부를 윈난의 비앤추이(边陲)로 유배시켰다. 지금도 리지앙 등지에는 심씨 성을 가진 많은 이들이 자신들의 선조를 응천부 유수만에서 군대를 보충시킨다는 명분으로 윈난으로 오게 된 이들이라고 여긴다.

션완싼이 이들 무리에 섞여 윈난에 보충병으로 온 것은 아니지만, 명 초기 강남 거부들에 대한 명태조 주원장의 반감이 워낙 커서 그들의 상당수가 윈난으로 쫓겨 온 것은 사실이다. 한편 션완싼이 유배 아닌 유배를 떠난 후, 적잖은 친구들도 같은 신세가 되어 강남에서 윈난 따리로 그를 찾아왔다. 그들은 강남의 비단과 도자기 및 수공예품이 쿤밍에 운반되어서는 차마고도를 통해 서북지역, 심지어는 시짱 지역으로 팔려가는 것을 발견했다. 그들에게 이것은 부를 좇는 새로운 길로 보였다. 고도가 높고 산세가 험한 지역이긴 했으나 개발의 여지가 충분했던 것이다.

션완싼은 윈난 비앤추이(边陲)에서 말년을 보냈다. 그가 죽자 주변 사람들이 그의

---

95) 명 초기, 통치 그룹에서는 부호의 전답을 몰수하거나 세금을 대폭 올려 강남의 경제권을 장악하였다. 통계에 따르면 홍무 원년, 쑤저우의 7개 현에서 1만 6,638무의 밭을 몰수하였고, 절강 등지에서 양곡 732만여 석을 징수하였는데 이는 전국 토지세의 1/4에 해당하는 수치였다.

리지앙에 뿌리 내린 강남 거부 션완싼(沈万三)의 후예들 **차마고도**

시신을 고향인 저우주왕으로 옮겨 수장묘로 꾸몄다. 요즘 이 곳은 저우주왕 여행객들의 발길이 닿는 물가가 되었다.

사진 88 _ 저우주왕에 있는 션완싼의 수장묘
상하이 인근 강남 수향의 대표적 관광지가 된 저우주왕(周庄)에 가면 심씨 집안 저택이 보존되어 있을 뿐만 아니라 션완싼의 수장묘도 볼 수 있다.

175

中国 云南省 人文紀行
소수민족 문화의 영속성

누지앙(怒江) 일대에선 강을 건널 때 배보다 빠른 리우쑤오어(溜索)를 이용한다

하늘을 나는 데는 날개 달린 비행기가 최고요, 땅으로는 바퀴 달린 차가 최고겠다. 그렇다면 물을 건너는 데는 배가 가장 빠르지 않겠는가?

그런데 누지앙(怒江) 지역에서 협곡을 건너는 데는 리우쑤오어(溜索)가 가장 빠르다. 그래서 흔히 하는 말로 "윈난성 지역의 18가지 기괴한 현상(云南十八怪)"96) 중의 하나로 "배보다 빠른 리우쑤오어(溜索比船快)"가 손꼽힌다.

원래 글자 류(溜)는 "방울져 떨어지다"는 의미이고, 삭(索)은 "동아줄"이라는 뜻이다. 그렇다면 리우쑤오어는 "동아줄을 타고 방울져 떨어지듯이" 지나치는 장면을 연상할 수 있겠다.

윈난의 서부지역은 산봉우리가 너무나 많고 그 밑으로 흐르는 물줄기 또한 많다. 이런 지역 특성상 리우쑤오어는 자연스레 훌륭한 교통수단으로 등장했다. 이를 통해 행인은 한 가닥 동아줄에 몸을 맡긴 채 이쪽에서 저쪽으로 쏜살같이 건너갈 수 있게

---

96) 대나무로 만든 모자를 머리에만 쓰는 것이 아니라 급할 때는 솥뚜껑으로도 쓴다. 대나무가 많다는 얘기 ; 모기 세 마리면 요리 한 접시. 이 지방은 더운 탓에 일년내내 모기가 많고 또 상당히 크다는 얘기 ; 기차가 자동차보다 느리다. 이 지역은 고산협곡이 많아 굽은 길이 많아 기차가 빨리 달릴 수가 없다는 얘기 ; 동굴 내부가 선경에 버금간다. 이 지역은 용암지대라 동굴이 많은데 특히 지하에 흐르는 물도 많아 장관을 이룬다는 얘기 ; 하루 동안에 사계절용 옷차림이 가능하다. 이 지역은 여름에 덥지 않고 겨울에 춥지 않은 대신에 일교차가 커서 길거리에 나가 보면 다양한 옷차림을 볼 수 있다는 얘기 ; 개미 매미도 요리가 된다. 곤충도 기름에 튀겨 술안주감으로 먹는다는 얘기 ; 스님도 연애할 수 있다. 주변 소승불교 국가의 영향을 받아 대처승이 있다는 얘기 ; 여인네들이 산을 오르는 것이 원숭이보다도 빠르다. 지역 특성상 여자들이 산을 자주 오르다 보니 산타는 것에 능하다는 얘기 ; 아이를 남편이 업고 다닌다. 이 지역 여인들이 바깥 경제 활동을 많이 하므로 상대적으로 한가한 남자들이 집안 살림을 맡는 경우가 많다는 얘기 등등.

누지앙(怒江) 일대에선 강을 건널 때 배보다 빠른 리우쑤오어(溜索)를 이용한다 **차마고도**

사진 89 __ 리우쑤오어(溜索)를 타고 성난 누지앙(怒江)을 건너는 어린이
오늘도 이 아이는 이렇게 겁나는 등굣길을 가고 있다. 이 지역에서 산길을 가다보면 한참을 걸어도 직선거리로는 얼마 되지 않는 지척임을 실감하게 된다. 그만큼 산허리를 돌아가는 거리가 멀다는 얘기겠다. 그렇다고 배를 띄우기에는 강물이 너무 급류다. 그러니 비록 위험하긴 하나 직선 코스로 동아줄에 매달려 강을 건너는 게 최고다.

되었다. 리우쑤오어는 중력이 작용하므로 미끄러져 내려갈수록 속도가 빨라진다. 최고속도에 도달했을 때 사람들은 리우쑤오어의 최저점에 있게 되는데 이때부터는 관성의 힘으로 나머지 거리를 올라가게 된다.

　처음으로 리우쑤오어를 만들었을 때는 푸른 대나무 껍질이나 등나무줄기를 꼬아 줄로 썼다. 줄은 계곡이나 강의 양쪽에 서 있는 큰 나무에 걸거나, 아니면 줄을 걸기 위한 기둥을 따로 세워 걸었는데, 수면에 평행하게 거는 방식(平索)과 양쪽의 위치를 다르게 해 한쪽으로 가팔라지는 방식(陡索)이 있다. 평행선 방식인 경우에는 줄의 중간쯤 도달했을 때 뒤에서 밀어주는 힘이 없어지기 때문에 이때부터는 발판에 서서 양손으로 줄을 끌어 당겨 앞으로 나아가야 한다. 낙차가 있는 두삭의 경우에는 나무로 만든 요(凹)형태의 판을 줄에 걸고 양손으로 감싸 강을 건넌다.

지금은 누지앙 지구의 모든 리우쑤오어가 줄은 강철선으로, 미끄럼판은 강철 도르래로 바뀌었다. 한 가닥의 길이가 300여 미터나 되는 강철선의 경우에도 이쪽에서 저쪽으로 미끄러져 내려가는 시간이 18초 밖에 걸리지 않는단다. 평균 시속 60km인 셈이다. 이러니 일반 배의 경우 아무리 빨라도 시속 30km 정도이니 리우쑤오어를 이용해 강을 건너는 것이 훨씬 빠르다는 말이 사실이 된다.

그러나 강철 리우쑤오어의 운명도 머잖아 끝날 것 같다. 경제발전으로 교량 건설 자금이 여유 있게 되고, 선박 건조 기술이 좋아져 급류를 안전하게 건널 수 있는 소형 배들이 등장함으로써 누지앙 지역 주민들의 편리한 교통수단이었던 리우쑤오어는 이제 박물관에 들어갈 운명이 되었다. 외지인들이나 여행객이 급류에 떠내려가지 않을까 하는 두려움을 떨치고 리우쑤오어를 타본다면, 아마도 번지점프에 버금갈 스릴을 느낄 수 있을 것 같다. 마침 쿤밍의 민족촌에 가면 호수를 가로지르는 "체험 리우쑤오어"가 있어 돈 내고 왕복해 볼 수 있다.

리지앙(丽江) 최고의 별미는
뭐니 뭐니 해도 쌀국수(过桥米线)

야경이 아름다운 도시로 소문난 도시 리지앙은 당연히 야식도 풍부해야 했다. 그런데 뻬이징의 똥즈먼(东直门)거리처럼 누구에게나 알려진 심야 먹자골목이 없었다. 물론 리지앙 꾸청(古城) 골목 전체가 불야성을 이룬 가운데 간간이 식당이 눈에 띄긴 하지만, 아니 심지어 라이브 쇼를 하는 술집들도 시끄럽게 영업을 하고 있기는 하지만, 밤늦게까지 노느라 혹은 일하느라 배가 출출해진 사람들에게 싼값에 별미를 제공하는 집들이 즐비하게 늘어선 골목은 없었다. 리지앙 꾸청의 밤거리를 구경하느라 이 골목 저 골목을 한참 헤매다 보니 따끈한 우동이나 라면이 그리운 날이 있었다. 그러다 우연히 발견한 식당 메뉴판에 쓰인 글자가 "구오어치아오 미시앤(过桥米线)"이었다. 어찌나 반갑던지...

미시앤(米线)은 쌀국수의 중국식 표현이다. 직역하자면 "쌀로 된 줄"이니 면발을 쌀로 만들었다는 의미겠다. 쌀국수는 이미 베트남에서도 먹어 보았고, 중국의 남부 광서장족자치구에서도 먹어보았다. 원래 담백한 식사를 즐기는 베트남 사람들은 육수마저도 담백하고 면발이 쫄깃쫄깃한 쌀국수를 내놓는 반면에, 광서장족자치구 사람들은 소고기 건더기와 시앙차이(香菜)가 듬뿍 들어간 고소한 쌀국수를 만든다. 그렇다면 이곳은 어떨까 궁금했다.

그런데 쌀국수 한 그릇을 주문하는 데도 지식이 필요했다. 왜냐하면 쌀국수가 한 종류가 아니라 두 가지가 더 있었는데 그것이 각기 이름을 달리하여 "씨우차이(秀才) 미시앤"과 "주왕위앤(壮元) 미시앤"이라고 써 있었다. 잠깐 추리해 보았다. 중국사에서 과거제도가 인재발굴의 역할을 했던 것은 사실이다. 그 과거시험의 지역 규모별 합격자의 이름이 달랐다. 수재(秀才), 거인(举人), 진사(进士) 등의 호칭이 있었고 그 중에 최고는 황제 앞에서의 전시(殿试)를 통해 가려진 인재들, 즉 진사로서 그들은 이

活化石 中国 云南省 人文纪行
소수민족 문화의 영속성

사진 90 __ 윈난 쌀국수

사진은 <퉁 쌀국수 맛 자랑대회>가 열린 민족촌 경연장에서 한 요리사가 만든 것인데 먹어보니 약간 매콤했다. <食客>을 연상시키는데 전문가들이 꼭 한 올씩만 건져 맛을 보던데, 100여 명이 출전했으니 그래도 배는 불렀겠다.

제 고급관리가 될 수 있는 라이센스를 받은 셈이었다. 그 진사 가운데 최고 성적을 낸 이가 장원 아니던가? 그렇다면 이 세 가지 메뉴 중에 제일 맛있는 것은 "주왕위앤 미시앤"이리라. 물론 값도 제일 비싸리라. 그 다음은 고향 동리 수준의 시험 합격자인 "씨우차이 미시앤"일 테고, 그렇다면 "구오어치아오(过桥)" 즉, 다리를 건넜다는 것은 뭘 의미할까? 과거시험 합격자 호칭 중에 이런 것은 없다. 가격은 이것이 가장 저렴했다. 가격이 싸면 내용물이 부실하리라는 선입견은 있지만, 그래도 이 중에 쌀국수를 대표하는 것은 식당 간판 바로 옆에 붙여 놓은 "구오어치아오"일 것이므로 이것을 주문했다.

잠시 후 종업원이 내 앞에 내려놓는 쌀국수를 보고 조금 의아했다. 면 대접에 담겨 온 쌀국수가 아니라, 쟁반에 작은 접시 몇 개가 딸려 나왔고, 거기에 면이며 야채며 고기 등이 따로 담겨 있었던 것이다. 이건 마치 베이징에서 먹던 전통 자장면처럼 손님이 직접 하나하나 육수에 넣어 먹어야 했던 것이다. 예전에 맛본 쌀국수들과 달라도 한참 달랐다. 아무래도 샤브샤브 먹는 방법에 따라야 할 것 같았다.

내 나름대로 순서를 정해 뜨거운 육수 대접에 고기와 채소, 면을 넣었다. 한 가지 남는 것이 작은 찻주전자에 담긴 오골계 같은 것이었다. 아마 이걸 애피타이저 식으로 먼저 먹나보다 싶어 이것부터 젓가락을 댔다. 그랬더니 저만치 서 있던 종업원이 못 참겠던지 내게 다가와서 식사 순서를 가르쳐주었다. 이 닭기름탕도 다른 것과 함께 육수 그릇에 넣어 먹는 것이었다.

나온 음식재료가 워낙 얇게 썰어진 데다가 육수가 뜨거워 면기에 각종 접시의 것들을 쏟아 붓자마자 금세 익었다.[97] 한마디로 별미였다. 주방에서 내오는 시간 차이에 따라 면발의 맛이 달라지긴 하겠으나, 양념을 손님 식성대로 섞어서 넣어 먹듯이 음식재료를 자신이 골라 먹는 것도 나름 재미있었다. 진하고 뜨끈한 설렁탕 국물이 연상되는 육수에 한두 번 휘저어 먹는 야채와 면발 그리고 닭고기는 괜찮은 식사였다.

식사를 끝내고 차 한 잔 하면서 종업원에게 궁금했던 것을 물어 보았다. 즉, "구오어치아오"가 무슨 뜻이냐고, 또 세 가지 쌀국수의 차이점이 뭐냐고. 그랬더니 이름에 따라 쌀국수 내용물이 다르다[98]는 대답은 쉽게 들려주었는데 "구오어치아오"의 의미는 그녀도 몰랐다. 해서 나중에 자료를 뒤져 보았더니 이런 전설이 있었다.

옛날에 과거시험 준비를 열심히 하는 "씨우차이(秀才)"가 있었는데, 그는 항상 호수 한 복판에 있는 작은 섬의 정자에서 글을 읽곤 했다. 그의 처는 식사 시간에 맞춰 음식을 갖다 주곤 했는데, 독서삼매경에 빠진 남편이 종종 식사를 거르거나 차가워진 음식을 먹곤 했다. 날로 야위어 가는 남편을 보면서 조바심이 난 처는 집에서 기르던 닭을 잡아 남편에게 보양식으로 갖다 주기로 했다.

---

97) 이 음식은 크게 보아 육수와 편육 및 쌀로 만든 국수 가락으로 이루어진다. 여기에 조미료가 다양하게 들어간다. 육수는 기름기가 많은 닭살과 돼지 뼈를 푹 고아 만드는데 국물이 맑고 빛나야 좋은 것이다. 고기편의 종류는 다양한데, 예를 들면 돼지고기 등심부위, 닭 가슴살, 양 허리살, 간, 생선 등을 아주 얇게 썰어 작은 접시에 담아 내놓는다. 국수는 반드시 가늘고 희며, 쫄깃쫄깃해야 한다. 이와 아울러 부추, 완두콩, 부드러운 시금치 등을 준비한다. 먹을 때는 육수를 가득 채워 내놓은 대접에 먼저 잘 익힌 닭기름과 후춧가루 및 조미료를 붓는다. 뜨거운 육수를 두터운 기름이 덮고 있기 때문에 육수의 그 열기가 밖으로 드러나지는 않는다. 다음에는 비둘기알과 편육을 대접에 넣어주는데, 금방 편육이 희게 변하면서 익는다. 끝으로 야채와 국수, 고추씨기름, 참기름 등을 넣어 먹는다.

98) 원난 쌀국수의 면발은 두 종류다. 하나는 쌀을 발효시킨 후 이를 갈아 가루로 만들어 가공한 것으로 "쑤완지앙 미시앤(酸浆米线)"이다. 이것은 전통적 방식을 따른 것으로 만드는 시간이 길긴 하나 씹을 때 끈적임이 있으면서 달며 쌀의 향기가 살아 있다. 다른 하나는 쌀을 발효시키지 않고 가루로 만든 후 직접 틀에 넣고 압력을 가해 면발을 만든 것으로 "깐지앙 미시앤(干浆米线)"이라고 한다. 이것은 휴대나 저장이 간편하며 찌거나 삶으면 곧 부풀어 오른다. 씹을 때 상대적으로 씹는 느낌이 나고 면발이 길긴 하지만 쌀의 독특한 향기가 없어지는 게 흠이다.

부인은 암탉을 잡아 질그릇 솥에 넣고 고아 익힌 후 쏜살같이 남편에게 가져갔다. 그러고는 남편에게 어서 식사하라고 재촉했다. 남편이 한 숟갈 뜨는 것을 보고 부인은 안심하며 집으로 돌아갔다. 그러나 남편은 국물을 두어 숟갈 뜨고 나서는 이내 책 읽기에 몰두하였다. 한참 후에 빈 그릇을 가지러 온 부인은 어처구니가 없었다. 남편이 음식을 고스란히 남겨둔 상태였기 때문이다.

할 수없이 솥 째 들고 가 다시 데워오려던 부인은 뭔가 이상한 걸 느꼈다. 응당 차가우리라 생각했던 탕이 어쩐지 아직도 뜨겁다고 느껴졌던 것이다. 아니나 다를까 국물을 휘저어보니 열기가 훅 불어왔다. 이유를 곰곰이 따져보니 국물 위로 두텁게 끼어있던 닭기름이 보온 역할을 했고, 게다가 질그릇 자체가 열 발산이 더뎌 음식이 완전히 식지 않았던 것이다. 부인은 이 탕에 다시 고기 조각과 야채 및 쌀을 넣어 새로 끓여 남편에게 갖다 주었는데 그 맛이 아까보다 더 좋아졌다.

그 후로 부인은 이런 식으로 보양식을 만들었는데, 동네 아낙들이 이를 보고 따라 하기 시작했다. 한편, 그 "씨우차이"가 책을 읽던 호수 복판의 정자(湖心亭)까지 작은 다리가 놓여 있었는데, 여기에서 비롯되어 음식 이름이 "다리를 건넌 쌀국수(过桥米线)" 즉, "구오어치아오 미시앤"이 되었다고 한다.

빨려 들어갈 듯한 후티아오시아(虎跳峽) 진샤지앙(金沙江) 물줄기

후티아오시아는 리지앙 나시족 자치현 스구(石鼓) 동북쪽, 위롱(玉龙)설산과 하바(哈巴)설산의 사이에 있다. 트레킹을 하다보면 북쪽으로는 하바설산이 남쪽으로는 위롱설산이 줄곧 함께 한다. 진샤지앙(金沙江) 물줄기가 이곳에서 급하게 북쪽으로 꺾이며, 양안은 거의 직벽에 가까운 고산으로 뻗어 올라간다. 산마루는 강 수면에서 3,000m 이상 높이이고, 강폭은 넓게는 80여m, 좁게는 20여m쯤 된다. 강심에 커다란 바위가 곧추 서있어 "후티아오 석(石)"이라는 이름을 얻었고 이로 인해 협곡 이름이 후티아오시아가 되었단다. 이 협곡은 입구격인 치아오터우전(桥头镇)에서 출구인 후오어바전(火坝镇)까지 길이가 16km에 달하고 낙차가 200여m를 이루는데, 세 구간으로 나누어 각기 上후티아오, 中후티아오, 下후티아오 라고 부른다.

상후티아오는 대략 9km쯤이며 전체 협곡 가운데 너비가 가장 좁은 구간이다. 협곡의 강심에 10m쯤 되는 거석이 하나 서

사진 91 _ 中후티아오시아(虎跳峽)의 격랑 진샤지앙(金沙江)

저 아래 너러바회 위에 점점이 찍혀 있는 것이 사람일진대, 이로써 물줄기가 얼마나 장대한지를 짐작하기는 어렵지 않을 것이다. 이 사진을 보니 쿵쾅거리며 급물살을 이룬 계곡물에 지금도 뛰어들 것 같은 착각이 든다.

있는데 이것이 바로 후티아오석(石)이다. 물줄기와 후티아오석이 서로 부딪혀 내는 굉음이 골짜기를 꽉 채워 듣는 이를 주눅 들게 한다.

상후티아오에서 북쪽으로 5km 올라가면 중후티아오의 주요 경관인 "만티앤싱탄(满天星滩)"이 나온다. 이름대로라면 하늘의 별로 온통 채워졌다는 건데, 그렇다면 밤에 이곳에서 하늘을 올려다보면 온통 별들로 반짝이리라는 얘긴가 싶었다. 그런데 알고 보니 이 부근에 이른 물줄기의 낙차가 100여m 가량 되어 강바닥에 뾰족뾰족한 암초가 즐비하게 됐다는 거다. 그 암초 끝들을 별로 보아 "별들로 꽉 찬" 물가라 이름 지었단다. 이 보다 더욱 끌리는 점은 강물이 이곳에 이르러 춤을 추듯 튀어 오르지를 않나, 휘돌아 나가는 듯하다가 뒤집어지는 등 기이한 볼거리를 제공한다는 거다.

중후티아오에서 물줄기는 곧게 3km를 내려가 시아후티아오의 "페이싱탄(飞行滩)"을 연출한다. 계곡 가장자리에 크게 자리 잡고 있는 자연석 관망대에 올라보면, 양안에서 불거져 나온 바위몸체가 천연의 돌문을 만들고 있는 것이 보인다. 강물이 문 앞에서 갈 길을 앞서기 위해 몸을 이리저리 비틀고 튕겨대 겹겹이 파도를 만들어 내는 것이 장관이다.

나는 이곳에서 지축을 흔드는 듯 소용돌이치는 누런 강물이 그다지 낙차가 느껴지지 않는 상류에서 흘

사진 92 __ 후티아오시아(虎跳峡) 전망대
불규칙하게 들이치는 물머리가 때로는 관광객의 옷자락을 적신다.

러오고 있어 몹시도 의아했다. 아마도 강폭이 좁아지면서 약간의 낙차가 있고 그 덕분에 오랜 세월 근처 바닥이 깎인 탓에 이 구간만큼은 황하의 호구(壺口)폭포 못지않게 일대 장관을 연출하는 것이리라. 마치 산사태가 나듯이 흙무더기가 날아와 내 앞에서 무너지는 듯한 착각이 들었다. 소용돌이 물살이 용솟음치듯 튀어 오르기도 하고 뒤집히기도 하면서 나의 정신을 쏙 빼놓는 듯하다. 아마도 이 자리에 반시간만 앉아 있다가는 나도 모르게 소용돌이 물속으로 뛰어들 것 같았다. 이런 생각이 미치자 얼른 뒤로 물러섰다.

문득 현대중국의 작가 야오산비(尧山壁)가 황하의 호구폭포(壺口瀑布)에 취해 이백의 싯구를 떠올렸다는 게 이해가 되었다. 이백은 황하의 물줄기가 하늘에서 내려와 강물을 이뤄 분주히 바다에 이르러서는 다시 돌아오지 않음을 아느냐고 물었다(君不见黄河之水天上来, 奔流到海不复回?)[99]. 황하만큼이나 탁하고 거칠고 빠른 이 금사강 물줄기도 황하로 합쳐져 바다로 나가서는 결코 돌아오지 않으리라. 그러니 중국근대사에서 항일전쟁이나 국공내전 시기에 애국을 생각하는 군인들이 이 강물을 마주하면서 의지를 불태우면서 맹세했으리라.

---

99) 李 白, <将进酒>

천변만화의 풍광에 취해버린
후티아오시아(虎跳峽) 트레킹

걸어도 걸어도 물리지 않는 길이 후티아오시아 트레킹 코스였다. 이런 느낌은 비단 나만이 아니리라. 산을 좋아하는 이라면, 또 어쩌다 산에 올랐다 하더라도 시시각각 기기묘묘한 풍광과 분위기를 만끽한다면 누구라도 같은 생각으로 산을 떠나고 싶지 않으리라.

<游錘南>이란 작품에서 왕안석(王安石)이 바로 나와 같은 감상을 노래했었다.

終日看山不厭山(종일간산불염산) 온종일 산을 바라봐도 산이 물리질 않네.
买山終待老山间(매산종대노산간) 산을 사서 끝날 까지 산 속에서 늙어 가리라.
山花落尽山长在(산화낙진산장재) 산에 핀 꽃 다 져도 산은 오래도록 그대로요,
山水空流山自闲(산수공유산자한) 산골짝에 물 흐르고 바람 스쳐가도 산은 한가롭기만 하네.

왕안석이 바라본 산이 얼마나 좋았으면 그는 산을 사고 싶다는 생각을 했을까? 이는 아마 실용주의적 개혁가였던 그의 품성에서 비롯된 사고일 수도 있겠다. 그는 아마 하루 이틀 산을 바라본 것은 아닐 게다. 꽃이 피고 지고 바람이 불다 스러지는 걸 무수히 목도하고 나서 산에서 늙어가고 싶다는 생각을 했을 게다. 이렇게 사회를 뜯어 고치느라 여념이 없는 왕안석도 산에 빠져드는 바에야 노박이로 산을 찾는 일반 소시민으로서야 어찌 산을 멀리 할 수 있으리요.

천변만화의 풍광에 취해버린 후티아오시아(虎跳峽) 트레킹 | 차마고도

사진 93 _ 후티아오시아 야생화
후티아오시아 트레킹 중에 느끼는 또 하나의 즐거움은 고산지대답게 아주 작은 야생화들이 종류도 다양하게 풀 섶에서 얼굴을 내밀고 있다는 것이다.

活化石 　中国 云南省 人文纪行
소수민족 문화의 영속성

후티아오시아(虎跳峽)에 서려있는
설산(雪山)의 슬픈 전설

하늘의 뜻을 풀이하고 있는 자연의 생김새가 특이하거나 장엄한 경우에 으레 전설이 있듯이, 후티아오시아의 형성과 관련해서도 민간에 전해오는 이야기가 있다. 아주 오래전에 진샤지앙(金沙江)과 누지앙(怒江), 란창지앙(瀾滄江) 및 위롱설산과 하바설산은 형제자매 지간이었다. 그런데 세 자매 즉, 진샤지앙, 누지앙, 란창지앙은 처녀로 성장하자 각자 마음에 드는 배우자감을 스스로 찾자는 데 의기투합하여 가족 몰래 길을 나섰다.

이 일에 부모가 크게 진노했다. 부모는 아들인 위롱과 하바를 시켜 세 딸을 찾아오게 했다. 명을 받은 형 위롱은 13자루의 검을 허리에 차고, 동생 하바는 12개의 활을 메고 부랴부랴 세 여동생의 뒤를 좇았다. 지름길로 내달은 두 형제는 세 자매보다 먼저 리지앙(麗江)에 도착했다. 그들은 부모에게서 받은 임무를 완수하고자 만일 누군가가 일을 그르치게 하면 그의 목을 베기로 언약하고는, 교대로 번을 서며 세 여동생이 나타나기를 기다렸다.

동생인 하바가 망을 보고 형인 위롱이 잠을 자고 있을 때, 진샤 꾸냥이 나타나서는 두 오빠가 자신들을 잡으러 왔다는 것을 알게 되었다. 오빠 몰래 지나가려 빈틈을 노렸으나 기회가 좀처럼 오지 않게 되자, 총명한 진샤 꾸냥은 한 가지 묘안을 생각해 냈다. 원래 하바가 잠을 좋아하므로 아름다운 노래를 불러 자장가로 삼아 하바를 잠재우기로 한 것이다. 뭇사람을 감탄케 하는 아름다운 목소리로 노래를 18곡이나 불러 대자 하바는 점점 잠에 빠져들기 시작했다. 진샤 꾸냥은 이 틈을 타 두 오빠의 다리 사이로 재빨리 빠져 나갔다. 그녀는 득의만면하여 웃음소리를 남기며 저 멀리 사라졌는데, 위롱이 잠결에 웃음소리를 듣고는 깨어나 정황을 파악하게 되었다.

그는 한편으로는 분노를 느끼면서 다른 한편으로는 비통에 젖어들었다. 하바가 잠을 좋아해 여동생 진샤를 놓쳤으니 비록 친동생이라 할지라도 약조를 깰 수는 없는 노릇이었다. 그래서 위롱은 검을 뽑아 하바의 머리를 내리쳤다. 그러고 나서 위롱은 괴로움에 큰소리로 통곡하였는데 그 때 흘린 눈물 줄기가 백색과 흑색의 물줄기를 이뤘다. 하바의 머리는 강물로 떨어져 후티아오스(虎挑石)가 되었고, 그의 12개 활은 후티아오시아 서안(西岸)의 24굽이가 되었다고 한다.

사진 94 _ 윈난과 시짱의 경계가 되는 란창지앙(瀾沧江)
중국인들은 흔히들 자신들의 원류를 황하(黃河)로 보고, 이를 모친하(母亲河)라고 부른다. 그런데 란창지앙을 건너다 보니 이 곳에도 "어머니강인 란창지앙을 보호하자"는 비석이 세워져 있다. 이 강은 중국 서부에서 동남아로 출항하는 가장 짧은 코스로, 라오스, 버마, 태국 등을 경유한다(2001년 6월 26일 개통).

뚜크어종(独克宗)의 명품(信得过) 칼 브랜드, 카주오어다오(卡卓刀)

뚜크어종 고성100)에는 찐롱, 창팡, 뻬이먼의 세 갈래 주요 도로가 있다. 이 세 도로가 합쳐지는 곳에 중심광장인 "쓰팡지에(四方街)"가 있다. 가로, 세로 2,30m쯤 돼 보이는 크기였는데 광장의 절반을 노점상들이 차지하고 있었다. 그 주변은 모두 기념품점이거나 객잔이 문을 열고 있었다.

이 코스를 5박6일 동안 함께 하게 된 중국인 셋 중에 모녀가 있다. 딸아이가 이번에 고등학교 진학을 하게 되면서 머리를 식힐 겸 난징(南京)에서 왔다는데 유난히 칼을 기념품으로 사고 싶어 했다. 알고 보니 뚜크어종 지역에서 판매하는 짱주 칼이 품질이 좋단다. 우리가 거리구경 삼아 거닐다가 함께 들른 상점은 "카주오어다오(卡卓刀)"라는 브랜드 전문점이었는데, 내 눈으로 보고도 믿기지 않을 정도로 칼날이 강하면서도 예리했다.

내가 사는 것은 아니지만 점원이 하도 칼 자랑을 하기에 칼날을 시험해 볼 수 있겠냐고 물어보았다. 그랬더니 점원은 싱긋 웃으면서 대못을 내주는 것

사진 95 _ 짱주 노점상 할머니
광장의 한쪽에서 짱주 세공품을 파는 노점상들이 파라솔을 치고 손님을 맞이한다.

---

100) 중원에 당나라가 섰을 때, 서부지역에 위세를 떨치던 토번(吐蕃)이 이 부근에 신천도독부를 두면서 요새를 하나 세웠는데 그것이 바로 "뚜크어종"이었다. 뚜크어종은 짱주 말로써 그 뜻은 "달빛의 성(月光城)"이다.

活化石
中国 云南省 人文紀行
소수민족 문화의 영속성

이었다. 아무 칼로나 단단히 잡고 길이가 10㎝ 쯤 되고, 직경은 5㎜쯤 되는 대못을 힘껏 내려쳐보라는 것이었다. 내가 잠시 망설이자 점원이 직접 시범을 보였다. 나무판 위에 올려놓은 대못이 두 동강이가 나도록 내리친 것이었지만 군용 대검 크기의 칼날은 말짱했다.

그래도 내가 완전히 믿지 못하는 눈치였던지 자꾸 내게 시험해 보란다. 내가 마냥 미적거릴 수만은 없어 칼을 한 손에 쥐고 이번에는 시험용 철봉대에 칼날을 대면서 내리칠 조준을 해보았다. 그러면서 칼날 앞쪽으로 내리쳐도 되겠냐고 물어보았다. 물론 O.K! 였다. 잠시 후 쨍하는 굉음이 났는데 철봉에 홈이 파였으나 칼날은 조금도 이가 빠지지 않았다. 그렇다고 이 칼날이 과도만큼 얇게 갈아 날을 세운 것은 아니나, 손은 베일 정도다. 나는 감탄했다. 이 칼이 이렇게 강하다는 얘기는 일반 강철이 아니고 합금강을 만든 것일 테고 담금질 수준도 꽤 높을 텐데 가격은 저렴했기 때문이다.

두 모녀는 시험을 거친 칼의 성능을 믿고 두 자루를 샀다. 나는 여자 아이가 칼을 사는 것을 보고 의아하게 생각했는데, 오히려 아이가 칼을 기념품으로 사자고 했단다. 아이 엄마 얘기로는 아버지가 군인이다 보니 딸도 남자기가 있는 모양이란다. 이런 칼은 짱주 혹은 나시주 등 일부 소수민족에게는 생활용품으로 정부가 인정하여 휴대를 허용한다. 그러나 지금은 빼이징올림픽 준비 막바지에 달한 때라, 개인이 칼을 휴대하기는커녕 소포로 부칠 수도 없단다. 그래서 이 상점에 부탁해야만 탁송이 가능했다. 이 가게에는 이런 종류의 소수민족 전통 칼 말고도 가정용 식칼이 다양하게 구비되어 있었다.

사진 96 _ 뚜크어종 쓰팡지에 벽화
이 곳은 차마고도의 주요 경유지이기도 했는데, 청나라 강희제 때는 이곳에 시장을 개설하도록 윤허를 내려 뚜크어종이 주요한 교역장소가 되었다고 한다.

뚜크어종(独克宗)의 명품(信得过) 칼 브랜드, 카주오어다오(卡卓刀) **뚜크어종**

지구상의 지붕 혹은 등줄기에 산다고 일컬어지는 짱주 사람들이 마주친 도전은 엄혹한 기후뿐만이 아니라 함께 살도록 운명 지어진 짐승들과의 사투도 있다. 이러기에 그들은 허리춤에 패도를 차고 사는 것이 오랜 세월 전통이 되어 왔다. 그러나 요즘은 이런 실용적 목적에서 벗어나 관상용으로 한 몫하고 있기도 하다.

짱주 사람들이 애용하는 "짱다오(藏刀)"는 길이가 길고 짧음에 따라 대략 세 가지로 나뉜다. 장도는 약 1m정도 되고, 단도는 길면 35㎝ 내지 40㎝ 쯤이며, 짧은 것은 10㎝를 조금 웃돈다. 도회지에 살면서도 젊은 이들 중에는 허리에 패도를 몇 개씩 치렁치렁 걸치고 다니는 경우가 있다. 이럴 경우는 짱주 특유의 무사풍을 뽐내고 싶어 하는 것이리라.

짱다오를 만드는 데는 여간 공력이 소비되는 게 아니다. 칼 몸체의 재질도 중요하지만 각종 장식을 위해 보석을 상감해야 하거나 혹은 동물 가죽으로 휘감기도 해야 하고 때로는 은 세공품을 부착하기도 한다. 좋은 칼은 칼날이 잘 들어야 함은 물론이려니와 칼집에 넣을 때 부드럽게 들어가면서도 평소에 힘주어 잡아 빼기 전에는 칼집에서 잘 빠지지 않아야 한단다.

이 칼 가게에는 독특한 모습의 개를 그린 그림이 한 벽면을 가득 채우고 있었다. 내용을 읽어보니 이 지역 특유의 개 즉, "짱아오(藏獒)"를 보존하자는 캠페인성 사진이었다. 이 개는 우리나라의 진도견처럼, 짱주 고유의 개인데 순종 혈통 보존이 어려워진 모양이다. 협회를 구성해서 보호에 나섰다.

고원 지대의 열악한 생존 환경을 이겨낸 것은 짱주 뿐만이 아니었다. 이제는 그들의 훌륭한 친구가 된 "짱아오(藏獒)"가 있다. 짱아오는 야성이 강하고 공격본능에 철저한 투사다.

짱아오에 대한 역사적 기록은 서기전 1,100년 경 칭짱고원(青藏高原)에 서식한 것으로 나온다. 이후 아리안

사진 97 _ 짱주 전통견 "짱아오(藏獒)"
이 개는 사진보다 훨씬 크고 무서워 보인다. 옆에 가기가 겁날 정도다. 맹수와도 혈투를 벌여 주인집 가축을 보호한단다.

活化石

中国 云南省 人文纪行
소수민족 문화의 영속성

족이 이곳까지 이주해 오고, 티베트 지역과 보스니아, 그리이스 및 로마 사이에 교류가 일어나면서 유럽으로 전해져 그곳 대형견의 모체가 되었다고 한다.

짱아오의 털 색깔은 주로 흑갈색인데, 흰색, 금색, 회색 등도 섞여 있다. 머리가 크고 얼굴이 사각형에 가까우며 눈빛이 형형해 상대를 겁먹게 한다. 또 주둥이가 짧으면서도 무는 힘이 강하다. 게다가 날카로운 이빨과 짧으면서도 강력한 다리는 공격력을 배가한다. 멀리서 보면 큰 맹수 같아 보이는데 다 큰 짱아오는 청각과 시각이 매우 발달해 있다. 귀가 크지 않으면서도 주변 수 백 m이내의 소리라면 여하한 상황에서도 놓치지 않는다.

짱아오는 대형견에 속해 큰 놈은 체중이 60kg이나 되고 몸길이는 130㎝내지 140㎝나 되며, 서 있을 때 키는 70㎝에서 80㎝에 이른다. 짱아오는 혼자서 표범류와 대적할 수 있고 야생 늑대는 몇 마리도 거뜬히 제압한다. 개로서는 거의 유일하게 맹수에 필적할 만 하다는 평가다. 그리고 고원지대에 살 수 있도록 털이 두껍고 길어 혹한에 견딜 수 있으며, 눈과 얼음 속에서도 잠을 잘 수 있다.

사진 98 _ 뚜크어종 쓰팡지에 옷감 짜는 아가씨
가게와 공방을 함께 하는 뚜크어종 내 시장에는 다양한 종류의 기념품 가게가 줄을 잇고 있다.

그러나 짱아오의 매력은 주인에 대한 충성심과 교감 능력이다. 주인의 의도를 매우 빨리 알아차리며 집안 가축을 지키는 의무감이 뛰어나고 충직하단다. 일단 주인의 가축이 위기에 처하면 짱아오는 자신의 목숨을 걸고 지켜준다. 이런 고로 짱아오는 짱주 사람들에게 있어서는 재산을 지켜주는 고마운 존재이자 친구이다. 그런데 안타깝게도 현지인들의 순종 보존 의식이 희박해 순수 혈통을 간직한 짱아오를 만나는 게 힘들어졌다고 한다.

샹그어리라(香格立拉 Shangri-La)의 실제 위치

샹그어리라(香格立拉)는 윈난(云南)성 서북부 띠칭(迪庆)짱주(藏族)자치주의 고원지대(해발 1,500m~5,550m)에 있는 3개 현 중의 하나다.[101] 띠칭(迪庆)[102]짱주(藏族)자치주는 쓰추완(四川)과 시짱(西藏)과 접경을 이루고 있다. 동부는 쓰추완성의 깐즈(甘孜)장족자치주 및 리지앙(丽江)과 붙어있고, 서쪽은 누지앙(怒江) 리쑤족(傈僳族)자치주와 마주한다. 또 서북부는 시짱 창뚜(昌都)지구와 인접해 있으며, 남부는 리지앙 나시족(纳西族) 자치현과 진샤지앙(金沙江)을 사이에 두고 마주한다. 이러다보니 세계자연유산으로 인정받은 "싼지앙 삥리우(三江并流)"의 핵심지역이 된다.

일찍이 2,300여 년 전에 토번 선주민들이 이 곳에서 생활했다. 당나라 시절 토번은 띠칭(迪庆)과 웨이시(维西)일대에 "신천 도독(神川都督)"을 설치하는 한편, 진샤지앙(金沙江) 위로 철교를 깔았다. 이로써 당과 남조 간의 통로로 삼았다. 이 지역은 오랜 세월이 흘러 신중국이 성립된 후, 1957년 9월에 윈난성 띠칭 짱주(藏族)자치주로 인정받았다.

샹그어리라(香格里拉)—이전 명칭은 중디앤(中甸)[103]—경내에는 해발 6,000m가 넘는 만년설산 봉우리가 13개나 되며, 이로 인해 형성된 얼음 하천(삥추완 氷川)과 얼음호수(삥후 氷湖)가 많다. 고원초지, 원시삼림, 고원호반 등이 있어 기기묘묘한 자연경관을 자랑한다. 게다가 짱주(藏族)문화 위주의 민족 종교 문화가 다채로워 신비감을 더해준다. 차마고도(茶马古道)의 경유지이기도 하다.

---

101) 띠칭 자치주는 현재 샹그어리라(香格里拉), 드어친(德钦), 웨이시(维西)리쑤주(傈僳族)자치현의 3개 현으로 분할되어 있고, 주정부는 샹그어리라(香格里拉)현에 있다.
102) "띠칭"이란 짱주 언어로 "좋은 일이 뜻대로(吉祥如意)" 이루어지는 지방 이란 의미다.
103) 1997년 9월, 윈난 성정부는 전문가의 고증을 거쳐 샹그어리라가 윈난의 띠칭주에 있음을 공식화했고, 2001년에 국무원 비준을 거쳐 중디앤(中甸)현을 샹그어리라현으로 개명했다.

샹그어리라(香格里拉)는 짱주 언어를 음역한 것인데 그 의미는 "마음속의 해와 달"로서, 일종의 이상적 생활이 가능한 지역을 가리킨다. 이 말을 티베트불교 경전에 나오는 "샹바라(香巴拉)"[104]의 중디앤(中甸) 지방 방언이라고 설명하는 학자들도 있다. 그 근거는 "샹(香)"과 "그어(格)"가 중디앤 지역의 옛 장족 발음이기 때문이다. 한편, 영어로는 Shangri-La[105] 라고 해, "사람과 자연이 조화로이 공존하는 별유천지"이다. 이 단어는 1933년에 출판된 영국인 작가 제임스 힐튼이 쓴 장편소설 『잃어버린 지평선』[106]에서 처음으로 쓰인 후 영어 사전에 올랐다.

소설 『잃어버린 지평선』에서 주인공 콘웨이가 항로에서 벗어나 낯선 곳을 비행하다 불시착한 샹그어리라는 그림같이 아름다운 초원이 펼쳐지고, 웅장하고 기이한 카라카알(Karakal)설산이 있고, 꽃향기 그윽한 라마사원이 있으며, 선량하고 예절바르고 소박한 사람들이 생활하고 있다. 콘웨이 일행은 이곳에서 우호적인 대접을 받아

---

104) "샹바라"는 "불국정토(佛国浄土)", "피안(彼岸)의 세계", "이상향"을 뜻한다.
105) 제임스 힐튼(James Hilton)은 요셉 F. 찰스 락(Joseph F. C. Rock)의 글을 통해 이 지역 사람들이 쓰는 말 중에 단어 말미에 "라(La)" 발음을 붙이면, 그것이 친밀과 겸양의 뜻을 갖게 된다는 것을 알았다. 그래서 "Shangri" 뒤에 "La"를 붙였다고 본다.
106) James Hilton, Lost Horizon(Macmillan Publishers Ltd., 1933). 소설의 개요는 이렇다 : 1931년 봄, 영국의 식민지 인도의 라즈(Raj)에서 폭동이 일어나자 37세의 영국영사 콘웨이(Hugh Conway) 등 4인은 이를 피해 경비행기에 몸을 실었다. 그런데 비행기가 정상 항로를 이탈해 쿤룬산맥을 넘어 "카라카알(Karakal)(지금의 메이리 설산)" 부근에 추락한다. 이들을 발견한 현지 티베트 라마교 신자들은 "Blue Moon" 골짜기로 데려간다. 외부세계와 단절된 라마불교사원에 인도된 이들은 이곳에서 꿈같은 생활을 하게 된다. 그러다가 콘웨이는 이곳의 지도자인 대승정으로부터 믿지 못할 얘기를 듣는다. 대승정 자신이 이곳에 도착한 것은 2백 년 전이었고, 그들의 비행기가 이곳에 불시착된 것은 후계자를 만들기 위한 운명이라는 것, 현지인들의 외모가 수십 년씩 젊어 보이지만 이곳을 벗어나면 즉시 원래의 나이가 되어 늙는다는 것, 그리고 대승정의 후계자로 콘웨이를 지명하고 싶다는 것 등이었다. 한편 탈출을 꿈꾸던 부영사 맬린슨(Mallinson)은 콘웨이를 부추겨 탈출을 시도한다. 한참 후, 함께 생활하던 20대 초반의 청나라 여인이 맬린슨을 기다리고 있음을 발견한다. 탈출에 성공한 후, 콘웨이가 충칭(重庆)의 한 병원 병상에서 친구들에게 그 동안의 이야기를 전하고는 기억상실증 상태에 빠진다. 한편 중국의 한 병원에서 맬린슨인 듯한 젊은 남자와 90세가 넘어 보이는 중국여자가 같이 병원에 입원하였다가 노파는 곧 숨을 거두었다는 이야기가 전해졌다. 콘웨이의 기억 속에 남은 곳을 제임스 힐튼이 "Shangri- La"로 명명했다.

샹그어리라(香格立拉 Shangri-La)의 실제 위치 | 뚜크어종

사진 99 _ 위뻥(雨崩) 하촌(下村)
설산(雪山) 아래 그림 같은 민가가 펼쳐진 것이 "Shangri-La"라 해도 손색이 없겠다.

피부색이 다른 종족들의 진정을 알게 되었고, 여러 가지 신기한 것들을 목격하게 되면서 돌아갈 것을 잊고 지냈다.

그렇다면 제임스 힐튼이 그렸던 이상향 "푸른 달(Blue Moon)" 골짜기는 정확히 어디일까? 전문가들이 고증한 바로는 샹그어리라현 시내에서 103㎞ 떨어진 그어잔시앙 웡수이춘(格咱乡 翁水村)"인데 "비랑(碧让)"협곡 이라고도 한다. 골짜기 내에는 급류가 흐르고 원시 삼림지대로 나무가 빽빽이 들어섰고, 운무가 짙게 깔려 몽환적 분위기를 자아낸다. 후티아오시아(虎跳峡)와 비교했을 때 몇 배나 아름답고 신비감을 준다. 골짜기를 뚫고 지나가면 눈앞이 툭 트여 밝아지면서 목장이 나타난다. 온 천지가 숲으로 뒤덮여있고 산마을에 민가가 몇 채 보이며, 둔덕에는 소 떼가 점점이 무리를 짓고 있어 그야말로 별유천지를 연상케 한다.

영원한 처녀봉,
메이리(梅里) 설산의 카와그어보어(卡瓦格博)

윈난에서 가장 높은 산봉우리는 메이리(梅里)107) 설산 중 세칭 "태자13봉"중의 카와그어보어(卡瓦格博)봉으로 해발 6,740m이다. 카와그어보어는 짱주 언어로 "백색의 설산"이란 뜻인데 속칭 "설산의 신"으로 짱주 불교의 성지 중 하나이다.

짱주 전통 불교 즉, 티베트 불교는 자연과 생명을 최고의 위치에 놓는다. 고원지대에서 살고 있는 짱주 사람들은 메이리 설산을 자신의 신앙을 맡기고 심화시키고 신성시하는 상징으로 받아들인다. 메이리 설산으로 향하는 여러 갈래 성지순례의 길이나, 또 메이리 설산의 산자락에는 6자진언(六字眞言)108)을 새긴 마니석(玛尼石)이 무수히 쌓여 만들어진 마니퇴(玛尼堆)109)가 많이 눈에 띈다. 또한 바람에 휘날리는 오색의 룽다와 타르쵸,110) 하얀 색의 하타가 휘날리는 것도 빼놓을 수 없는 풍경이다.

---

107) "메이리"는 짱주 언어인데 "약산(葯山)"이란 뜻이다. 이 산에서 장족들이 전통 약재를 많이 채취하기에 얻은 이름이다. 전체 길이는 150㎞나 되고 폭은 30~40㎞에 이른다. 메이리 설산은 티베트불교 성지로 닝마파(宁玛派)에서 갈라져 나온 지아쥐바(伽居巴)의 보호신이다.

108) "옴마니반메훔"의 여섯 음절인데, 옴(Om)은 곧 'Aum'으로, 태초부터 울려오는 우주의 본원적 소리, 즉 성음(聖音)을 의미한다. 그리고 마니(mani)는 여의주(如意珠)로서, 이것은 어떤 대상이든 상대의 근기에 상응하여 청정한 본원 자성을 드러내어 깨달음을 성취케 한다는 의미를 가진 상징어이다. 그리고 반메(padme)는 연꽃이라는 뜻으로, 연꽃이 진흙탕에서 자라지만 더러움에 물들지 않듯이 깨달으면 비록 중생 가운데 있으나 청정한 본원 자성을 가질 수 있음을 나타낸다. 훔(Hum)은 우주 소리(Om)를 통합하는 기능을 갖는다. 달라이라마의 해설에 따르면, "온 우주(옴)에 충만하여 있는 지혜(마니)와 자비(반메)가 지상의 모든 존재(훔)에게 그대로 실현되리라"는 뜻을 가지고 있다.

109) 길을 지나는 사람들이 쌓아 올린 돌멩이로 이루어진 것인데 신자나 행인들이 마니퇴를 중심으로 시계방향으로 세 바퀴 돈다. 이렇게 함으로써 공덕을 쌓고, 여행이 안전하고 피로가 풀린다고 믿는다.

110) 룽다(Lungda 风马)는 오색 깃발을 가로줄에 매달아 산과 산 사이에 연결해 두는 것인데,

영원한 처녀봉, 메이리(梅里) 설산의 카와그어보어(卡瓦格博) | 뚜크어종

사진 100 __ 메이리(梅里) 설산의 주봉인 카와그어보어(卡瓦格博)봉
해발 6,740m에 달하는 카와그어보어는 누구도 발을 들여 놓지 못한 성산이다.

"성산(圣山)을 도는 것"(转经)은 숭고한 치성을 드리는 행위인데, 설산을 중심에 두고 한 바퀴 돌거나, 무릎 꿇어 예를 올리면서 돈다. 작게 한 바퀴 도는 것은 사흘 정도 걸리고, 크게 한 바퀴 도는 것은 보름 정도 걸리는데, 이는 의지와 신앙심의 발로이기도 하다. 깊은 산속 깎아지른 절벽 위에서 떨어지는 폭포수 소리에 겁나는데, 길에서 먹고 길에서 자면서 한편으로는 경전을 암송하랴, 무릎 꿇고 절을 하랴 보통 힘든 일이 아닐 것이다. 이는 자신을 무념무상의 경계로 정화시켜 숭고한 신앙심으로 충만케 한다. 성산을 돌다 보면 대로를 지나기도 하는데 어떤 때는 옆으로 지나치는 차 소리도 트랙터

불경 말씀이 바람을 타고 말갈기처럼 세상에 퍼져나가 이 세상을 평안케 한다는 뜻이다. 깃발의 색은 파란색(하늘 상징), 노란색(땅), 빨간색(불), 흰색(구름), 초록색(태양)의 다섯 가지다. 깃발을 막대에 묶어 세워 둔 것을 타르쵸(Tharchog)라고 하는데 흰색만 쓰거나 아니면 오색을 쓰거나 한다. 하얀 깃발은 사람의 목에 걸어 "하타"로 쓰이기도 한다.

中国 云南省 人文紀行
소수민족 문화의 영속성

사진 101 __ 마니석이 모여 형성된 마니퇴
라마교를 믿는 이들이 있는 곳이라면 반드시 있게 마련인 마니석과 마니퇴는 "온 우주에 충만하여 있는 지혜와 자비가 지상의 모든 존재에게 그대로 실현되리라"는 의미를 담고 있다.

소리도 듣지 못한다고 한다. 사흘이 지나고 열흘이 지나고 반달이 다가오면 신령스러웠던 경외감이 만족스런 감동으로 변한단다. 일체의 모든 것이 일종의 범속을 초탈시키는 경계로 승화되어, 천지간 미물도 고상하게 변하고, 선심(禪心)이 충만한 존재로 거듭난다. 나는 이런 상황을 실감나게 재연시켜주는 텔레비전 다큐멘터리를 한 편 본 적 있다.

쓰추완(四川)에 사는 평범한 짱주(藏族) 남자 다섯이 평생에 한 번은 떠나야 하는 티베트 라싸 순례의 길에 오른다. 셋은 20대, 30대의 장정이고, 둘은 60대 초로이다. 젊은 세 사람은 고향에서 라싸까지 1년여를 오체투지[111]로 다가갔고, 늙은 두 사람은 그들 일행이 길가면서 먹어야 하는 식품 등을 손수레에 끌고 동반해 갔다.

그들 셋은 순례의 길에 오르기 전에 앞치마와 장갑을 10여 개 이상씩 준비했다. 표현을 앞치마라 했고 장갑이라 했지만, 그 앞치마는 양가죽과 대형트럭 폐타이어로 만든 것이었고, 장갑은 꼭 일본인들이 신는 목제 "게다"처럼 손바닥 크기의 나무에 손등에 걸 수 있도록 끈을 댄 것이다. 이런 물품이 없이는 오체투지로 대장정을 떠날 수가 없다.

실제로 이들이 오체투지를 하는 모습을 보면 이 두 가지가 필수품임을 알 수 있었다. 두 손을 공손히 모아 합장하고는 그 손을 머리 위로 쭉 올렸다가 내리면서 얼굴 중앙에서 한번 멈춘다. 그러고는 다시 가슴으로 내렸다가 무릎을 꿇은 뒤 두 손을 벌리면서

---

[111] 오체투지는 양 무릎과 팔꿈치, 이마 이렇게 신체의 다섯 부분이 땅에 닿게 절을 하는 것인데, 이를 통해 중생이 빠지기 쉬운 교만을 떨쳐버리고 어리석음을 참회하는 방법이자, 불교에서 삼보(三宝)로 여기는 "불·법·승"에게 최대의 존경을 표하는 예법이다.

몸 앞의 땅을 짚는다. 손바닥이 땅에 닿는 순간 팔은 앞으로 뻗고 몸은 자세를 더욱 낮추면서 전신을 땅바닥에 밀착시킨다. 두 팔은 머리 위쪽으로 곧게 편 상태가 되고 두발은 붙어 있다. 이마를 땅에 댄 상태로 잠시 숨을 멈춘 듯 하다가는 이내 몸을 일으켜 세운다. 그러고는 다시 세 발짝 앞으로 걸으면서 자연스레 방금 전의 동작이 반복된다. 이러다 보니 그들이 사용하는 보호대는 쉬이 걸레조각이 된다. 만일 물가를 건너거나 산길이어서 엎드려 절하는 것이 불가능해지면 일단 걸어서 지난 다음, 그 거리만큼 오체투지를 더 하곤 한다. 무모하게 보일 만큼 정직하고 경건한 기도 자세다.

지금도 기억에 남는 명장면은 도중에 폐결핵이 심하게 진행되고 있음을 알게 된 노인이 순례의 길을 포기하라는 의사의 말에, "이런 몸으로 순례하다가 죽는다면 그것이 부처님의 공덕을 갚는 것"이라며 끝까지 순례의 길을 걸었던 것과, 다른 하나는 꼭 "소도둑놈"처럼 생긴 장정이 라싸에 다다라 자신의 느낌을 밝히면서, "오면서 계속 부처님께 물었다, 무엇을 할 것이냐고. 그랬더니 부처님이 내게 '남을 위해 살라'고 하셨다"면서 그길로 라마 사원에 귀의하는 것이었다. 특히 이 친구가 그 말을 할 때 내 눈길이 머물렀던 그의 이마에는 오체투지로 인해 생겨난 굳은살이 동그랗게 박혀있었는데 그것이 꼭 부처님 이마에 박힌 백호112)처럼 보여 코끝이

사진 102 __ 메이리 설산 13 봉우리 가운데 하나인 지와런안(吉娃仁安)

위뻥춘(雨崩) 객잔 창문을 통해 올려다 본 지와런안의 위용. 오관봉(五冠峰)이라고도 하는데 해발 5,470m이다. 메이리 설산의 웅장함에 취해 중국 명산 중의 명산인 형산(衡山)과 화산(華山)을 작은 흙무더기에 지나지 않는다고 평가한 나시(納西)주 시인(木公 : 명대 리지앙 토사)도 있었다.

시큰했었다. 그 영상을 보고는 나도 라마교 신자는 아니지만 그와 똑같이 1년 간 오체투지를 해보고 싶다는 느낌이 강렬했었던 기억이 난다.

어쨌든 성산으로 여겨 끊임없이 순례 행렬이 이어지는 메이리 설산, 그 중에서도 카와그어보 봉우리를 등반해서는 안 된다는 현지 짱주 사람들의 바람에도 불구하고, 1987년부터 정복을 시도하는 등반이 몇 차례 있었다.

1991년 1월 4일, "중일연합 메이리 설산 등반대"가 카와그어보어 정복을 시도하였으나 5,100m 고지의 제3캠프에서 눈사태를 만나 실패하였다. 등반대원 17명 전원이 사망하였고, 1996년에는 중국과 일본, 네팔인으로 구성된 연합등반대가 6,250m 고지까지 올라갔다가 산사태로 급히 하산하기도 했다. 그 후 1998년 이래 수차에 걸쳐 설산 얼음하천 부근에서 12구의 유해와 약간의 유물들이 발견되었다.

세계 최고봉은 이미 정복되었으나 카와그어보어 봉우리는 여러 번의 시도에도 불구하고 등정에 실패하고 있는데, 거기에는 독특한 지형 및 기후상의 요소가 있단다. 첫째, 봉우리의 갈라짐이 대단히 험하여 도처에 낭떠러지 균열이 존재한다. 게다가 저위도 지역이 많아 상대적으로 눈의 응고도가 낮아 눈사태가 빈발한다. 둘째로, 일기 변화가 예측 불가할 정도로 심하다. 카와그어보어 등반 경험이 있는 대원의 말로는 정상 정복에 나설 때 마다 일기가 급랭하여 구름이 끼고 폭설이 내리곤 했다. 이를 피해 아래로 철수하면 어느새 구름이 걷히고 해가 나오곤 해 정말로 불가사의라는 생각이 들었단다. 세 번째로 카와그어보어 등정 시 걷는 거리가 다른 산에 비해 길다. 에베레스트만 하더라도 차에서 내리면 곧 해발 5,100여서 대략 3,000m정도 오르면 되는데, 카와그어보어는 하차 지점이 해발 2,200m로 다시 4,500여m를 걸어야 된다. 이런 이유들로 인해 이제 까지 시도된 카와그어보어 등반은 모두 실패로 끝났고 아직까지 전인미답의 상태로 남아 있다.

---

112) 백호(白毫)는 부처님의 뛰어난 모습 32상(相) 중의 하나다. 원래 양 미간에 난 털이었는데, 부처님의 자비광명을 무량세계(无量世界)에 비춘다는 의미를 갖게 되었다. 대승불교에서는 광명을 비춘다고 하여 부처뿐만 아니라 여러 보살상에도 모두 갖추도록 규정하였다. 그래서 불상 이마에 작은 원형을 도드라지게 새기거나 수정 같은 보석을 끼워 넣기도 했으며 더러는 물감으로 직접 그려 넣기도 한다.

위뼁춘 객잔 주방에 걸려 있던
피파러우(琵琶肉)

　객잔 주방은 자가 발전을 하는 처지라 전등 불빛이 매우 희미하다. 주방 한 귀퉁이에 있는 화덕 앞에서 열심히 볶음밥을 만들고 있는 앳된 처녀의 만년 불그스레한 뺨에 흐르는 땀이 번들거려 보이는 수준이다. 그 화덕이 놓인 벽쪽에 뭔가 매달려 있는 것이 보였다. 혹시 우리처럼 북어포라도 매달아 놓은 것일까? 좀더 다가가 살펴보니 소시지를 만드느라 돼지 창자를 말리고 있는 것이 보였다. 헌데 그 옆의 넙적한 것은 뭘까?

　연전에 중국 소수민족의 식생활을 소개하는 영상물에서 돼지를 잡아서 두께는 5센티미터쯤 되고 모양은 평평하고 보자기만 하게 썰어서 켜켜이 쌓으면서 그 사이에 소금을 뿌려두는 것을 본 적이 있다. 그 돼지고기는 헛간 같은 곳에서 서서히 숙성 발효되는데 만든 사람은 절대 못 먹는다. 왜냐하면 그 맛을 제대로 느끼기 위해서는 100여년 정도 지나야 하며 아무리 빨리 먹어도 70년쯤은 지나야 하기 때문이다. 그러니 증조부가 만든 것을 손자가 먹게 되는 셈이다. 화면에서 보니깐 자기네가 먹어 축낸 만큼 다시 돼지를 잡아서 만들어 저장하는 것이었다.

　그때 그 화면을 떠올리면서 자세히 보니 돼지고기를 말리는 것 같아 보였다. 카메라를 들이대고 기념으로 한 장 남기고는 일하느라 바쁜 종업원 아가씨에게 물어보았다. 저것이 뭐냐고. 간단한 대답이 돌아왔다. "피파러우(琵琶肉)"란다. 생김새가 전통 악기 비파를 닮았기에 붙여진 이름인 모양이다.

　"피파러우"는 "주비아오러우(猪膘肉)"라고도 하는데 윈난의 추운 지역에 사는 소수민족들이 만들어먹는 전통 염장가공식품이다. 그들은 입동 무렵 돼지를 도축하여 비파 모양으로 만든 후, 소금과 각종 조미료와 장을 발라 염장 처리시켜 그늘에 걸어 서늘한 바람에 말리기 시작한다. 염장 가공 처리가 잘되고 제대로 건조시키면 2년 정도 맛이 변치 않고 검붉은 바탕에 희끗희끗한 색상의 고기도 변질되지 않아 두고두고 먹기 좋다.113) 원래는 돼지 한 마리를 통째로 만드는데 사진 속의 피파러우는 한 조각 떼어낸 것이다. 이 피파러우는 특히 섣달그믐 저녁 식사 때 식탁에 반드시 올리는 음식이다. 신년 첫날 귀한 손님이 오면 꼭 맛보게 하는 별식이기도 하다.

이 피파러우에도 지방마다 제가끔 짧은 전설이 있다. 누주(怒族) 사이에 내려오는 전설로는 사냥꾼 얘기가 있다. 활쏘기에 있어서 누구에게도 뒤지지 않는 사냥꾼이 있었단다. 그는 산에 오를 때 마다 꼭 사냥감을 포획해 오곤 했는데, 어떤 때는 잡은 짐승이 너무 많아 먹어치우기에 곤란할 정도였다. 어느 날 잡아온 짐승들이 처치 곤란

---

113) 피파러우 만드는 방법은 매우 복잡하다. 우선 돼지를 도살한 후, 털을 벗기고 깨끗이 씻는다. 머리와 꼬리는 남긴 채 가슴부위를 절개해 내장을 꺼낸다. 이어서 뼈와 함께 배 부위의 넓적한 기름 덩어리를 제거한다. 머리의 물렁뼈와 골 및 목뼈도 발라내며, 앞 뒤 다리의 무릎부터 발까지를 잘라낸다. 그 후 2시간 정도 서늘한 곳에 두었다가 다시 소금, 고춧가루, 후춧가루 등의 조미료를 가미한 후 소주를 바른다. 조미료와 소주 바르기는 서, 너 차례 반복해야 한다. 이 때 대나무를 뾰족하게 만들어 돼지 몸통의 이곳저곳을 찔러 준다. 이렇게 함으로써 양념장이 몸통 속으로 제대로 스며들게 하는 것이다. 다음에는 실로 복부, 사지, 입, 항문 등을 꿰매 주며, 봉합한 곳은 호두 기름칠을 해 둔다. 두 귓속은 호두로 막고 코는 적당한 크기의 나뭇조각으로 틀어막아 주어야 해충의 침입을 막을 수 있다. 이제 돼지의 배를 위로 향하게 하여 나무판자 위에 올린 후 그 위에 또 다시 나무판자를 올릴 차례다. 그리고 나서 커다란 돌을 판자 위에 올려 돼지 몸통을 눌러준다. 며칠 후 돼지 귀와 코를 막았던 호두와 나뭇조각을 잠시 빼고, 그 구멍으로 소금물을 부어 채워준 후 다시 귀와 코를 막아준다. 이 일도 역시 며칠에 걸쳐 서, 너 차례 반복해야 한다. 커다란 돌맹이로 만 20일을 눌러준 후 나무판을 제거해 돼지만 공중에 걸어둔다. 이렇게 해서 한 달쯤 뒤에 양념장이나 염분 등이 제대로 흡수되면, 이 피파러우를 부뚜막 위쪽 벽에 걸어 두어 자연 훈제하거나 아니면 방의 윗목에 걸어 서늘한 상태를 유지시킨다. 고기가 완전히 건조되면 훌륭한 피파러우가 만들어진 것이다. 피파러우를 먹을 때는 머릿쪽부터 아래쪽으로 빙 둘러가며 잘라내 먹는다. 그렇다고 딱딱한 것을 그냥 먹는 게 아니라 먼저 불에 구워야 한다. 피파러우의 겉이 누런색으로 변하면 곧 온수에 담가 깨끗이 씻는다. 그 후 맑은 물에 담가 소금기를 빼준다. 맑은 물에서 꺼낸 고기를 약 4센티미터쯤 되는 사각형 조각으로 썰어 불판 위에 올려 식물성 기름으로 굽는다. 고기가 8할 정도 익었다 싶을 때 약간의 설탕을 뿌려준다. 이와 함께 후추 등 각종 양념을 골고루 뿌린 후 각종 뼈를 넣어 끓이고 있는 솥 안에 피파러우 조각을 넣는다. 완전히 끓인 후에 다시 2 시간 정도 약한 불에 놓아둔다. 드디어 고기가 흐물흐물해지고 국물 농도가 진해 졌을 때 꺼내어 먹는다.

한 정도로 쌓였는데, 이를 걱정하며 선잠이 들었단다. 그런데 꿈속에 나타난 신선이 그에게 짐승들을 염장 가공 처리하는 방법을 일러주었다고 한다. 그 후로 이 방식은 근동에 퍼지기 시작해 이제 좋은 먹거리가 되었다.

사진 103 _ 소수민족 겨울철 별식 피파러우(琵琶肉)
원래 피파러우(琵琶肉)는 돼지를 통째로 만드는 것인데 사진은 한 도막 잘라낸 피파러우다. 일반적으로 제대로 만들어진 피파러우는 칼로 썰 수가 없을 정도로 딱딱하다. 수년간 보관해도 변질되지 않으며 맛 또한 신선함을 유지한다.

짱주(藏族) 전통불교의
4대 교파와 활불전세(活佛转世)

짱주 전통 불교, 즉 티베트 불교114)의 유력 교파는 현재 닝마(宁玛)파, 싸지아(萨迦)파, 그어루(格鲁)파, 까쥐(噶举)파의 4대 교파다. 먼저, 닝마(宁玛)파는 8세기에 리앤화(莲花)에서 발생했는데, 대략 11세기말에 시짱에서 띠칭 짱주 지역으로 전해졌다. 이 파는 사원이 적고 분산되어 있는데, 그것은 포교 초창기에 당시 유행하던 신법(新法)을 따르지 않고 다른 교파와 대립하느라 큰 세력을 형성하지 못했기 때문이다. 승려들이 홍색 가사를 입고 홍색 모자를 쓰고 있기에 홍교(红教)라 불린다.

싸지아(萨迦)파는 현재 윈난의 융닝(永宁)향 모어쑤오어 사람들과 푸미(普米)족 사이에서만 세를 유지하고 있다. 이 파의 사원 담장에 문수보살, 관음보살, 금강보살을 상징하는 홍, 백, 흑의 3색 꽃무늬가 그려져 있어 속칭 화교(花教), 혹은 흑교(黑教)라 부른다.

그어루(格鲁)파는 15세기초 쫑카바(宗喀巴)가 창립한 교파로115), 그의 후세 제자들

---

114) 흔히 라마교(Lamaism)라고 한다. 티베트불교의 역사는 7세기 때, 손첸캄포((松赞干布)왕으로부터 시작된다. 그는 네팔 출신의 제1왕비 칩주엔프(Chif-Zuenf)와 제2왕비가 된 당나라 출신의 문성(文成)공주가 처음 들여온 인도계와 중국계 불교를 수용해 주술(咒术)을 중시하는 티베트 고유의 신앙인 뵌(Boen)교와 혼합한 형태의 불교를 주창해, 티베트 불교를 창시했다. 이는 왕권의 강화 의도와도 관련이 있었다. 그러나 8세기 중엽, 인도의 샨티락시타(Santi-raksita)와 파드마 삼바바를 통해 밀교(密教)가 전파되면서 티베트불교의 근본이 바뀌었다. 그러다가 842년, 란마르다 왕이 밀교성향의 티베트불교를 폐교시키고 민족의 종교인 본교를 부흥시키는 시도도 하지만, 티베트불교는 1042년 인도에서 초빙된 아티샤(Atisa)에 의해 다시 밀교의 성격이 강화된다. 그 후 원(元)나라에 전파돼 국교가 됐고, 이후 명(明)과 청(清)나라에서도 융성했는데, 그 영향으로 티베트불교는 몽고와 중국 및 만주를 거쳐 러시아와 북인도로 전파되었고, 우리나라 불교에도 영향을 끼쳤다.

115) 14세기 말 까지 티베트불교는 권력과 결탁해 극도로 퇴폐해져 타락한 밀교행위와 주술에만 치중하게 되는데, 쫑카바(Tsong-ka-pa, 宗喀巴)가 엄격한 계율을 도입하고 대승교학을 기초로 하는 일대 개혁을 벌였다. 이때 쫑카바는 노란모자(黄帽)파를 만들어 이전의 붉은

이 달라이[116]와 판첸 양대 활불(活佛)로 계통을 세워 세상에 전교한 이래, 대략 명나라 때 윈난의 중디앤(中甸)과 드어친(德欽)의 짱주 지역에 퍼졌고, 청나라 초기에 융띵 모어쑤오어인과, 푸미족 지역까지 전파되었다. 이 파의 승려들이 황색 복숭아 모양의 모자를 쓰기에 사람들이 황교(黄教)라 일컫는다.

까쥐(噶举)파는 속칭 백교(白教)인데, 이 파의 창시자 마얼바(玛尔巴) 등이 설법을 할 때 흰 색 승복을 입었다. 이는 인도에서 공부한 데 연유한 습관이었는데, 이후 까쥐파의 가르침을 익히는 자는 모두 백색 승복을 입어야 했다. 이 파는 11세기말에 시짱과 쓰추완의 짱주 지역을 통해 띠칭에 전파되었고, 특히 리지앙 나시주 지역에 광범위하게 퍼졌다.

그어루(格鲁)파는 1409년에 라싸에 간단사를 건립하여, 정식으로 탄생하게 되며, 1415년 이후 중앙의 왕조로부터 신임을 받게 되면서, 교세가 급속도로 확산되었다. 16세기 중엽 이후에는 정치, 경제력을 보유하게 되면서[117] 다른 교파를 압도하게 된다. 이후 그어루(格鲁)파는 1546년에 활불 사상[118]을 도입하여, 달라이 라마와 판첸 라마의 전세제(转世制)를 통해 신자들의 확고한 믿음을 얻게 되었다.

모자(赤帽)파와 구분했는데, 쫑카바의 제자 가운데 겐둔그룹(Ge'dun-grub; 1391-1495)이 초대 달라이 라마(Dalai Lama)가 돼 현재 14대에 이르고 있다.

116) 짱주 사람들은 자신들이 사는 지역을 관음(观音) 정토(净土)라고 생각하는데, 그 통치자인 달라이 라마를 관음의 화신(化身)으로 믿고 있다.

117) 티베트불교는 탄탄한 라마승 조직과 독립된 사원 경제에 힘입어 권세를 확장시킬 수 있었다. 한 연구에 따르면 당시 중앙과 남부 티베트에 있는 땅의 43%가 사원의 소유였다. 중앙정부는 35%만을 소유했고 이를 소작농들에게 빌려주었다. 한편 귀족은 22%의 토지를 소유했다. 이와 같은 토지 분점이 티베트의 봉건체제를 유지시켰다.

118) 활불사상은 달라이 라마가 비밀 탄트라의 관법에 따라 자기의 영혼을 육체에서 쉽게 떠나 다른 육체로 자유로이 옮겨갈 수 있다고 믿는 데서 생긴다. 영혼과 육체의 분리, 그리고 그로 말미암은 전세(转世)가 활불사상을 낳은 사상적 배경이다. 짱주 사람들은 일반적으로 덕이 높은 라마가 죽은 뒤 그 영혼이 유아(幼儿)의 육체에 전생(转生)하게 된다고 믿는다. 그렇기 때문에 누가 그 육체를 제공하느냐가 중요해지는데, 활불 라마로 지정된 유아 및 그 친족이 받는 과보는 매우 크다. 전생(转生)능력은 많은 수행을 쌓은 라마, 즉 성직자에게만 인정되는 것으로, 속세에 사는 사람이 쉽사리 발휘할 수 있는 바가 아니다.

活化石	中国 云南省 人文纪行
	소수민족 문화의 영속성

활불전세(活佛转世)는 짱주전통불교의 계승방식이자 그 특징이 되었다. 가장 먼저 활불전세 제도를 시작한 쪽은 흑모(黑帽)계의 지도자 까마바시(噶玛拔希)였다. 1252년에 까마바시가 빠스바(八思巴)와 함께 원(元) 세조 쿠빌라이를 예방했을 때, 그 자리

사진 104 __ 6자진경이 써있는 탑 무리
"옴-마-니-반-메-훔", 한쪽 켠에 타르쵸가 보인다.

에서 까마바시는 몽골의 대칸 몽케에게 국사(國師) 책봉을 받았다. 아울러 몽케는 까마바시에게 흑모(黑帽)와 금인(金印)을 하사했다. 자기 교파의 이익을 지키기 위해 까마바시는 임종 전에 자신이 세상을 달리하더라도 자신의 영혼이 어린 아이의 몸을 빌어 다시 태어나 그 지위를 계승할 것이니 그 아이를 찾도록 명했다. 이렇게 해서 흑모계의 활불전세 제도가 성립되고 계승되었다.

이 후, 활불전세 제도는 부단히 확대되어 건륭 말기가 되면 활불로 등록된 고승이 160명에 이른다. 그 가운데 그어루파의 달라이와 판첸이라는 양대 전세 계통이 가장 방대하게 명성을 얻게 되었다.

달라이와 판첸은 비록 서로 다른 전승계통이지만, 둘다 종카바 대사의 제자에 속한다. 1653년, 청 순치제는 제5대 달라이에게 "달라이 라마"라는 칭호로 책봉했으며, 1713년에는 강희제가 제5대 판첸을 "판첸 으얼드어니(额尔德尼)"로 책봉했다. 이러한 책봉 명칭은 모두 정치적 의의를 담고 있는 것이다. 달라이 라마는 1751년부터 정교합일을 실행하였고, 판첸 으얼드어니는 판첸을 그어루파의 중요지위로 확립시켰다. 또한 달라이와 판첸은 동등한 지위를 갖는 것으로 하였으며 둘은 모두 각자 사도관계를 갖는다. 양자 간의 차이점을 꼽는다면, 달라이 라마는 관음보살의 화신으로 라싸 지방을 관장한 법왕이었다면, 판첸은 시가체 지방을 다스렸다. 또 달라이는 "지혜의 바다"라는 의미이고, 판첸은 "대학자"라는 뜻이므로 양자 간의 차이는 거의 없다. 단, 현재 달라이 라마는 제14대로 이어지고, 판첸 라마는 제11대에 이르고 있다. 이는 제5대 달라이 라마가 자신의 스승이 판첸으로 환생되었다고 인정하면서, 그때부터 판첸 계열의 활불전세가 시작되었기 때문이다.

활불전세의 이론은 사실 불교 교의에서 비롯된 것이다. 불교는 세상의 모든 것이 순환 반복된다고 여긴다. 고승이 입적하면 누군가의 태반을 빌려 새로 태어날 수 있으니, 부처가 세상을 바꿔 태어나도 역시 부처라는 얘기다. 그래서 활불이 입적하고 나면 그의 임종 전 계시에 따라, 혹은 징조나 유언에 따라, 세상을 바꿔 영혼이 들어간 아이를 찾아내 그 지위를 계승시킨다. 그러나 어떤 때는 "징조"와 "계시"에 부합하는 아이가 많을 수도 있어, 이럴 때는 종이에 적힌 내용을 뽑는 아이를 선택하는 방식이 동원된다.

짱주(藏族) 전통불교의 윤회관

짱주 사람들은 현실 세계를 고해(苦海)로 여기면서 내세에서는 "열반(涅盘)"의 상태에 들어가기를 꿈꾼다. 그러기 위해서는 빈 마음으로 부처에게 불공을 드리고 삼보(三宝)에 귀의(归依)해야만 한다. 또 현세에서 공덕을 쌓으면 내세(来世)에서 복(福)을 누리며, 악을 행하면 지옥에 간다고 주장한다. 짱주 사람들에게 지대한 영향을 끼치고 있는 윤회관에 대해서는 브래드 피트가 주연을 맡았던 영화 <티베트에서의 7년>의 원작인 *Seven Years in Tibet* 의 저자 하인리히 하러[119]가 술회한 글에서도 잘 알 수 있다.

티베트인들은 파리나 지렁이도 쉬이 죽이려들지 않았는데, 이는 그들이 윤회설을 믿기 때문이라고 했다. 찻잔에 파리가 빠지면 얼른 파리를 건져내어 다른 곳으로 날아가게 한다. 겨울이 되어 냇물이 얼면 물고기들이 동사할까봐 물고기를 잡아서는 물통에 넣어 보호했다가 이듬해 해빙이 되면 물가로 돌려보낸다.

이 사람들이 이렇게 호들갑을 떠는 것은 생명 보호 심리도 있지만, 더 직접적으로는 그들의 부모 형제들이 죽게 되면 여러 형태의 동물로 환생한다고 가르치는 티베트불교의 영향이 크다. 이 윤회관이 얼마나 철저히 지켜지는 지, 한번은 달라이 라마가 3년간 참선을 하게 되었는데 그 기간동안 모두가 집을 지을 수 없었다. 왜냐하면 건축을 하다보면 땅에 있는 애벌레나 어린 동물들을 죽일 수 있기 때문이었다. 하인

---

[119] 그는 1912년 오스트리아 태생으로 히말라야 낭가파르바(Nanga Parbat)를 등정하고자 1939년 독일등반원정팀에 합류하여, 등정을 마치고 귀환하는 길에 제2차 세계대전을 맞아 영국군 포로가 된다. 수용소에서 5차례나 탈출을 시도한 끝에 1944년 성공하여 21개월 동안 2,000여㎞를 걸어 티베트에 도착, 그 곳에서 14대 달라이 라마가 된 소년 텐진 갸쵸(Tenzin Gyatso)의 개인교사이자 조언자로 지내다가, 1950년 중국이 티베트를 점령하자 오스트리아로 귀국하여 자신의 경험을 1953년 책으로 펴냈다. Heinrich Harrer, 박계수 옮김, 『티베트에서의 7년』서울: 황금가지, 1997

리히 하러가 건축 공사 감독을 맡은 적이 있는데, 그 때 그는 일꾼들이 땅 속의 벌레들을 해치지 않기 위해 조심스레 삽질하는 것을 목격했다고 한다. 나만하더라도 개구리가 동면에서 깨어나는 경칩 무렵이 되면 라마승들이 길을 걸을 때 아주 조심스럽게, 마치 군대에서 야간 정숙 보행을 하듯이 걷는다는 것을 알고 있다.

사진 105 _ 짱주 라마교 대중 법회 광경
붉은 가사를 걸친 승려들은 앉아있고 그 뒤쪽으로 일반 신자들이 서서 법회에 참여하고 있다.

짱주(藏族)전통불교의 대표적 사원, 쏭잔린(松赞林)

사진 106 __ 쏭잔린쓰 전경
금빛 찬란한 지붕위에 앉아 있는 법륜(法轮)은 쉬지 않고 돌고 있는 불법(佛法)을 상징한다.

사진 107 __ 쏭잔린쓰 기념품 판매원
전통 짱주 복장을 한 이 아가씨는 사찰에서 일하면서 자신의 신앙을 늘 가다듬을 수 있어서였는지 사람을 대하는 표정이 매우 밝다.

샹그어리라 현에서 북쪽으로 5km 정도 떨어진 곳에 불병산(佛屏山) 자락120)에 형식이나 모양새가 라싸(拉萨)의 부다라궁(布达拉宫)과 흡사한 절이 자리 잡고 있는데, 이것이 바로 쏭잔린(松赞林)이다. 이 절은 윈난에서 가장 큰 짱주전통불교 사원으로 황교의 중심 사원인데 흔히 "작은 부다라궁"이라고도 한다. 1679년부터 짓기 시작하여 강희제 시절, 제5대 달라이가 증축하여 그 이름을 "까단 쏭잔린(噶丹松赞林)"이라고 지었다. 짱주말로 까단(噶丹)은 도솔천을 의미하고, 동시에 이 절이 황교의 조사인 쫑카바가 처음 지은 시짱(西藏)의 간단쓰(甘丹寺)를 전승했음을

---
120) 이 절의 자리를 고를 때 달라이 라마가 점을 쳐 계시를 받았다고 하는데, 수목이 우거져 고요하고 맑은 샘이 흐르며, 하늘에서 금오리가 내려와 그곳에서 노니는 곳이었다.

짱주(藏族)전통불교의 대표적 사원, 쏭잔린(松赞林) 뚜크어종

나타낸다. "쏭잔린(松赞林)"은 하늘 3계(三界)의 세 신(神)121)이 노는 땅이란 뜻이다. "쏭(松)"은 "셋"이고, "잔(赞)"은 "천신이 노는 땅"을 뜻하며, "린(林)"은 "절"을 뜻한다.

이 사찰의 승려 700여 명은 활불과 자바(扎巴) 두 부류로 구분되어 있다. 살아있는 부처란 의미의 활불 외에 모든 승려들은 학력과 자격에 따라 격서(格西), 격농(格弄), 반탁(班卓) 등으로 나눠 직책을 수행한다.

이 절은 북쪽 산자락에 남향으로 지었는데, 짱주 건축예술이 집대성되었다는 평가를 받아, "장족예술박물관"이란 별칭을 얻었다. 주전(主殿)은 5층으로 티베트식 외양을 갖췄고, 지붕에는 금동기와를 얹었다. 처마 끝에는 금수를 조각해 한족풍이 어느 정도 살아 있기도 하다. 주전 내부 벽에는 불교의 교의를 잘 설명해 주는 내력을 가진 그림들로 가득 채워져 있다. 건물 내에는 각종 보물을 많이 소장하고 있는데, 5대 및 7대 달라이 시기의 금가사를 두른 석가모니 불상 8존

사진 108 __ 쏭잔린쓰 대웅전 불상
3층 높이의 불상으로 일반 사찰에 있는 석가모니와 달리 가사를 걸쳤다.

사진 109 __ 쏭잔린쓰 입구
참배객들을 많이 수용하기 위해 개축 공사가 한창인데 출입구만큼은 일찌감치 단장해 놓았다.

---

121) 제석(帝释), 맹리(猛利), 루숙(楼宿)의 생활 장소임.

이 있고, 패엽경(贝叶经), 오채금즙정회(五彩金汁精绘) 탕카(唐卡)[122], 전세법기(传世法器), 황금등, 향로 등이 있다. 이 사찰은 또한 경전<단주이(丹珠尔)>를 10부 소장하고 있는데, 그 중 2부는 금침 자수로 만든 것이다. <단주이>를 티베트어로는 "Bstan-h!gyur"라 하는데 티베트 불교가 갖추고 있는 두 대장경(大藏经)중의 하나이다. 티베트 대장경은 설교 번역과 논저 번역의 둘로 나뉘는데, 이를 음역하면 깐주이(甘珠尔)와 단주이(丹珠尔)가 되는 것이다. 여기서 "깐(甘)"은 소위 가르침(教)이 되고, "단(丹)"은 이른바 논하는 것(论)이 된다. "주이(珠尔)"는 번역이라는 의미이다. 깐주이가 정장(正藏)이고, 단주이가 부장(副藏) 혹은 잡장(杂藏)이다.

이 사찰을 돌아본 뒤 인근 동네에 들어가 보면 짱주 사람들과 접촉할 수 있다. 나도 일행과 함께 골목길을 기웃거리다가 대문이 열린 집에 들어가 주인을 찾아 손님 행세를 했었다. 100년 넘게 한 곳에서 살아 왔다는 주인 아주머니의 친절함에 시간 가는 줄 모르게 앉아서 쑤여우차 대접을 받았다.

사진 110 _ 쏭잔린쓰 동네 여염집
왼쪽의 70살 된 할머니가 집주인이고, 그 옆은 손자와 며느리였다. 전통식 대접을 받고 나오면서 아이에게 초컬릿을 쥐어주었다.

---

122) 불교 내용을 담은 대형 걸개 그림

짱주(藏族) 전통불교의 대표적 사원, 쏭잔린(松赞林) | **뚜크어종**

사진 111 _ 쏭잔린쓰 아래턱의 가옥들
지붕 위에 마치 뗏장 입힌 듯이 잡초가 무성하다.

그어루파(格魯派) 3대사찰 중의 하나
똥주린(东竹林)

드어친(德钦)현 뻔즈란(奔子栏)향 수쏭(书松)촌 남쪽 산언덕에 똥주린(东竹林) 사원이 자리하고 있다. 1667년에 처음 지어질 당시는 까쥐(噶举)파 사원이었으며 이름도 "충충추오어깡쓰(冲冲错岗寺)"였다. 그 의미는 "선학(仙鶴) 호반의 절"이었다. 나중에 그어루파에 반대하는 전란에 참여하였다가 1677년 그어루파 사원으로 개종하였다. 그 후 작은 사찰 7개를 합쳐 하나로 만들면서 이름도 "까단 똥주린"으로 개칭하였는데 "똥주(东竹)"의 의미는 "남을 이롭게 하고 나를 이롭게 한다(成就二利)"는 뜻이다. 현재의 모습은 1980년대에 새로 중축한 것이다.

건축 상 특이한 점은 대웅전 지붕을 금동으로 장식해 저 멀리 보이는 설산 봉우리들과 서로 비춰 장관을 이룬다. 뿐만 아니라 대웅전 뒤쪽이 4층으로 나뉘어 각종 불상들을 모시고 있다. 수장 보물 면에서 본다면 쏭잔린쓰 보다 훨씬 나은 절이다. 지금은 재정이 빈곤해 보수하느라 시간이 걸리겠지만 나중에 보수가 끝나면 쏭잔린쓰 보다도 더 많은 이들이 찾을 것 같다. 대웅전 주변은 승려들의 방이 104개나 되고, 중요한 법회가 있어 전국으로 흩어진 승려들이 모이면 700여 명이 넘는다고 한다. 개중에 활불로 인정

사진 112 __ 아들이 있는 집이라면 반드시 한 명 이상은 반드시 라마승이 되게 하는 전통
한가로이 시간을 보내고 있는 어린 라마승들.

받은 고승도 10명이나 된다. 1960년대 중반부터 10년간 전 중국을 휩쓴 "문화혁명"후 중건하였다. 인상적이었던 것은 "문화혁명"으로 모든 불상들이 파괴될 때 신도 한 명이 등신불만큼은 파손시켜선 안 된다는 불심에 몰래 빼돌려 안전하게 보관하다가 1980년대에 반납하여 제 자리를 지키고 있는 점이었다.

경내에는 또한 보물들이 많은데, 금동미륵법륜불상, 백도모상(白度母像), 3세제불상, 탕카, 크고 작은 영탑, 불탑 등이 있다. 그중에 길이 8.5m에 너비 5.2m에 이르는 대형 호법신상 탕카는 화려한 금침 자수로 만든 것이다.

사진 113 _ 똥주린쓰 회랑
대웅전을 둘러싸고 있는 104개의 승방

짱주 사람들의 사는 모습

하나, "하타(哈达)" 주고받기

하타[123]는 짱주 사람들이 일상 생활시 남과 교유하면서 주고받는 일종의 예물이다. 불상을 뵈러 간다거나, 방을 들이고 기둥을 세울 때, 잘못을 빌고자 할 때, 연장자를 만날 때, 친지와 만나거나 헤어질 때, 친구 간에 선물을 주고받을 때 등등 아주 많은 경우에 사용된다. 상대에게 하타를 증정함으로써 경의를 표하는 것이 되며, 축하를 드리는 의식이 된다. 또한 순결하고 성실한 마음을 전달하는 수단이 되기도 한다.

하타는 13세기 원나라 시절에, 싸지아(萨迦)파 법왕 빠스바(八思巴)가 원세조 쿠빌라이를 접견하고 티베트로 돌아갈 때 예물로 받은 비단에서 비롯되었다. 즉, 중원에서 선사한 각종 예물 가운데 비단을 마중 나온 승려와 관원에게 선물로 주었는데, 이 후 하타는 예물을 상징하게 되었다고 한다. 이 비단에 "길상여의(吉祥如意)"라고 적혀 있었다는 얘기가 전해진다.

하타의 색상에는 남, 백, 황, 록, 홍의 다섯 가지 색깔이 있다. 일반적으로 비단으로 만드는데 가장 널리 쓰이는 게 백색 하타로 이는 순결과 길상을 상징한다. 다섯 빛깔의 하타는 보살의 복장에 쓰이므로, 융숭한

사진 114 _ 짱주 전통불교의 감마보(绀马宝)목판
이는 전륜성왕(转轮圣王)의 활동능력과 속도를 대표한다는데 뚜크어종 재래시장에서 기념으로 샀다.

---

[123] "하타"라는 짱주 말은 "예물용 목도리(礼巾)"라는 뜻인데, 그것은 재질과 길이에 따라 랑주오어, 아시, 쑤오어시 등 10여 종으로 나뉘는데 개인의 경제력에 맞게 구입한다.

예물이 되는데 보살에게 헌상하거나 결혼 시 특별한 예물로 삼는다.

하타를 선물할 때도 지켜야 할 예법이 있다. 손위 연장자에게 하타를 선물하거나, 혹은 고승 활불에게 하타를 헌상할 때는 반드시 살짝 몸을 굽히면서 두 손으로 받들어 상대방의 손이나 탁자에 올려놓는다. 그러고 나서 몇 발자국 뒤로 물러선 후 몸을 돌려 제자리로 돌아간다. 윗사람이 아랫사람에게 하타를 전할 때는 직접 상대방의 목에 걸어준다. 동년배끼리는 손에 쥐어 주면 된다.

하타를 받은 사람은 몸을 약간 앞쪽으로 기울이면서 공손하게 두 손으로 건네받은 뒤, 자신의 목에 걸어야 한다. 이래야 감사를 표현하는 몸가짐이 된다. 어떤 목적이 있어 상대방에게 하타를 선물하는 경우에는 하타를 직접 상대방에게 전달하는 것이 아니라 그 집의 신주함 위에 올려놓아야 한다. 만일 주인이 그것을 받아들이기로 한다면 하타를 일단 그대로 두도록 한다. 만일 두 사람 간에 다툼이 있었다면 이로써 화해가 되는 것이다.

둘, 짠바(糌粑)와 쑤여우(酥油)

짱주 사람들은 짠바와 쑤여우를 끼니 때 마다 꼭 먹는다. "짠바"는 짱주 말로 "볶음 면"을 뜻하는데, "칭크어(靑稞)"124) 즉, 푸른 보리를 볶아 익힌 후, 다시 곱게 갈아서 만든다. 우리가 먹는 미숫가루를 연상하면 된다. 중국 사람들이 일반적으로 곡물을 곱게 갈은 후에 볶아 먹는 것과는 반대 방법이다. "쑤여우"는 우유를 가공한 것인데 지방함량이 버터보다 적어 빵을 만드는데 주로 쓴다. 이

사진 115 _ 길가에 나앉은 쑤여우와 포장된 짠바

상그어리라 현 재래시장 앞에서 팔리고 있는 쑤여우. 뒤쪽의 깨끗하고 동그란 세 개는 아마도 갓 만들어 내온 듯 했고, 앞의 것은 시간이 흘러 발효가 꽤 진행된 듯 하다.

---

124) 칭크어, 즉 청맥은 검은 청맥, 흰 청맥, 짙푸른 청맥 등 종류가 다양한데 그에 따라 볶은 후의 짠바 맛이 다르다.

| 活化石 | 中国 云南省 人文紀行
소수민족 문화의 영속성 |

사진 116 __ 재래시장 입구 좌판 모습
띠칭 샹그어리라 현의 특산인 송이버섯과 쑤여우, 짠바, 그리고 과일을 팔고 있는 노점상. 이 좌판은 족히 30여m 넘게 벌려 있었다.

두 가지 음식물은 함께 먹는 식품이다.

짱주 사람들은 원래 초원에서 유목 생활을 했다. 짠바는 그런 유목 생활시 편리하게 주머니에 넣고 다니며 먹은 식품이다. 유목민이 집을 떠나 먼 길을 갈 때는 항상 짠바를 "탕구(唐古)"라고 불리는 가죽 주머니에 넣어 간다. 길에서 배가 고프면 짠바에 쑤여우차를 부어 마신다. 일망무제의 초원에서 한편으로는 짠바를 먹으면서 또 한편으로는 쑤여우차를 마시면서 갈 길을 재촉하는데, 시간적 여유가 있으면 대접을 꺼내 절반 정도를 젖차(奶茶)로 채운다. 여기에 짠바와 쑤여우, 치즈(曲拉)와 설탕을 붓고 손으로 잘 휘젓는다. 저을 때 먼저 가운데 손가락으로 짠바를 으깨어 대접 바닥에 가라 앉혀야 한다. 이래야 젖차가 흘러넘치는 것을 방지할 수 있다. 이제 손에 쥔 대접을 천천히 돌려주면서 다른 손으로 짠바를 눌러 뭉쳐주면서 경단처럼 만든다. 이제 만들어진 경단을 한입에 넣고 씹으면서 다시 같은 동작으로 경단을 만들어 나간다. 짱주 사람들은 짠바를 먹을 때 그냥 손으로 먹는다. 따라서 그네들과 식사를 할 때는 우리도 그들처럼 손으로 먹어줘야 친밀감을 느낄 수 있다.

쑤여우는 생김새가 버터 같기도 한데, 치즈에 가까운 유제품으로 야크(牦牛 마오니우)나 양의 젖을 이용해 만든다. 가을이 쑤여우를 만드는 최적의 시기인데, 쑤여우를 만드는 것은 짱주 부녀자들의 일상적 가사 노동 중의 하나이다. 제법 가늘고 긴 나무통을 세워 놓고 절구처럼 이용하는데, 우선 야크나 양의 젖을 세워 놓은 통 속에 붓는다. 그런 후에 약간 발효되기를 기다렸다가 "션루오어(申洛)"라고 하는 밑에 네모난 홈이 파였고 손잡이가 긴 나무판을 이용해 꾹 눌러준다. 이 동작이 힘 드는데 양

손으로 손잡이를 꽉 쥐고 "션루오어"에 힘을 주어 나무통 바닥까지 힘껏 눌러야 한다. 그러고 나서 손의 힘을 빼 "션루오어"가 저절로 서서히 올라오도록 놔둔다. 이런 동작을 수도 없이 반복하다 보면, 아마 천 번은 하는 것 같은데, 쑤여우가 젖에서 분리되어 나와 표면에 뜬다. 이때 쑤여우를 살짝 살짝 걷어 올려내 차가운 물이 담긴 널찍한 그릇에 넣어 작은 크기로 뭉쳐 준다. 이제 독특한 향기를 내뿜는 신선한 쑤여우가 만들어진 것이다.

셋, 주도(酒道)와 다도(茶道)

술잔을 권하는 것은 짱주 사람들의 친구 대접 방식으로 보편화 되어 있다. 보통 하타를 선사할 때 술도 같이 올린다. 이때는 노래도 부르고 축사도 하며 손님의 만사형통을 기원하기도 한다. 음주는 아무래도 축하연이 벌어지는 결혼식 같은 때가 제격이겠다.

술을 권할 때 주인은 꽉 채운 은 술잔을 들어 앞으로 내밀고는 권주가를 부르든지 짧은 축사를 한다. 그 후 손님에게 잔을 건넨다. 술잔을 받으면 먼저 무명지를 술잔에 살짝 담가 술을 묻혀 공중을 향해 3 번 튕겨 준다. 장족 사람들은 무명지를 청정한 것으로 여긴다. 무명지로 술을 3 차례 튕겨 주는 것은 부처와 신과 천지를 경배하는 동작이다. 우리네의 고시래 습관과 똑같다.

고시래 후에는 "쟈시데레(吉祥如意의 뜻)"를 외치며 술잔을 비운다. 어떤 때는 돈독한 우정

사진 117 _ 짱주 남자들의 전유물인 부싯돌용 칼과 담배주머니
왼쪽의 칼을 잡고 하얀 날 쪽으로 돌을 치면 불꽃이 튄다. 일종의 부싯돌이겠다. 오른쪽은 장식이 달린 담배주머니다. 둘 다 허리춤에 차고 다닐 수 있게 고리가 달렸다. 이것도 뚜크어종 장족 재래시장에서 기념품 삼아 샀다.

을 표현하고자 한 잔을 세 번에 나눠 마시기도 하는데 이를 짱주 말로는 "쌍전시아다(桑贞下达)"라고 한다. 또한 연거푸 석 잔을 비우기도 한다.

짱주 사람들은 손님 접대를 아주 즐기는데 손님이 집에 오면 우선 쑤여우차를 대접한다. 길에서 친한 사람을 만났을 때도 집으로 데리고 들어와 쑤여우차를 권한다. 손님이 방에 들어오면 주인은 곧 쑤여우차를 내오는데, 차를 대접에 따를 때 절대로 가득 채우면 안된다. 손님의 불만을 살 수 있다. 그러나 손님이 한 모금 마신 후에는 가득 채워 자신이 인색하지 않음을 보여 준다.

그런데 만일 손님이 차를 한 잔만 마시거나 혹은 채워준 찻잔을 마시지 않고 작별하려 들면 이는 주인에 대한 불만을 표시하는 행위거나 혹은 원수처럼 대한다는 표현이 되기 때문에 조심해야 한다. 그렇다고 손님이 자리에서 일어서면서 찻잔을 완전히 비워두어서도 안 된다. 적당히 남겨두어 주인에 대한 존경과 감사를 표시해야 한다.

넷, 향 피우기

짱주 사람들은 시도 때도 없이 향을 피우는 것 같았다. 길을 가다가도 피우고 아침저녁으로 정해놓고 피우고 틈만 있으면 향을 피우고 절을 한다. 인간이 자연 앞에 또 신 앞에 하잘 것 없는 존재임을 진작부터 알고 있는 짱주는 어쩌면 누구보다도 지혜로운 사람들이리라.

여느 곳 보다 더 진한 향기를 내고 타는 것이 바로 "짱시앙(藏香)"이다. 그것은 아마 특이한 향료를 써서 만든 향대이기 때문에 그럴 것이다. 절이나 사원에서도 향냄새가 진동하지만, 짱주 일반 민가에 들어가 봐도 이 짱시앙 타는 냄새가 온 집안에 배어 있다. 여기에 쑤여우차 냄새가 복합되어 만드는 묘한 냄새가 바로 짱주 사람들의 냄새였다. 아마 그들도 우리에게서 마늘 냄새를 맡지 않을까 싶다.

짱시앙을 만드는 풀을 "까단칸바(噶丹菝巴)"라 부르는데, 이 향초에는 전설이 서려 있다. 쫑카바(宗喀巴) 대사가 까단쓰(噶丹寺)에서 수행을 하고 있을 때, 악귀의 방해가 있어 늘 어디선가 악취가 흘러나오곤 했다. 그래서 쫑카바는 자신의 머리카락 몇 올을 뽑아 사원 내 마당에 심었다. 며칠 지나지 않아 마당에서 향내가 코를 찌르는 풀이 자라났다. 이 풀은 매우 빠른 속도로 들판을 메워 나갔다. 승려들이 이 풀을 뽑아 태워보니 사람의 마음을 안정시켜 주는 기이한 향내가 났다. 악귀의 사악한 기운이나 냄새도 이내 사라졌

사진 118 _ "씨앙 크어(香客)"를 위한 간이 향 판매점
불을 피울 수 있는 탑 옆에는 꼭 이런 노점상이 있어, 향을 판매한다. 생솔가지를 같이 태워 인간의 뜻을 하늘에 전달하는 모양이다.

다. 이 후로 승려들은 까단칸바로 향을 만들어 공기를 정화하곤 했다. 이 까단칸바는 끈끈한 점성이 있고 또 청결 효과도 높아 예전에는 비누로 만들어 쓰기도 했단다.

이 풀 말고도 짱시앙의 원료로는 장홍화, 백단향, 홍단향, 자단향, 침향 등 10여 종이 넘게 들어간다. 질 좋은 짱시앙은 공기 침투 능력이 탁월해 불을 붙인 후 몇 초만 돼도 온 방안에 향기를 진동시킨다. 원료도 모두 친환경 재료여서 공기를 숨쉬기 편하게 바꿔줄 뿐만 아니라 마음을 편안하게 해준다. 이런 연고로 짱주 사람들이 사는 곳에서는 일반 가정이건 사찰이건 짱시앙이 반드시 있게 마련이다.

다섯, 이름 짓기

장족 사람들의 이름에는 성이 없다. 일반적으로 남자와 여자의 구분은 있다. 이름은 통상 두 자 혹은 넉 자로 짓는다. 주로 불경에서 이름을 따온다. 그러다보니 이름

사진 119 __ 짱주 사람들의 12간지 풍속

농경민족만 음력을 믿고 12간지를 따져 사람마다 자신의 띠를 갖는 줄 알았는데 유목민족인 짱주도 마찬가지였다. 자신의 띠에 맞는 그림 동판을 전통 '라이터', 칼과 함께 허리에 길게 늘이고 다닌다. 크기는 500원짜리 토큰보다 약간 컸다.

이 같은 이가 너무 많다. 그래서 이름 앞에, 따(大), 시아오(小) 혹은 본인의 특징이나 출생지, 거주지, 본인의 직업 등을 붙임으로써 같은 이름의 다른 사람과 구분한다.

일반적으로 짱주 아이들은 태어나서 한 달이 되면 부모들이 활불이나 고승을 찾아가 이름을 받아온다. 이들은 대부분 종교, 길상물, 축언을 따서 이름을 지어준다.

첫째, 종교 길상물에서 따온 이름으로는 뚜오어지(금강), 라무(선녀), 취전(度母 모든 중생의 어머니), 취자(兴教 교세 부흥), 바이마(연화), 루오어부(보석) 등이 있다.

둘째로, 자연계 길상물에서 따온 이름으로는 니마(태양), 따와(달), 샤마(별), 주자(용의 소리), 랑카(공중), 지아용(무지개) 등이 있다.

셋째로 축하 말이나 길한 날을 이용한 이름 짓기에는 츠런(장수), 왕투이(재물 취득), 쟈시(길상), 지아안(보름), 츠쑹(초사흘), 츠지(초하루) 등이 있다.

그런데, 동년배 사이가 아니라면 직접 이름만 불러서는 안 된다. 이름 앞에 존칭이나 애칭을 붙여줌으로써 경애와 친절을 표시해야 한다.

여섯, 시집가고 장가오기

오랜 옛날 봉건시대에는 짱주 사람들이 아무하고나 혼인하지 않았다. 엄격한 문벌 제도가 있어서 통치계급 자제와 피통치계급 자제 사이에 결혼은 있을 수 없는 일이었다. 영주는 영주 가정과 혼인을 맺었고, 평민은 평민끼리 결혼했다. 이를 어길 시에는 사회적 견책을 받게 마련이었다.

오늘 날 이런 계급적 혼인 관계는 사라졌지만 전통적으로 있었던 몇 가지 혼인 방식은 아직도 남아 있는 곳이 있다. 농사짓고 목축하는 곳에서는 세 가지의 혼인 방식이 있어왔는데 일처다부, 일부다처, 일처일부 제도가 그것이다.

먼저, 일처다부제도. 형제지간에 혹은 친구 사이에 처를 공유한다는 의미다. 이런 상황이 나타난 것은 주로 농목업 생산 방식과 노동력 확보 문제 즉 경제적 문제 때문이다. 이런 가정은 여성이 중심이 되는데, 주부가 방 하나를 사용하고, 남자들이 돌아가면서 주부와 동침하는 것이다. 주부는 모든 남자들에게 공평하게 대함으로써 그들 간에 불화가 발생하는 것을 막는다.

둘째로, 일부다처. 이런 형식은 옛날 사회에서 상층 계급이 주로 취하던 방식인데, 평민들 사이에서도 간혹 있어왔다. 현재도 이런 유형이 존재하는 것은 민며느리를 데려오기 때문이다. 남편은 먼저 언니 혹은 동생과 결혼을 하는데 나중에는 언니와 동생 둘을 동시에 부인으로 거느린다. 혹은 자매가 데릴사위를 맞아 남편을 공유하는 경우도 이런 유형에 속한다. 그러나 장족의 일부다처는 한족들이 보여주었던 일부다처제도와 다르다. 장족들의 경우에는 모든 처자들의 지위가 완전히 같다. 심지어 한 남자가 두 집에서 동시에 남편 노릇을 하는 경우도 있다.

마지막으로, 일처일부. 이런 유형이 주도적인 상황이다. 주로 남자가 여자를 맞이해 가정을 이루는데, 집안에 아들이 없는 경우에 장인이 데릴사위를 들이기도 한다. 한 집안에 남자 하나 혹은 여자 하나만을 남겨 대를 잇게 하고, 나머지 형제들은 출가하여 승려가 되거나 여자 집으로 장가를 간다. 자매들도 마찬가지인데 출가하여 승려가 되거나 남의 집으로 시집을 간다.

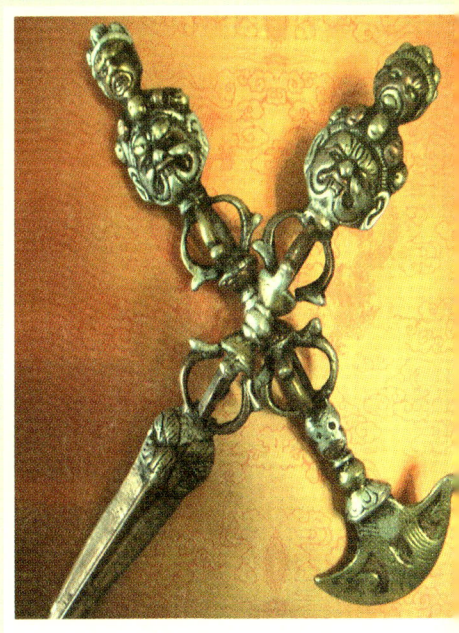

사진 120 __ 짱주 금강저(金剛杵)

불교에서 마음의 번뇌를 없애주는 보리심(菩提心)의 상징인데, 짱주전통불교에서는 의식법구가 된다. 짱주 사람들은 이를 부적처럼 여겨 자신을 보호해 준다고 믿고 있었다. 나에게도 벽에 걸어두라고 권했다.

위뻥(雨崩) 가는 산길에서 맛본 송이버섯(松茸)과 쑤여우차(酥油茶)

위뻥에 올라오는 길은 두 가지가 있다. 하나는 란창지앙 강변의 니농(尼農)촌에서 위뻥하(雨崩河)를 따라 올라오는 길이고, 다른 하나는 내가 올라갔던 코스 즉, 시당(西当)온천에서 "지우지라구(九吉拉古 18굽이 고개)"를 따라 걸어 원시삼림을 통과하여 위뻥 상촌(上村)에 도착하는 길이다.

시당에서 위뻥으로 넘어가는 산길은 길고도 높다. 그래서 많은 이들이 말이나 노새를 타고 넘어간다. 이 길을 걸을라치면 우선 해발 3,900m인 나종라야커우에 올라야 한다. 약 12㎞를 계속 올라가야만 하는데 전 구간이 좁고 길도 험하다. 말과 노새가 다니기 때문에 그 놈들의 배설물이 지천으로 널려 있는 것은 물론이고 비가 온 후 땅이 마르기도 전에 말발굽에 채여 길이 움푹움푹 패여 있고, 그러다보니 정해진 길이 아닌 옆쪽 비탈길로 올라가야 하기 일쑤였다. 꼭대기에 다다른 다음에는 다시 5㎞를 가파르게 내려가야 위뻥 상촌에 도착한다. 대, 여섯 시간 힘들여 올라온 길을 한 시간 반 만에 걸어 내려가야 하니 길이 제법 가파르다는 증거겠다.

시당에서 말을 타고 올라가라는 마부의 말에 싱긋도 않고 걸어 올라온 데는 나름대로 결심한 바가 있어서 였다. 이왕 나이 먹어 배낭여행을 계획한 바에야 육체적 고통을 감내함으로써 나를 테스트 해 보겠다는 생각이 강렬했다. 이는 동행하고 있는 채환이도 마찬가지다.

해서 독하게 맘먹고 발걸음을 천천히 놀리면서 제1, 2 휴게소에서는 쉬지 않고 그냥 지나쳤다. 가끔 사진을 찍기 위해 배낭도 내려놓지 않은 채 멈춰선 적은 있었다. 이렇게 계속 올라가다 보니 생각보다 빨리 제3 휴게소에 도달할 수 있었다. 처음 20여 분 정도가 힘들었지 그 다음부터는 호흡이 고르게 되면서 걸을 만 했다. 주막 주인에게 물어보니 이제 한 코스만 더 가면 제4 휴게소가 나오고 산 정상이란다. 역시 갈 길이 멀다

사진 121 __ 쑤여우차와 짠바 구운 것
색깔이 그다지 맑지는 않은 쑤여우차. 위로 약간 거무튀튀한 기름이 떠 있다. 튀긴 듯이 부풀은 짠바와 함께 마신다.

생각하고 고개 숙여 서, 너 걸음 앞만 보고 걸었던 방식이 효과적이었다.

제2 휴게소까지가 절반으로 6㎞였는데, 이 곳 제3 휴게소는 8㎞ 거리였다. 그렇다면 앞으로 4㎞가 남았다는 얘기다. 아무래도 이번에는 쉬어야겠다고 생각하는 참에 탁자에 놓인 송이버섯에 눈이 갔다. 저게 자연산일 텐데 하는 생각이 들면서 먹고 싶어졌다. 해서 물어보았더니 한 접시 반 근에 20위앤 이란다. 일단 주문을 했다. 자리 잡고 털썩 앉았더니 예쁘게 생긴 젊은 여주인이 쑤여우차(酥油茶)를 권한다.

쑤여우차가 올려진 탁자 한 귀퉁이에 밀가루 튀김 같은 게 보였다. 크기는 빈대떡 만한데 색깔은 노릇노릇했고 모양새는 부풀어 오른 상태에서 간혹 공기방울 같은 것이 올라와 있었다. 그렇다고 기름에 푹 절지는 않아 튀긴 것 같지는 않았다. 남자 주인에게 물어보니, 일단 먹어보라고 권한다. 그러면서 쑤여우차를 한 모금 마시고 튀김을 한 조각 뜯어 먹는 시범을 보인다. 나도 얼떨결에 따라 해 보았다. 쑤여추차 맛이 약간은 닝닝하면서도 새콤달콤한데 목젖을 넘길 때 뜨끈한 기운이 느껴져서 좋았다. 거기에 튀김이 아니라 구운 짠바를 함께 씹었더니 별미였다. 입에 당기는 맛은 아니었으나, 쑤여우차도 벌컥 벌컥 들이키지 않으면서도 갈증을 달래줬고, 이 짠바도 달지도 않고 기름기도 그렇게 많지 않아, 마치 커다란 건빵을 살짝 버터에 발라 구운 맛이었다. 약간 퍽퍽할 수도 있는 것을 쑤여우차와 함께 먹으니 먹을 만 했다.

이어 나온 송이버섯 구이는 양념을 넣지 말아 달라고 부탁을 해서 기름에 데쳤다. 왜냐하면 짱주 사람들은 입 안을 톡 쏘고 마비시키는 조미료, 마치 산초 같은 것을 뿌려 먹기에 구운 맛을 못 느끼게 만들기 때문이다. 그다지 큰 버섯은 아니었으나 몸통과 머리통의 크기가 비슷해 상품이고 또 냉장도 하지 않은 것이라 신선하니 향이 살아 있었다. 마파람에 게 눈 감추듯 한 접시를 비우고는 가게 처마 끝을 바라보았다. 송이를 실에 꿰어 말리고 있는 게 눈에 띠었다. 나는 불현듯 사갈 수 있을까 하는 생각이 들었다.

띠칭(迪庆)에는 야생 식용 "균(菌)"이 대단히 많다. 여기서 갑자기 생각나는 에피소드가 하나 있다. 뻬이징에서 유명한 신지앙 음식점에서 음식을 주문하기 위해 메뉴판을 펼쳐 들었는데 거의가 무슨 무슨 "균(菌)"으로 된 음식뿐이었다. 이 "균(菌)"이라는 글자는 내게 '세균'이나 '병원균' 같이 위험 물질로만 인식되어 있기에, 뭔가 잘못 되었으려니 하고는 메뉴판을 첫 장부터 마지막 쪽까지 공들여 읽었다. 그래도 역시 마찬

사진 122 _ 송이버섯과 쑤여우차
절반 이상 올라온 산중에서 눈에 확 띄는 것이 있었으니 자연산 송이였다. 공기에 담아 내온 것은 쑤여우차였는데 갈증과 허기를 해소하는 덴 최고였다.

가지로 먹을 게 없어 보였다. 그래서 걱정스런 마음으로 종업원에게 이것들이 다 무슨 "세균"?이냐고 물어보았다. 혹시 요쿠르트 같은 유산균 음료라거나 아니면 "동충하초"처럼 먹을 수 있는 균이 따로 있는 게 아닌가 싶어서였다. 내 말을 들은 종업원은 아무소리 없이 한쪽 벽을 가리켰다. 거기에는 핀 조명을 받아 빛나는 유리 진열장 안에 각종 송이 버섯이 진열되어 있었다. 나는 그 때까지도 이해를 못했다.

다시 종업원과 대화를 해보니, 내가 송이버섯 즉, "쏭롱(松茸)"이라고 부른 저 버섯들을 보고 그녀는 "쥔즈(菌子)"라고 말하는 거였다. 아뿔싸, 그렇다면 버섯을 일반적으로 쥔즈(菌子)라고 한다는 말 아닌가? 그렇다면 당연히 메뉴판에 있는 각종 "균"들은 모두 버섯을 의미하고 있는 것이니 당연히 맛있는 식용 음식이란 얘기였다. 나중에 사전을 들춰보고 지방 방언으로 버섯을 "쥔즈(菌子)"라고 하는 것을 알았다.

띠칭의 버섯 이야기로 돌아오면, 이 지역의 특산물 중의 하나가 버섯인데 그 종류가 물경 136 가지나 된다. 또한 윈난성에서 가장 주요한 송이버섯 산지 중의 하나이기도 하다. 샹그리라 현이나, 드어친 현, 웨이시 현 등지에서 촌민들이 송이버섯을 캐 장에 내다 판다. 주로 해발 3,000m에서 3,500m 사이에서 7월부터 채취하기 시작해 10월경까지 송이를 캔다.[125]

잠시 후, 사흘 뒤 내려가는 길에 들러 마른 송이를 사가는 걸로 얘기를 끝냈다. 지금 상태로 봐서는 그때까지 완전히 건조될 것 같지는 않은데 두고 보기로 했다. 주인은 이미 바짝 말려있는 것을 권했는데, 그것은 몸통에 비해 머리가 너무 커 꽃이 완전히 피었던 것으로 마음에 들지 않았다.

이 지역의 송이는 기둥이 두툼하고 육질이 아주 가늘게 찢어져 부드러우며 향기가 진하다는 주인의 자랑을 뒤로 하면서 인사말로 "쟈시데레(吉祥如意)"를 건넸다. 아까부터 지나치는 말몰이꾼들이 나에게 이 인사말을 했기에 이제 나도 어느새 자연스럽게 쟈시데레를 외치게 된 것이다. 만나고 헤어지는 인사야 으레 안녕하시냐 잘 있어라 인데, 장족이 쓰는 인사말은 그것이 담고 있는 의미가 독특하면서도 멀리까지 축

---

125) 송이 및 각종 버섯 교역시장이 샹그어리라현에서 열리는데 매년 거래량이 1,000톤에 달한다. 현지 주민들이 버섯 채취를 통해 얻는 수익은 1년에 가구당 3,000위앤 정도라고 한다.

원하는 기분이 들어 좋다. "길하고 상서러움이 당신 뜻대로 되기를" 빌어주니 얼마나 선하고 기분 좋은 인사말이냐 싶다.

다시 한 시간은 족히 걸은 듯한데 저만치에 마니퇴가 보이고 룽다가 펄럭이고 있다. 정상이 가까움을 나타낸다고 생각하니 발걸음이 절로 가벼워진다. 아니나 다를까 사람들이 주막에 앉아 있고 그 앞쪽으로는 보이지 않는 비지땀을 흘리면서 무거운 짐을 지거나 사람을 태우고 올라온 말들이 연신 코뚜레질을 하고 있다. 평생 사람의 도구로 살다가 생을 마감하는 말을 노래한 시가 떠올랐다.

"마땅히 짐차를 불러 실어야 할 것인데.
그는 한 마디 말도 없이
목을 빼고 곤추 설 뿐.

등허리에 죄어드는 억압이
살 속으로 파고들어도,
그는 머리를 아래로 떨굴 뿐.

요 다음의 운명을 지금은 모르는데,
그는 눈물을 마음속에 담을 뿐.

눈앞에 어른대는 한 줄기 채찍에
고개를 들어 멀리 내다볼 뿐"

짱크어지아(臧克家)의 라오마(老马)라는 이 시126)는 1932년에 발표된 것으로, 중국

사진 123 _ 사람만 쉬는 게 아니라 말도 쉬어야죠
시당과 위뼁을 오가며 생필품을 운반하고 사람을 태워주는 말들

---

126) 总得叫大车装个够, 它横竖不说一句话, 背上的压力往肉里扣, 它把头沉重的垂下！
 这刻不知道下刻的命, 它有泪只往心里咽, 眼里飘来一道鞭影, 它抬起头望望前面.

의 암울했던 반식민지시기에 혁명가의 비분강개한 심정을 토로했다고도 하는데 나는 그러한 시대 배경을 떠나 지금 내 눈앞에서 수고하고 있는 저 말들의 삶이 애처로울 뿐이다.

정상에서 30여 분간 쉬면서 일행들이 오기를 기다렸다. 나와 처음부터 동행한 친구 채환이 말고 요 며칠 사이에 탐방지에서 얼굴을 스치면서 인사 나눈 중국 친구들이 꽤 된다. 이들의 공통점은 모두 젊다는 거, 여름휴가를 즐기러 윈난에 왔다는 거, 그리고 여행사를 통하지 않고 적게는 연인 둘만, 많게는 예닐곱이 자유여행을 하고 있다는 점이다. 중국의 경제 성장과 사회 변화를 느낄 수 있는 부분이다.

이제 내리막길로 접어들었다. 여기도 원시림이 펼쳐지는 구간이 나온다. 밀림지대에서 보이는 오래된 거미줄과 각종 넝쿨이 나무를 칭칭 동여매고 있다. 지나는 사람

사진 124 __ 위뻥춘 내려가는 도중 메이리 설산을 배경으로
깨끗이 둘러쳐진 메이리 설산 봉우리들이 아름다워 길가는 이에게 부탁하여 찍은 사진인데 이미 해질 녘이어서 역광이 되었다.

위뺑(雨崩) 가는 산길에서 맛본 송이버섯(松茸)과 쑤여우차(酥油茶)

도 적을 경우에는 그야말로 고즈넉한 정경이다. 며칠 전 드어친(德钦)을 지나 샹그어리라에 들어올 때부터 오늘까지 여러 설산을 보았고, 개중엔 메이리 설산도 있었으나, 지금 이 곳에서 보이는 메이리 설산이 가장 선명하게 보인다. 나는 얼른 카메라를 꺼내 각도를 잡으면서 셀프 카메라 '놀이'를 했다. 마침 낯익은 중국인 커플이 지나기에 서로 사진을 찍어 주었다.

한 시간 쯤 내려갔을까? 좁은 산길이 끝나면서 막 바로 통나무집으로 연결이 되었다. 이 집이 바로 객잔 숙소다. 입구 옆의 건물에는 자가 발전기가 돌아간다. 이미 휴대폰도 두절이 된 지역이니 외부로부터의 전기 혜택도 당연히 받을 수 없나 보다.

위뺑(雨崩)은 메이리 설산에 있는 마을 가운데 해발이 가장 높은 곳에 위치한 동네다. 마을 이름이 짱주 말로 된 것인줄 모르고 처음에는 한자어를 곧이곧대로 해석하려 들었다. 그러니 아무리 머리를 써 봐도 시원한 답이 나오질 않았다. "우(雨)붕(崩)이라니?" 비가 무너진다는 말인가? 비가 엄청 많이 온다는 표현인가? 그도 아니면 비로 인해 뭔가가 무너진다는 말인가? 아무튼 해석하기가 몹시 힘들었다. "산사태", "눈사태" 라는 말은 들어봤어도 "비 사태"라는 못 들어봤기에 더욱 그 뜻을 종잡을 수가 없었다. 최소한 비로 인해 지어진 마을 이름이라면 이 지역에 비가 많이 와야 할 텐데 그렇게 강우량이 많은 것 같지도 않으니 말이다.

종국에 알게 된 해답이 "위뺑"은 한자어가 아니라 짱주 말인데 "경전"을 의미한다. 참으로 허탈했다. 이제까지 다른 이름들은 아예 한자로 해석할 엄두가 안날 정도로 무의미한 한자의 조합이었는데—그도 그럴 것이 한자에서 음만을 가져다 표기했으니 대뜸 짱주 말인가 보다 넘겨짚고는 해석할 엄두도 내지 않았는데, 이 위뺑이라는 이름은 제법 한자어인 듯 해 어리석음을 범했던 것이다.

어찌 되었든 이 동네가 위뺑이라는 경전의 의미를 갖게 된 것은 이 마을에서 그다지 멀지 않은 곳에 있는 "스주완(石篆) 천서(天书)"라는 절승지와 무관치 않다. 위뺑 마을은 산을 지고 물을 끼고 있어 풍광이 수려하다.

中国 云南省 人文紀行
소수민족 문화의 영속성

위뼁(雨崩) 객잔에서
별을 헤아리며

   위뼁 마을은 전기가 들어오지 않았다. 내가 묵은 객잔은 자체 발전기를 돌리고 있었다. 방안이건 복도건 백열전구의 촉수가 너무 낮아 불편할 정도였다. 아마 15와트도 안 되는 모양이다. 게다가 언제적 얘기더냐 싶게도 백열등의 스위치도 따로 없는, 그야말로 우리나라 1960년대에나 있던 것으로 떠올려지는, 벌브를 살짝 돌리면 불이 꺼지고 켜지고 하는 초간단 전등이 전깃줄에 대롱대롱 걸려 있다.

   그렇게 어둑신한 마루에 나앉아 옆의 방 여행객과 얘기를 나누었다. 홍콩에서 온

사진 125 __ 자가 발전기를 이용한 백열 전등
"백열 전등이 춤 춘다"는 가사를 떠오르게 하는 위뼁 숙소의 조명

57살 된 초로의 남자였는데 대학생 딸과 함께 이곳을 찾았다고 한다. 얘기를 나누다 보니 말하는 품이 꽤나 흥미있는 인물이었다. 같은 중국사람이건만 홍콩에 나가 오래 살다보니 견문이 다르고 사고방식이 달라졌음을 알 수 있었다. 이 남자는 중국과 얽힌 우리나라 현대사를 제법 정확히 알고 있었다. 내가 한국인임을 알고는 대뜸 한국 농민들의 시위 수준이 갈수록 높아지고 있다는 평을 했다. 아마도 홍콩까지 원정 가서 선보였던 3보1배식 평화시위를 목격한 모양이리라.

그는 월남전이 종식된 후 중국이 베트남과 전쟁을 벌이게 되면서 자기도 참전한 경험이 있다고 했다. 당시 그는 하이난다오(海南岛)에 거주했는데 "중월 반격 지원전"에 차출되기도 했다고 하니 처음부터 반정부적 성향은 아니었을 텐데, 지앙지에스(蔣介石)과 중국공산당의 관계를 말하는 데는 상당히 객관적 시각을 보였다. 즉, 1945년 제2차 세계대전에서 일본이 패망하면서 지앙지에스의 국민당 정권이 유일하게 국제무대에서 인정을 받은 중국 내 정권이었는데, 중국공산당이 이를 무시하고 내전을 벌여 정권을 탈취했다는 평가를 내게 들려주었다.

그와 상반되게, 한자리에 있던 후난(湖南)출신 여자 대학원생은 중국 역사에서 흔히 보이는 역성혁명으로 중국공산당의 등장을 이해하고 있었다. 즉, 한 왕조가 멸망할 시기에 이르면 거의 공통적으로 보여주는 정권의 부패와 사회 혼란이 장개석의 국민당 정부에서도 드러났고, 이를 바로잡고자 했던 중국공산당이 결국 새시대를 개척했다는 것이다. 이 대학원생은 중국 국민으로서 받은 역사 교육과 정치 교육에 충실하다는 느낌이 들어 나도 모르게 웃음이 나왔고, 반대편 남자는 나에게 동조를 구하는 눈빛으로 관방 교육의 단면적 시각을 지적하고 나섰다.

이 두 사람은 우리나라의 "6·25 전쟁"에 대해서도 당연히 서로 다른 인식을 갖고 있었다. 남자는 김일성이 스탈린, 그리고 마오와의 협의를 거쳐 남침전을 일으켰다고 지적한 반면에, 여자는 미국에 의해 "조선반도"가 전화에 휩싸였고 급기야는 미국이 중국도 침략하려 들자, 이를 막아내고자 중국이 조선을 돕고 미국에 대항하는 "항미원조(抗美援朝)"를 기치로 참전하여 승리를 거둔 것 아니냐며 의아한 표정을 지었다.

이런 종류의 대화는 이 번만이 아니었다. 이 날 내가 묵은 방은 3인실이라 나의 일행 말고도 1명의 중국인이 더 있었다. 서로 처음 보았을 때 그는 내가 한국인이고 중국정치를 전공했다는 말을 듣고는 대뜸 중국정치를 소재로 나와 말꼬를 텄다. 나는 상대방에 대해 별로 신경 쓰지 않고 내가 생각하는 중국의 정치민주화 수준과 중국공산당에 관한 비판을 했었다. 그런데 나중에 알고 보니 그는 현직 경찰이었다. 꽝저우 근처 공안국에 근무하는데 열흘간 휴가를 내어 홀로 여행을 왔다고 했다. 경찰이 열흘이라는 길다면 긴 휴가를 누린다는 것도 생경했지만, 이 친구는 자가용으로 지프 체로키를 타고 다닌다고도 했고, 잠 잘 때는 이런 오지 객잔의 위생시설이 형편 없으리라고 생각했던지 침낭을 메고 와서는 그 속에 들어가 잠을 자기도 해 나로 하여금 몹시도 중국인답지 않은 중국인이라는 인상을 안겨 주었다.

어쨌거나 이들과 부담없이 웃고 떠들다 보니 어느새 까맣게 물들은 밤하늘에 별이 뜨기 시작했다. 이는 오지에 들어왔을 때 뜻하지 않게 받는 자연의 선물이기도 하다. 도시의 잡답 속에서야 어찌 별바라기를 꿈꿀 수 있으리요마는 이날 밤은 순수한 마음이 들게 하는 별빛으로 황홀했다.

기실 산을 넘어들어 올 때부터 휴대폰도 끊어졌다. 그만큼 오지인 셈이니 날씨만 좋다면 밤하늘의 별을 보기는 그리 어렵지 않으리라. 별바라기라면 국내에서는 강원도 방태산 자연휴양림에서의 별밤이 가장 인상적이었고, 몽골에서는 고비 사막에서 야영을 하면서 올려다본 밤하늘이 환상적이었다.

한 3, 4년 되었나 보다. 고비 사막에서 동료들과 아르키 술잔을 기울이고 있는데, 시간은 어느 덧 자정을 넘기고 있었다. 하늘을 올려다보니 어느 새 별들이 총총히 나타나기 시작했다. 한 시간 전만 해도 초승달 옆으로 샛별만이 외로이 떴었는데, 해가 완전히 져서 등불이 있어야만 지척 앞을 헤아릴 수 있는 시간이 되자, 모든 별들이 자신을 드러내기 시작한 모양이다.

나는 그날 밤 보드카 몇 잔으로 알딸딸해진 상태로 게르에 들어가 침구를 들고 나와 풀밭에 펴고 누웠다. 멀리서 개 짖는 소리가 간간이 들려오자 문득 늑대라도 오려나? 하는 생각도 들었지만, 눈앞에 펼쳐지고 있는 별 밭의 장관이 모든 것을 압도하고 있었다.

청소년 시절에, 여름 방학이면 왠지 모르게 마음이 들뜨면서 친구들과 바닷가를 찾곤 했었다. 그 때는 학교와 집을 떠나 친구들과 어울리는 것이 즐거움과 낭만과 모험의 전부였던 모양이다. 그런데 여름 방학 때 산을 찾기 보다는 거의 항상 바다를 찾았던 것 같다. 그 때 모닥불 가에 둘러 앉아 통기타를 치고 "야전"을 틀어 놓으면 바닷가 우리들만의 축제는 새벽녘까지 이어지곤 했다. 그 시절 한반도 해변가를 평정했던 노래 중에 키보이스의 "별이 쏟아지는 해변으로 가요, 해변으로 가요오~"라는 노래가 있었는데, 바로 그 가사대로 느껴지는 별바라기를 즐길 수 있었던 것이다.

그날 밤의 밤하늘은 어느 별밭과도 달랐다. 왜냐하면, 별이 아주 가깝게 느껴져 취한 기분에 돌멩이라도 던지면 맞출 수 있다는 착각을 일으킨다는 점, 그리고 야외 사생대회에 나갔을 때 그리고자 하는 부분의 구도를 잡고자 양손 엄지와 검지로 직사각형을 만들어 허공에 대보듯이 하늘로 두 팔을 뻗어보면, 그 작은 네모 안에 웬 1등성이 그리 많이도 들어오는지 신기하기만 했다는 점, 그리고 끝으로 내 눈이 마치 어안렌즈라도 된 양, 누운 상태에서의 앞쪽 시야각이 양옆으로 마냥 이어져 별만 가득히 내 눈에 담겨 있다는 점이 충격적이었던 것이다. 그런 감동에 젖어 그냥 그렇게 풀밭에 누운 채로, 고비에서의 하룻밤은 깊이 내려앉고 있었다.

고비 사막의 별밭이 막힌 곳 없이 온 하늘을 덮고 있었다면, 위뻥춘의 별밭은 설산에 이어내린 산봉우리들이 아늑한 울타리를 치고 있다는 점에서 달랐다. 밝기는 비교하기 어려울 정도로 밝았지만 사막과 산속이 주는 느낌은 아무래도 지자(知者)는 요수(乐水)요, 인자(仁者)는 요산(乐山)이라고 한 경서의 한 구절로 판가름할 수 있으리라.[127]

---

[127] ≪论语≫<雍也篇> "知者乐水 仁者乐山 知者动 仁者静(지혜로운 사람은 활동적이기에 물을 좋아하고, 어진 사람은 고요하기에 산을 좋아한다)"

성지 순례로 성수(圣水)를 얻는다,
위뼁(雨崩) 선푸(神瀑)

위뼁 상촌 숙소에서 아래로 향했다. 선푸를 가려면 위뼁 하촌을 지나야 하기 때문이다. 오늘도 날씨는 좋다. 커다란 뭉게구름이 떠가는데 해발이 높아 그다지 덥지가 않다. 옆에서 나란히 걷고 있는 아루(Aru)가 한 마디 일러준다. 이 곳에서는 산봉우리나 폭포를 가리킬 때 손가락으로 가리켜서는 안 된단다. 만일 성지를 돌고 있는 장족 신자들의 눈에 띠면 사단이 벌어질 수 있단다. 그럼 어떻게 하냐고 되물어 보았다. 꼭 어느 곳을 가리켜야 할 경우에는 손바닥을 하늘로 한 채 손 전체로 가리켜야 한다고 아루는 대답했다.

갑자기 웃음이 터져 나왔다. 그것은 간혹 보게 되는 북한 관련 보도에서 고 김일성 주석의 사진이나 동상을 가리킬 때 북한 사람들이 항상 그런 식으로 가리키던 모습이 떠올랐기 때문이다. 아하 그들도 이런 이유로 그런 자세를 취했던 거구나 싶다. 역시 인민의 존경심을 극도로 표출시키기 위해서는 이미지 메이킹이 필요한 모양이다.

꼭 한 시간 반을 걸어 휴게소에 도착했다. 앞으로 요만큼만 더 걸으면 폭포 밑에 다다른다고 했다. 잠시 쉬면서 주변의 야생화를 카메라에 담았다. 꽃이 큰 것은 배제하고 접사 촬영을 해야 할 정도로 작은 꽃들만 찍었다. 후티아오시아에서도 제법 많이 찍었는데 여기서도 대여섯 종은 새로 발견했다. 다시 발걸음을 옮기기 시작했다. 한 시간쯤 걷고 보니 멀찌감치 바위산이 나타난다. 이제까지는 고도가 평이한 편이었으나 폭포 쪽에 가까이 가면 산을 올라야 할 것 같았다.

처음으로 비지땀을 흘리며 막바지 등산을 했고, 잠시 후에 날 듯한 폭포수가 수 십 미터 높이의 벼랑에 걸려 있어 마치 은하수가 쏟아지듯 선경을 펼치고 있는 모습이 눈에 들어왔다.

성지 순례로 성수(聖水)를 얻는다, 위삥(雨崩) 선푸(神瀑) **위삥**

전설에 따르면 이 신선폭포는 카와그어보어 신령이 하늘에서 가져오는 성수라고 한다. 그래서 이 물은 무의식중에 범한 죄를 씻어 주고, 면하기 어려운 재난을 소멸시켜 주는 은전을 중생에게 베푼단다. 장족 전통불교 신도들이 성산을 참배하면서 작게 도는 경우, 반드시 이 위삥 선푸 물로 목욕하러 올라온다.

비호가 약한 짐승을 덮치듯 용맹하게 내려오다 몇 차례 바위에 부딪히면 어느새 산산조각이 나 안개인지 물보라인지 구름인지 연기인지 모를 환각을 일으켜 놓는다. 주변 분위기 탓인지 신비롭다는 생각이 들어, 굳이 폭포 밑으로 내려가 물맞이를 해본다.

폭포줄기가 살아있는 곳에 가까이 하면 물의 차갑기와 세기로 눈도 뜨기 어렵고 입도 벌리기 어려울 지경이 된다. 허나 어디서 이런 통쾌한 물맞이를 할 수 있을 것인가? 나뿐 아니라 많은 젊은이들이 폭포 밑을 순례하면서 시원한 물세례를 즐긴다. 어떤 이는 아예 웃통을 벗어부치고는 무릎 꿇고 앉아 기도를 하고 있다.

나는 기도는 안했지만 대자연 앞에 나 자신의 왜소함을 다시 한번 깨닫고 자그마

사진 126 _ 이백(李白)이라면 "비류직하삼천척"을 읊을만한 위삥 선푸
티베트불교의 성지답게 순례객과 룽다로 활기가 넘쳤다.

한 오만도 버려야 하리라 생각을 다잡는다. 하늘의 기를 받고 전기에 감전된 듯, 혈류가 빨라지면서 피돌기가 새 힘을 얻는 듯하다. 이래서 시인은 감정을 주체치 못하고 시로써 격정을 토로하게 되는 모양이다.

이백(李白)은 여산 폭포를 바라보면서 이렇게 읊었다(望庐山瀑布).

日照香炉生紫烟 (일조향로생자연)　해가 향로봉을 비추니 자줏빛 안개가 일어나고
遥看瀑布快长川 (요간폭포쾌장천)　멀리 폭포를 바라보니 마치 긴 냇물을 걸어 놓
　　　　　　　　　　　　　　　　은 듯.
飞流直下三千尺 (비류직하삼천척)　날듯이 흘러 수직으로 삼천 척을 떨어지니
疑是银河落九天 (의시은하락구천)　마치 은하수가 구천에서 떨어지는 듯하구나.

여산 향로봉에 떨어지는 햇살이 푸른빛을 자아내는 상황에서, 폭포수를 음미하고자 일부러 눈을 가느스름하게 뜨고 멀리 내다보는 척하니, 폭포 물줄기가 "삼천 척"이나 되어 보였나보다. 그러니 물줄기는 당연히 은하수가 되어 깊디깊은 아홉 겹 하늘에서 내려왔다고 해도 되겠다.

이 선푸는 수원을 메이리 설산의 눈과 얼음으로 갖고 있기에 상대적으로 기온이 오르는 여름철에 수량이 더 많다고 한다. 물맞이를 하다가 운이 좋으면 폭포에 걸리는 무지개를 볼 수도 있지만, 간혹 느닷없이 내려오는 눈사태를 만나면 난감해 질 수 있다. 지난봄에 타이완에서 온 부부가 폭포아래서 물맞이를 하면서 기도를 드리다가 갑자기 쏟아져 내려온 얼음덩어리에 맞아 남편은 그 자리에서 즉사하고 부인도 들것에 실려 내려가서는 결국 죽었다고 한다.

그러거나 어찌거나 오늘 이곳을 찾은 여행자나 성지 순례자는 누구라 할 것 없이 모두 선경에 흥분한 상태다. 어떤 장족 순례자는 학교도 아직 들어가지 않은 듯한 손녀를 데리고 왔다. 아이는 빈 물병에 빗물로 변한 폭포수를 열심히 받고 있었다. 집에 돌아가면 할머니랑 마실 거란다.

설산의 눈사태로 만들어진
위뻥 뻥후

    상위뻥 객잔에서 뻥후로 오르는 길은 원시림 분위기를 자아냈다. 거목들이 벼락을 맞아 쓰러져 고목으로 풍화되고 있는 모습도 볼 수 있고, 깨끗한 격류가 소용돌이 치며 내딛는 폭넓은 개울도 보인다. 그 뿐 아니라 나귀가 힘겹게 오르는 진창길도 있고 벌목공이 담배 한 모금 빨면서 쉴만한 햇살 바른 둔턱도 보였다. 또 순례자들이 정성들여 하나씩 얹어 이룬 작은 석탑들도 즐비했다. 중요한 것은 볼거리도 많지만 갈수록 고도가 높아지는 힘든 길을 한참 걸어야 한다는 거다.

    4시간 남짓 걸으면 뻥후를 감추고 있는 얼음산이 저만치 보이면서 마지막 휴게소가 나온다. 따끈한 커피나 시원한 빙과류 모두 있다. 가장 인기를 끄는 것은 컵라면이었다. 시원찮게 먹은 이른 아침 식사에 허기진 배를 채우기에는 그만이다. 그런데 나는 예의 산행 버릇이 나와 남들이 다 쉬어가는 이 곳을 그대로 지나쳤다. 한 30분쯤 더 올라가면 목표 지점인 뻥후에 나 홀로 닿을 듯해서였다.

    주머니에서 초컬릿 바를 하나 꺼내어 입에 물고는 가쁜 숨을 골라가면서 마냥 앞으로 나아갔다. 장족 할머니 한 분이 나물이라도 캐는지 풀밭에 앉아 있다 내게 눈인사를 한다. 나는 "쟈시데레"라고 장족 인사말을 건넸다. 어느 나랏말이건 첫 인사말은 대개 별 의미가 없는 간단한 말인데, 장족의 첫 인사말은 매우 진지하다. 한 번 스쳐 지나가는 사람 간에도 "당신의 뜻대로 상서로우시길(吉祥如意)"이라고 빌어주니 하는 말이다. 인사만 건네기가 멋쩍었는데 마침 갈림길인지라 어느 쪽으로 올라가야 하느냐고 물어보았다. 할머니가 왼 편을 가리켰다. 참 신기했다. 물어본 나나 대답해 준 그 분이나 서로 통하지 않는 말을 주고받았는데, 즉 나는 중국어를 썼고 그 분은 짱주 말을 했는데도 의사소통은 정확히 되었으니 말이다. 웃음이 나왔다.

    가쁜 숨을 몰아쉬며 언덕에 올라서니 발치에 녹색 호수가 나타났다. 그 모습이 너

活化石 中國 云南省 人文纪行
소수민족 문화의 영속성

사진 127 _ 만년설이 녹아내린 위뼁 뼁후

뼁후라 했으니 분명히 얼음이 있으리라. 호수 중앙에서 우측으로 조금 치우친 곳에 얼음 덩어리가 모래톱처럼 자리잡고 있다. 사진의 중간 부분은 얼음덩어리와 작은 알갱이가 퇴적된 것이고, 그 위로는 만년설산의 눈이 녹아 물로 흘러내리는 중이다. 참고로 앞의 등반객 때문에 얼음더미가 작아 보이나 실제로는 이 사람이 저 위에 올라섰을 때 점으로 밖에 보이지 않았다.

무도 고요하고 평온했다. 아래쪽으로 물줄기가 터져 있었고, 호수 위로는 눈인지 얼음인지 구분이 안 되는 하얀 더미가 몇 개 쌓여 있었다. 더운 김을 내쉬면서 아무 생각 없이 바라보노라니 꼭 빙수 같은 얼음 알갱이로 보였다. 나는 부지런히 캠코더를 돌렸다. 주위에는 아무도 없었다. 심지어 새 한 마리, 벌 한 마리도 날지 않았다. 문득 가족에게 보내는 영상 메시지를 만들고 싶어졌다. 그래서 눈대중으로 카메라 방향을 잡고는 셀프 동영상을 찍기 시작했다. 집사람과 아이들에게 홀로 이 광경을 즐기게 되어 미안하다는 말부터 시작해서 사랑과 믿음을 전하는 요지의 말로 마무리 지었다. 그러고는 또 내가 속해 있는 등산팀들에게도 다음에 같이 오자는 권유의 메시지를 담았다.

한 시간 쯤 지났을까? 두 명의 서양 젊은이가 나타났다. 그런데 빗방울이 후둑후둑 떨어지기에 얼른 카메라와 캠코더를 배낭에 넣고 준비해 간 우의를 꺼내 입었다. 짐 정리를 마치고 일행이 오기를 기다리며 눈길을 앞으로 돌렸는데, 누군가 얼음더미 위에 기어오르는 것이 보였다. 너무도 작은 물체라 처음에는 야생동물인가 싶었다. 그런데 자세히 보니 방금 전에 본 두 청년 가운데 한 친구가 상의를 벗어부치고는 눈과 얼음으로 이루어진 동산을 오르고 있는 것이었다. 역시 젊음이 좋긴 좋구나 싶었다. 나는 같은 장소에서 바라보기만 할뿐이었는데 저 친구는 기어이 자기 발로 밟고자 했던 것이다. 내 근처에 남아 있던 친구도 나와 눈이 마주치자 서양인 특유의 어깨를 으쓱하는 몸짓을 해 보인다.

저 친구가 저리 했으니 나도 따라 해보리라 맘먹고 호수 아래쪽으로 발길을 옮겼다. 물가에 다달은 후 얼음 동산 쪽으로 오르면서 보니깐, 이 얼음 호수의 물이 어떻게 고이게 되는지를 알 수 있었다. 산 정상에서 비바람이나 햇살로 흘러내린 눈 뭉치가 모여 있다가 암벽 부분에서 녹아 아래로 흐르면서 11개의 크고 작은 물줄기를 이룬다. 그 물줄기가 얼음더미 아래로 파고들면서 위쪽은 얼음이 그대로 있지만 아래로는 차가운 물이 관통하여 낙차를 보이면서 웅덩이에 떨어져 고여 호수를 이룬 것이다.

다시 발걸음을 떼면서 어느 쪽 능선으로 오를까 살피고 있는데 누군가 외쳐 부르는 소리가 들렸다. 고개를 돌려보니 휴게소에서 쉬었다 올라온 이들 가운데서 아마도 아루(Aru)라고 하는 친구가 나를 보고 소리치는 것 같았다. 고함과 손짓을 미루어 짐

中国 云南省 人文紀行
소수민족 문화의 영속성

작컨대 나를 만류하는 것이었다. 잠시 망설이다가 온 길로 되돌아갔더니 요 며칠 산행 길에서 얼굴을 몇 번이고 마주쳐 짧게 대화를 나누곤 했던 이들이 모두 입을 연다. 그 중에서도 아루는 지난봄에도 이곳에서 안전사고가 났다면서 위험한 행동은 자제해야 한다고 설명해 주었다. 나는 멋쩍게 웃어넘길 수밖에 없었다. 선푸 쪽에서도 타이완 여행객 부부의 사고사 이야기를 들은 터라 나는 고분고분해야만 했다.

뼹후 위쪽 정상의 구름이 걷히기를 한참 기다리다 포기하고 하산 길에 접어들었다. 30분 쯤 내려와 대본영 휴게소에 당도하여 비에 젖은 우의를 벗어 말릴 겸 늦은 점심을 먹을 겸해서 발걸음을 멈췄다. 알맞게 익은 라면 면발을 한 입 머금었을 때 다급히 산소통을 찾는 아루의 목소리를 들었다. 이 곳이 고산지대이다 보니 체력이 떨어지면 호흡 곤란이나 심장에 이상이 생기는 모양인데 대학생 등반대 중에 여학생 하나가 의식을 잃었단다. 나는 마침 비상용으로 챙겨온 산소통을 아루의 손에 쥐어 주었다. 뼹후 쪽으로 부리나케 달려 올라가는 그의 뒷모습을 보면서 다시 라면을 먹기 시작했다.

라면을 다 먹고 휴게소 난간에 기대어 잠시 눈을 감고 있자니 슬며시 졸음이 쏟아지기 시작했다. 그러나 그것도 잠시, 혼곤해진 상태에서 제법 시끌벅적함이 느껴져 눈을 떴다. 호흡 곤란으로 의식을 잃었던 여학생을 친구들이 들쳐 업고 내려오긴 했는데 아직도 당사자는 축 늘어진 상태였다. 나는 다시 내 배낭 속의 청심환을 떠올렸다. 마루 바닥에 누워있는 그 여학생을 보면서 일행들에게 얘기를 꺼냈다. 우리 한국 사람들은 의식을 잃어가는 이에게 구급약으로 청심환을 먹이는데 마침 나에게 있으니 이것을 먹여보라는 권유를 했던 것이다. 그런데 희한하게도 그들은 그들이 쓰는 중의와 같은 처방전을 쓰는 우리나라 한의의 청심환을 거절했다. 나도 강권할 수는 없는 처지라 환자를 물끄러미 바라보는 수밖에 없었다. 산소통의 도움으로 간신히 의식은 돌아온 모양이다. 일행들은 현지 마부들에게 도움을 구해 들것을 만들어 환자를 이송키로 했다.

떠들썩한 분위기가 가라앉은 후 난간에 널었던 우의를 개어 배낭에 넣고는 나도 하산하기 시작했다. 평화롭기만 하던 자연 속에서 짧게나마 위기상황이 벌어져 어수선했었으나 산과 들은 다시금 고요 속에 파묻혔다.

나는 "마음속 해와 달" Shangri-La를 위뺑춘에서 찾았다

소설 『잃어버린 지평선』속에 나오는 이상향 샹그어리라를 잠깐 더듬어 보자.

콘웨이(Hugh Conway)가 달빛 아래의 카라카알 산맥에서 눈을 떼지 못하고 계속 응시하고 있을 때, 마음속 깊은 곳으로부터 일종의 고요한 시 한 수가 우러나오는 듯한 느낌을 받았다. 이러한 광경이 자신의 두 눈을 뚫고 들어와 즉각 자신의 가슴 속 깊이 있는 심령을 건드릴 것 같았다. 한 줄기 바람도 없어, 어제 저녁 그렇게 괴롭히던 바람과 선명한 대조를 이룬다. 그가 발견한 협곡 전체는 카라카알 산맥으로 둘러싸여 있다. 마치 움푹 파인 바닷가 곶 위로 우뚝 솟아 있는 등대 같았다. 산꼭대기의 빛과 얼음과 눈이 반사하는 빛이 서로 비추어 장관을 이루고 있다. 콘웨이는 만족스런 미소를 머금었다. 그리고 어떤 알 수 없는 그 무엇인가가 그를 재촉해 이 산의 이름 "카라카알(Karakal)"[128]이 갖고 있는 뜻을 찾아보게 만들었다.

콘웨이는 이곳이 완벽하게 외부세계와 단절되어 있는 것은 아니라는 사실을 알고는 매우 기뻤다. 그러나 누군가가 이리로 인도하지 않는다면 이 곳을 찾아올 수 없을 것이다. 콘웨이 일행은 하루 종일 노닐면서 산골짜기 이곳저곳을 즐겼다. 가마꾼들이 한 발 앞으로 나갔다 다시 뒤로 물러섰다 하면서 그들을 아래 골짜기 쪽으로 데려갔는데, 그들의 가마가 벼랑에서 위험스레 흔들리기도 했다. 마지막에 그들은 산자락

---

128) "카라카알"은 티베트어로 "푸른 달"이다.

活化石

中國 云南省 人文紀行
소수민족 문화의 영속성

사진 128 __ 파란 하늘과 하얀 뭉게 구름, 그리고 산과 들과 실개울
하루 종일 들을 수 있는 기계음은 전혀 없는 곳, 위뺑춘

의 삼림 깊숙한 곳에 당도했다. 그제서야 그들은 라마들이 정말로 복을 받아 이렇게 좋은 곳에서 살고 있다는 것을 느꼈다. 이 산골짜기는 확실히 기묘한 낙원이었다. 산골짜기라고 해봐야 높낮이가 겨우 300여 미터 남짓한데 온대도 아니고 열대도 아닌 기후대를 넘나든다. 사람들이 정성스레 가꾸고 있는 각종 곡식들도 잘 자라고 있고, 한 뼘의 땅도 버려진 것 없이 개간되어 있다. 설산에서 얼음과 눈이 녹아 생긴 물은 그 줄기가 논밭으로 향하기도 하고, 또 가축들이 마시기도 한다.

　이곳은 거대한 고산으로 바깥 울타리를 치고 있고, 푸른 녹지와 화원이 반짝이며, 물가의 찻집과 작은 주택들…… 이곳에서 어우러져 살고 있는 중국인이나 티베트인은 모두 성격이 온화하고 예절 발라 겸양을 보이며 근심 걱정거리가 없다……

　만일 이런 곳이 실재한다면, 자연 환경만이 아니라 주민들도 이런 생활을 누리고 있다면 정말로 별유천지(別有天地)요 "Shangri-La(世外桃源)"라 하겠다. 그제부터 계속해서 내 눈에 밟히고 있는 것이 메이리 설산이기에 나는 실존하는 "Shangri-La"로서의 완벽한 설산 봉우리를 내 눈으로 확인하고 싶었다. 그래서 오늘 위뻉 뼁후를 오르면서도 머릿속 한 공간은 이 생각으로 차 있었다. 이곳을 성소(聖所)로 여겨 일생의 순례지로 여기는 짱주 사람들도 어쩌면 나와 마찬가지 생각이 아닐까 싶기도 했다. 자연 속에서 부처의 임재를 실감하려는 그들이나 이제껏 본 적이 없는 설산의 완벽한 자태를 바라보면서 웅지를 품어보려는 나나, 거창하게 말해 구도(求道)에의 입문

나는 "마음속 해와 달" Shangri-La를 위뻥춘에서 찾았다

차원에서 본다면 거기서 거기 아니겠는가 싶었다.

그러나 목적지에 도달해서도 끝내 "Shangri-La"는 목도할 수 없었다. 그 숱한 봉우리에 낀 구름이 일시에 벗겨지기는 힘들었나 보다. 이쪽이 정상을 드러내면 저쪽 봉우리에 흰구름이 흘러가고, 양쪽이 자태를 보여준다 싶으면 가운데 주봉이 구름에 가려지곤 했다. 한 시간 넘게 기다려 보았지만 설산의 전경을 한 번에 보기는 불가능했다. 나는 이를 마음속 이상향으로 남겨 둔 채 하산해야 했다.

사진 129 __ 바람도 멈춘 듯 구름도 쉬어가는 듯
발자락에서는 칭크어가 익어가고 말 모는 소녀만이 느긋한 발걸음을 옮기는 곳

그리고 마지막 휴게소에서 일이 생겨 시간을 지체했다가 부지런히 발을 놀려 마을로 내려왔다. 그런데 마을이 저 멀리 보이는 곳에서 뜻하지 않게 나만의 "Shangri-La"를 만났다. 어떻게 가능했을까?

산길을 다 내려와 평지 동네 입구에 들어서면서 무심코 앞을 바라보았는데, 나도 모르게 이런 걸 "목가적 풍경"이라고 하는구나 하는 생각이 들었다. 말이 풀을 뜯느라 머리를 이리저리 흔들 때마다 목에 달아 놓은 방울이 설렁거리면서 산사의 풍경 소리를 내고 있다. 왼편 산기슭 보리밭에서는 농부 서넛이 소리도 내지 않고 허리 굽혀 일하고 있다. 저 아래 산길의 초입 중앙에는 하얀 라마탑이 햇살을 받아 반짝이고 있다. 하늘은 파랗고 농부는 땀 흘리고 몇 필의 말들은 고개 숙여 배를 채우고 있는데 그새 몇몇 목동이 나타나 간간이 적막을 깨며 두런거린다.

나는 얼른 배낭을 내려 비디오 캠코더를 꺼내들었다. 말을 첫 샷으로 해서 360°로 서서히 캠코더를 돌리는데 이게 웬 일, 내 뒤쪽으로 역광이긴 하지만 메이리 설산의

247

活化石	中國 云南省 人文紀行
	소수민족 문화의 영속성

사진 130 __ 설산 오르는 길모퉁이에 한결같이 서 있는 라마탑
눈 덮인 성산을 조배하려거든 우선 탑 앞에서 향불을 피우고 6자진경을 암송해야 할 것이다.

미앤츠무(面茨姆 6,054m) 봉우리가 완전하게 드러나고 있었다. 1시간 전만해도 봉우리 중 어느 하나는 구름에 둘러싸이곤 했는데, 지금은 모든 봉우리가 고스란히 모양새를 드러냈다. 이게 나만의 "Shangri-La"? 평화스런 목가적 풍경에 이끌려 고요히 사위를 조망했더니, 뜻밖에도 그렇게 보고 싶던 설산의 완전한 모습을 보게 된 것, 이것이 이상향의 발견은 아닐까?

그 자리에서 문득 대학 시절 읽었던 짧은 글이 떠올랐다. 심산 고찰에 고승이 한 분 계셨다. 소문을 듣고 도를 구하는 승려들이 매일 드나들었다. 그들은 고승에게 딱 한 마디 질문을 던지곤 했다. "스님, 도란 무엇입니까?" 이에 고승은 아무런 말도 없이 단지 엄지손가락 하나만을 치켜세우곤 했다. 그러면 구도자들은 이내 고개를 끄덕이며 법열에 감싸이곤 한다.

하루는 고승이 절을 비운 사이, 도를 묻는 스님이 찾아왔다. 고승을 수발하는 사미승이 당황해하면서도 아무 생각 없이 "도(道)는 이겁니다"하면서 고승이 했던 것과 똑같은 동작을 취해 보였다. 그랬더니 그 스님은 눈이 둥그레지면서 이제야 도를 알겠노라며 돌아갔다.

해가 지고 고승이 돌아오자 사미승은 우쭐하는 기분에 낮에 있었던 일을 이야기했다. 고승은 그 말을 듣고 가타부타 말없이 눈을 지그시 감았다. 차 한 잔 식을 시간이 흐르자 고승은 눈을 뜨고 사미승에게 물었다. "도란 무엇이냐?" 느닷없는 질문에 사미승은 얼떨결에 오른손 엄지를 치켜 올렸다. 그랬더니 고승은 기다렸다는 듯이 어디서 났는지 모를 주머니칼로 사미승의 내뺀 엄지손가락을 베어버렸다.

사미승은 고승이 내린 벌을 피할 겨를이 없었다. 피가 흐르는 엄지 부위를 헝겊으로 잘 싸매고는 억울한 마음을 품은 채 고승의 수발을 계속 들었다. 그러다가 고승이 또다시 뜬금없이 말을 건넸다. "도가 무엇이라고?" 묵직한 고승의 목소리에 눌린 사미승은 지체 없이 무의식적으로 오른손 엄지손가락을 내뺐었다. 그러나 거기에는 올려 세울 손가락이 없었다. 일순간, 사미승의 얼굴에 당혹감이 스치더니 곧 희열에 들떠 어찌 할 바를 몰라 했다. 사미승도 도를 깨달았던 것이다.

벌써 30년은 됨직한 글을 이리도 멀리 떠나온 곳에서 떠올리게 되다니 한편으로는 신기했다. 인간의 신경은 참 대단하구나 싶다. 내가 이 글을 읽었을 당시 내린 결론은 이러했다. 그것은 있다고 생각하면 실제로는 없다 해도 있는 것이라 여겨지고, 있으리라 생각 못하고 있다면 그것은 실존함에도 불구하고 보이지 않게 되리라. 즉, 구도자들이 고승을 찾아왔을 때 기껏 들은 대답은 고승의 엄지손가락 하나뿐이었다. 그들도 가지고 있던 엄지였으나 그들은 도와 연관지어 그것의 존재를 의식치 못하고 있다가, 고승이 도를 엄지라 하자 그때서야 자신에게도 엄지가 있다는 것을 인식할 수 있었다. 사미승 또한 마찬가지였다. 처음에는 고승을 흉내 내는 데 불과했기에 자신의 엄지손가락의 실존적 의미를 파악 못했고, 두 번째로 고승의 질문을 받고 엄지를 내밀었을 때는 있는 줄 알고 있던 엄지가 없었던 사실을 인식하게 되면서 도를 깨달을 수 있었던 것이다.

결국 도(道)란 멀리 있는 것도, 신비한 것도 아닌, 내가 가지고 있는 중에 무가치한 것이라 생각되어지는 것의 실존적 가치를 깨달음으로써 얻게 되는 것이 도(道)라고 생각했었다.[129] 그렇게 보고자 했던 설산의 완벽한 모습을 포기하고 등을 돌린 채 길

---

129) 우리나라 전통 소리꾼들이 득음(得音)을 위해 폭포수 밑에서 소리를 뽑아대는 것에 비견하여 도를 이야기 할 수도 있다. 득음이나 득도나 서로 통하는 바가 있지 않나? 바깥의 폭포 소리보다 큰 소리를 내지르는 것이 아니라, 바깥의 우레와 같은 소리에도 불구하고 자신의 목소리를 조절해서 제대로 된 음을 내고 듣는 것이 득음의 경지라고 한다면, 이를 우리 생활에 적용함으로써 작은 도(道)를 이룰 수 있지 않을까 싶다. 즉, 남들이 무슨 소리를 하건 내 마음의 소리를 듣고 조절해 말할 수 있게 된다면, 타인과의 관계에서 항상 도(度)를 넘지 않게 지낼 수 있으려니, 후회막심인 발언을 하지 않을 수 있지 않을까? 이거

을 가다가, 우연히 "고요"의 경지에 압도되어 그것이 이끄는 대로 눈길을 주었더니 거기에 그리도 보고자 했던 이상향이 있었더라. 아, 행복이란 ······

그런데 이런 "고요"가 인생의 도를 느끼게 해주는 것은 나만의 경험이 아니다. 그것은 일찍이 도연명(陶淵明)도 느꼈던 바다. 그의 유명한 작품 <음주> 제5수를 감상해보자.130)

结庐在人境(결려재인경), 사람 사는 곳에 초막을 지어도,
而无车马喧(이무거마훤). 수레나 말이 떠들썩하지 않도다.

问君何能尔(문군하능이), 그대에게 묻노니, 어찌 이럴 수가 있겠소?
心远地自偏(심원지자편). 마음이 멀어지니 사는 곳도 스스로 외지게 되도다.

采菊东篱下(채국동리하), 동편 울타리 밑에서 국화를 따다가,
悠然见南山(유연견남산). 멀찍이 남산을 바라보네.

山气日夕佳(산기일석가), 산기세가 해가 져 아름다우니
飞鸟相与还(비조상여환). 날던 새가 어우러져 돌아오네.

此中有真意(차중유진의), 이 속에 참뜻이 있으려니,
欲辨已忘言(욕변이망언). 말하고자 하였으나 이미 할말을 잊었도다.

도연명은 마음을 비우고 생활하는 중에 탈속의 경지에 이르렀다. 이 날도 술 한 잔 마시고 바람이라도 쐴 겸 마당에 내려서 꽃을 감상하다가 그 중 고와보이는 국화를 땄다. 그러다 굽힌 허리를 펴고 멀찌감치 있는 남산에 눈길을 주었는데 해질녘의 산

면 깨달음, 즉 도(道)를 얻은 게 아닐까?
130) 도연명(陶淵明)은 술을 끼고 살았나 보다. 그의 시 가운데 술과 관련된 시가 무려 50여 수가 넘는다. 특히 제목 자체를 <음주(饮酒)>로 삼은 시가 20수나 되는데 그 중 가장 많이 읽히는 작품이 바로 제5수다.

나는 "마음속 해와 달" Shangri-La를 위뻥춘에서 찾았다 **위뻥**

기운이 어찌 그리 아름답던지 날아가던 새들이 짝을 이뤄 돌아온다.

아마 이는 자신의 인생이 황혼기에 접어들었고 그것이 또한 젊어서는 생각지 못했던 고요와 침잠의 만족감을 주었나 보다. 이런 고요와 침잠이 정물(靜物)로 느껴지는 순간, 그에게 뭔가 깨달음이 왔다. 시인의 습관대로 이를 말로 표현하고 싶었으나 말로는 형용할 수 없는 것이었던지라, 이미 자신이 느낀 그 무엇이 있었다는 것마저도 잃어버리는 완벽한 몰아지경에 빠져 들었다.

그것이 그가 느낀 인생의 참 의미라면 그도 일찌감치 Shangri-La를 찾았던 것이리라. 그가 작품에서 드러낸 득도와 나의 오늘 갑작스런 깨달음 "돈오(頓悟)"는 일맥상통이다. 그렇다면 앞으로 나는 "점수(漸修)"에 정진해야겠구나 싶다.

사진 131 _ 위뻥 뻥후를 아래에 두고 있는 메이리설산의 봉우리들
뻥후는 해발 4,350m 고지에 있고, 그 위로 보이는 미앤츠무(面茨姆)봉은 최고 6,054m이다.

드디어 쿤밍(昆明)에 발을 딛다

　기내에서 트랩으로 내려서니 온몸이 상큼해지는 느낌이다. 깜짝 놀랐다면 과장일까? 불과 3시간을 날아왔는데, 비슷한 위도요 남부지방인데 쿤밍(昆明)과 상하이(上海)의 날씨는 천양지차다. 한쪽은 대낮 기온이 37℃를 넘어서 40℃도 심심찮게 맛보여주는데, 이쪽은 상쾌한 봄날이다. 여행지의 날씨가 궁금해 엊그제 살펴본 텔레비전 장면은 폭우로 도로가 유실되고 허름한 집들이 파손된 모습이었는데 오늘은 언제 그랬냐 싶게 쾌청하고 선선하기까지 하다. 정말 축복받은 땅이다. 기장의 안내 방송에 쿤밍의 현재 기온이 22℃라는 말이 나왔지만 내가 잘못 들은 게 아닐까 싶었는데 이젠 믿어야겠다.

　탁송시킨 가방을 기다리면서 공항 내 여행사 직원이 패키지 투어와 각종 교통 티켓 할인을 홍보하는 모습을 물끄러미 바라보았다. 구미가 당기는 가격대를 노래한다. 짐을 찾고 가벼운 마음으로 문의를 해보았다. 두 가지 수확이 있었다. 하나는 쿤밍에서 상하이로 돌아갈 비행기 티켓 예매와 관련해서, 지금은 2할 정도 할인해 주는데 비행기 타기 사나흘 전에 예매하면 더 많이 그리고 더 정확한 할인을 받을 수 있단다. 또 한 가지는 내가 작성한 여정이 대단히 느슨하다는 비교였다. 아무래도 여류 여행가가 쓴 글을 참고하다보니 남자들의 여행보다 늘어졌던 모양이다. 거기에 자기네 패키지를 이용하면 교통편 연계가 수월하니까 일정이 더욱 단축되는 모양이다. 그렇게 되면 이번 여정에 포함되지 않은 시수왕반나(西双版纳)를 다녀올 수도 있는 시간이 생긴다. 비행기를 타지 않는 코스라면 하루에 평균 500위앤 정도에 윈난성(云南省) 곳곳을 여행할 수 있겠다. 김교수와 상의해 보기는 하겠지만 아마 이 패키지를 이용하지는 않을 텐데 상담원은 친절하게도 윈난성 관광지도와 패키지 투어 프로그램 리플렛을 내게 건넨다. 자그마한 친절에도 객지에서는 고마움을 느낀다.

　일 개 성의 수도라 해도 쿤밍은 상대적으로 작은 도시이다 보니 굳이 공항리무진 버스를 이용하지 않아도 시내 숙소로 이동하는데 많은 돈이 들지 않는다. 택시로 예약 숙소인 카멜리아 호텔(茶花宾馆)을 찾기로 했다.

그런데 택시 기사한테 놀랐다. 중국인답지 않게 젊어 보이는 외모에 놀랐고, 더 크게는 그의 국제 정세에 대한 폭넓은 상식 특히, 우리나라에 대한 관심과 이해에 놀랐다. 여행을 유쾌하게 시작하기 위해 일부러 기분 좋은 어조로 기사에게 말을 걸었는데, 몇 마디 오고간 끝에 내게 대뜸 묻는 말이 요 이틀간 "소고기 광풍"문제가 어떻게 돌아가고 있냐는 거였다. 질문은 받은 내가 오히려 대답하기가 곤란한 현안이었다. 내가 어제 본 중국 텔레비전 방송은 독도문제와 관련한 주일한국 대사의 성토성 기자회견이었는데, 이 중국인 기사에게는 미국산 소고기 수입문제가 더 핫이슈였던 모양이다. 그도 그럴 것이 촛불시위 장면을 중국에서도 뉴스시간에 간간이 보도하고 있으니 이들에게는 논의의 핵심보다도 일반인들의 반정부 시위가 더욱 관심거리가 되고 있는 것이다. 이어진 그와의 대화에서 드러난 그의 식견과 이해는 독특했다. 예를 들면 우선 국제문제에 있어서, 미국이라는 나라가 없으면 곤란하다는 얘기. 왜냐하면 이란이나 이라크 등 중동 문제가 세계 안정에 악영향을 미칠 것이란 관점; 또 이명박 대통령이 부시고, 부시가 한국 대통령이면 서로 반대 입장이 되어 자연스레 미국산 소고기 수입을 강요하는 이명박 대통령과 그를 거절하고자 노심초사할 부시를 보게 될 것이라는 판단; 한반도 통일이나 중국의 통일 모두가 요원한데 그것은 양측의 정치 지도자들이 결코 자신의 권력을 내놓으려 들지 않기 때문이라는 시각; 중국이 경제발전을

사진 132 _ 쿤밍시 택시 기사와 함께
내가 이제껏 얘기 나눠본 중국인 택시기사 가운데 가장 외부세계에 대해 잘 알고 있는 사람이었다. 심지어 우리나라의 현안은 뉴스를 잘 보지 않는 어지간한 우리나라 사람보다도 더 잘 아는 수준이었다.

한다 해도 미국에 맞선다거나 혹은 홀로 패자가 되기 위한 것이 아니라 다함께 평화롭게 잘 살자는 의도를 갖고 성장을 추진하고 있다는 주장 등.

그런데 이러한 거창한 내용 말고도, 한국의 남자들이 부인을 폭행하는 등 남존여비 사고가 아직도 남아 있는데 이는 잘못된 생각이라는 지적도 했다. 이 말에 대해서 나는 토를 달고 말았다. 예전에는 많이들 그랬지만 요즘은, 특히 젊은 신세대는 그렇지 않다, 남녀평등이 많이 이루어졌다고 부언했다. 그랬더니 이 친구 하는 말이 나를 무색케 했다. 즉, 그렇지 않더라, 얼마 전에도 한국의 유명한 젊은 연예인 남편이 갓 결혼한 상황임에도 불구하고 역시 유명한 연예인 부인을 구타해서 입원시키지 않았냐? 하면서 나를 공박했다. 그러면서 덧붙이는 말에 나는 그의 손을 들어줄 수밖에 없었다. 중국 남자들은 여자와 다투기 싫어 져준다는 것, 그리고 혹시 어느 남자가 부인을 때렸다고 하면 그를 무시한다면서, 남자가 오죽 못났으면 겨우 집에서 아내나 때리겠냐는 거다. 오늘 나는 나이도 한참 아래인 중국 친구에게 부부관계에 대한 "귀중한" 강의를 들은 셈이다.

이 정도 수준인 택시 기사에게 중국 국내 문제를 슬쩍 건드려 보았다. 그는 내가 한 번 보고 말 외국인이어서 그랬겠지만 아주 자신 있게 자신의 주견을 드러냈다. 중국의 역대 지도자 가운데 직접 겪어보지는 않았으나 마오쩌둥(毛泽东)을 존경하며, 개혁개방을 시도한 덩시아오핑(邓小平) 역시 위대하다, 그리고 당대의 후진타오(胡锦涛)는 매우 능력이 있는데, 이전의 장쯔어민(江泽民)은 능력이 모자랐다는 평을 했다.

그는 어찌 보면 중국 문제에 관해서는 관방의 시각을 이어받고 있다는 생각이 들었는데, 그것은 그가 1989년 천안문사태를 이야기 하면서 당시 쿤밍에서도 광장에 대학생들이 모여 나뭇가지에 작은 병을 줄로 매달아 놓음으로써 덩샤오핑에 대한 반대를 표현했다면서, 그 결과 무력 진압을 자초하게 된 셈이라는 평가를 내리는 것에서 나름 짐작케 했다. 쿤밍 대학생들의 전위성 행위는 뻬이징 대학 학생들이 작은 병을 담장에 집어 던져 깨곤 했던 행위와 같은 의미를 띠었다는 점에서 나는 웃음이 나왔다. 역시 젊은이다운 발상이었던 것이다. 즉 덩샤오핑의 이름에 들어있는 "샤오 핑(小平)"이라는 발음은 작은 병을 뜻하는 "小瓶"과 글자는 다르나 발음은 똑같기 때문에,

에필로그 — 드디어 쿤밍(昆明)에 발을 딛다

작은 병은 던져 깬 것이나, 나뭇가지에 매단 것이나 모두 덩샤오핑을 죽이고 싶다는 의지, 혹은 죽었으면 하는 바람을 표현한 것이다. 내 말을 듣고 택시기사는 뻬이징에서도 그랬냐면서 껄껄 웃었다.

당시 인민대학에 붙은 포스터에는 "죽어야 할 자는 죽지 않고, 죽지 말아야 할 이는 죽었다"는 대자보가 붙었는데, 이는 개혁개방을 적극 추진하던 후야오방(胡耀邦)이 숙청당한 끝에 요절하자 이를 애도하면서, 후야오방에 대한 지지를 철회함으로써 그를 권좌에서 끌어내리는 데 일조했던 덩샤오핑을 원망하는 대학생들의 의중을 대변한 것이었다. 그 몇 해 전만 해도, 음력설인 춘지에 명절에 천안문광장에 가득 모인 인파 가운데 대학생들이 들고 나온 플래카드에 매우 친근감 있게 느껴지는 신년 인사 즉, "샤오핑, 닌 하오(小平, 您好)"가 적혀 있어 매스컴을 대대적으로 탔던 덩샤오핑이었다. 물론 1997년 그가 죽고 나서 중국인들의 그에 대한 평가는 긍정적으로 귀결되었으나 경제성장을 위한 동원정권이 갖는 한계를 중국 지도부는 그 때나 지금이나 벗어나질 못하고 있는 셈이다.

흥미 있는 대화를 나누다 보니 차는 어느새 똥펑동로(东风东路)의 차화빈관(茶花宾馆)에 도착했고, 나는 요금 19위앤을 내면서 그와 기념사진을 한 장 같이 찍었다. 나의 제안에 그는 어리둥절해 했는데, 내가 중국인들이 내게 했던 것처럼 "우리 이제

사진 133 _ 샹그어리라 고성 지역인 뚜크어종(独克宗)내 가게 간판
장족(藏族)은 중국인 가운데 칼을 휴대할 수 있도록 법적으로 허가받은 소수민족이다. 그 이유는 칼이 그들에게는 생활필수품이기 때문이다. 이 곳도 "카주오어다오"라는 유명브랜드의 각종 칼을 파는 곳인데 그 입구에 "샹그어리라 장족자치주(迪庆藏族自治州) 성립50주년"을 축하하는 간판을 세워 놓았다. 이를 카메라에 담은 것은 위쪽에 보이는 중국공산당 역대 최고지도자 4인의 사진(왼쪽 위부터 毛, 邓, 江, 胡) 때문이었다. 소수민족들은 그들의 자치 실현을 이들의 공덕으로 여기도록 하는 선전 속에 살고 있는 것은 아닐까 싶다.

| 活化石 | 中国 云南省 人文紀行
소수민족 문화의 영속성

좋은 친구 사이 아니냐"면서 카메라를 들이대자 웃으며 흔쾌히 포즈를 취했다. 이번 여행은 첫발을 잘 디딘 듯싶다.

호텔 프런트에서 체크인 수속을 밟으면서 어째 이상타는 느낌이었는데 아니나 다를까 내 방에 키를 꽂고 들어서니 절로 웃음이 나왔다. 왜냐하면 일주일 전에 상하이에서 전화로 방을 예약하면서 숙박료가 하루에 120위앤인 스탠다드 룸이라고 해서 몹시 작거나 허름한 모텔쯤으로 상상했었는데 호텔 로비의 모습은 그게 아니었다. 최소한 3성급은 되는 수준이었다. 그래도 이 수준에 120위앤 낸다면 너무 저렴하다는 생각이었는데, 막상 들어선 방은 15,6년 전 중국대학 내 초대소, 혹은 백두산 근처 3성급 호텔 모습이었다. 이 곳 날씨 같아서는 찬물만으로는 밤에 샤워하기가 선뜻 내키지 않을 성 싶었는데 그래도 그나마 다행인 것은 더운 물이 잘 나온다는 사실이었다. 역시 작은 일에 행복을 느끼게 되는 게 여행인 모양이다.

짐을 정리하고 집에 전화하여 집사람과 통화한 후, 김 교수가 올 때까지 내일의 일정을 준비해야 했다. 김 교수는 이번 여행의 유일한 동반자인데 고교 동창으로 까까머리 시절 본 이후로 35년 만에 처음 보는 친구다. 거기에 한 술 더 떠서 정작 학교 다닐 때 알고 지내던 사이도 아니었는데, 인터넷 세상이 되었는지라 동문회 홈페이지를 통해 의기가 투합하여 단 둘이 20여 일간 동행을 하게 되었으니 희한하다면 희한한 일이라 하겠다. 이 친구도 대학에 있다 보니 시간을 이렇게 낼 수 있었던 것이지, 다른 친구들은 어림없다. 여행 추진 얘기가 처음 나왔을 때만 해도 등산모임의 몇몇 친구들이 맞장구를 쳤었는데 막상 일정이 구체화되니 여정이 너무 길어 다들 포기하게 된 것이다. 친구들이 많이 동참했으면 더 좋았겠으나 한편으로는 미안한 감도 든다. 이러니 방학이 있는 교수가 얼마나 좋은 직업이냐는 자기만족도 해본다.

채환을 기다리면서 호텔 주변을 둘러보았다. 호텔 바깥쪽에는 스포츠용품 전문 백화점을 구경할 수 있었다. 여행길인지라 아무래도 등산용품점을 기웃거려 보았다. 등산 소품이 구색을 갖추고 있었고, 등산화나 배낭 그리고 의류 등이 제법 다양했다. 예닐곱 군데나 되는 등산전문점 중에 내가 알고 있는 브랜드는 컬럼비아(Columbia)와 중국산인 오자크(Ozark) 뿐이었다. 나머지는 모두 중국 국내 자체 브랜드로 생활수준이 나아지면서 야외 레저 활동에 관심을 갖기 시작한 내국인을 겨냥한 제품이었다. 내가 대학 다닐 때 서울 남대문 상가 쪽에서 구입하던 등산용품보다 훨씬 나은 수준이었으나 요즘 국내에서 판매되는 등산용품에 비한다면 디자인과 재질면에서 차이가 컸다.

호텔 내에도 여행사가 있었다. 스린(石林)과 지우시앙(九乡)동굴을 하루에 돌아보려면 여행사를 통하거나 개별적으로 승용차를 대절해야 했기에 우선 구내 여행사에 문의해 보았다. 원래는 매일 20인승 버스로 스린 코스를 운행하나, 내가 가고자 하는 내일은 버스 운행이 없고 모레인 일요일에 있단다. 차량 대절을 물어보니 550위앤을 요구했다. 포기하고 여기를 나와 3호동 1층에 있는 안내 포스터를 훑어보았다. 흥미롭게도 내가 작년에 가고자 했던 시짱(西藏)자치구 라싸(拉萨)행 프로그램을 소개하고 있었다. 샹그어리라에서 랜드크루저로 7일이면 라사에 들어가며 그 허가증 역시 이곳에서 얻을 수 있다고 한다. 이뿐만 아니라 이곳에서는 베트남 여행 비자 수속도 해주고 있었다. 우리 눈에는 중국이 사회주의 국가로 홀로 있는 듯이 보이지만, 가만히 보면 주변 국가 특히 동남아 지역의 인접국들과 관계가 매우 좋음을 알 수 있다. 그러니 여기에서 라오스로 직접 들어가는 비행편도 제공 받을 수 있다는 사실이 전혀 이채롭지 않다.

대충 내일의 스케줄에 대한 어림짐작을 끝낸 후, 다시 방으로 돌아와 워드 작업을 시작했다. 한 시간 쯤 지났을 무렵에 채환의 전화가 걸려왔다. 드디어 팀을 이루는 순간이다. 밤 9시가 되었는데 이제 막 북경공항을 통해 곤명 공항에 내렸단다. 우리는 30분쯤 지나 호텔로비에서 아무 어려움 없이 서로를 확인할 수 있었다. 채환의 짐을 풀고 나서 우리는 숙소 옆 카페에서 간단한 요기와 맥주를 한잔 하면서, 여행을 공통 분모로 이야기꽃을 피우다 자정 무렵 잠자리에 들었다. 이제 내일부터 답사 여행이 시작되리라. 오랜만에 가슴 벅차 오르는 느낌이 들었다.

云南部分少数民族축제일

民 族	节 日	农 历	地 点	内 容
彝族	虎节	1月 8-15日	双柏县小麦地冲	춤
	插花、打歌节	2月 8日	大姚、双江	진달래꽃 따서 여러 곳에 꽂기
	密枝节	2月 8日	石林	용나무에 제사지내기, 피크닉
	祭龙节	3月 28日	景谷	芦笙춤 추기
	三月会	3月 28日	牟定	함께 모여 춤추기
	赛衣节	3月 28日	大姚	화려한 옷 계속 갈아입고 춤추기
	火把节	6月 24-25日	石林、楚雄、大理	횃불점등, 씨름, 소싸움, 가무
白族	三月街	3月 14-16日	大理	물물교환, 말달리기, 용선경기, 가무
	绕三灵	4月 23日-25日	大理	봄소풍, 기우제 겸 제사지내기, 춤
	火把节	6月 25日	大理	복을 기원하기, 풍년 기원
	石宝山歌会	7月末-8月初的3日	剑天	白族의 연가(恋歌)를 연주하며 노래
	本主节	日期不定	大理	"本主"공양 제사 및 경문(经文)암송
纳西族	三朵节	2月 8日	丽江	말달리기, 춤, 피크닉
	骡马大会	3月 7日起一周	丽江狮子山山麓	가축 거래
	米拉会 / 棒棒会	5月 15日	丽江	농기구 거래, 말달리기
	七月会	7月中旬	丽江	가축 교역, 연창
	祭天	日期不定	丽江	복을 기원, 풍년 기원
苗族	花山节	1月 3日	屏边, 永善	거꾸로 매달려 사다리 오르기, 가무
摩梭人	朝山节	7月 25日	泸沽湖	여신 제사, 가무, 활쏘기, 교제하기
景颇族	目脑纵歌	1月 15日	潞西, 陇川	춤
藏族	成佛日	4月 1-4日	迪庆, 中甸一带	제사
	赛马会	5月 5日	中甸草场	말달리기, 마장 손님접대, 피크닉
	端阳节	5月 5日	迪庆	말달리기, 가무, 피크닉
	成道日	10月 25日	迪庆, 中甸一带	제사
	跳神法会	藏历除夕	迪庆	춤추며 신에게 제사 지내는 활동
布依族	牛王节	4月 8日	罗平, 富源	소신에게 제사, 소에게 좋은 먹이 주기, 가무
傣族	送龙节	公历 1月	西双版纳	용신에게 제물 바치기
	采花节	公历 4月	景谷	부처님께 꽃 헌화하기
	泼水节	公历 4月中旬	西双版纳, 德宏	물 뿌리기, 폭죽 터뜨리기, 용선경기, 가무

云南部分少数民族축제일 **부록**

民 族	节 日	农 历	地 点	内 容
哈尼族	扎哩作 姑娘节 阿玛突 祭母节 苦扎扎 新米节 扎勒特	1月 1日 2月 2日 2月属龙日 3月第一个属牛日 6月 8月第一、二个龙日 10月中旬	黑江 红河 金平 思茅 红河 红河 思茅, 红河	조상에게 제사지내기, 연창, 연회 피크닉, 가무 산신령 제사, 조상에게 제사지내기 조상 모계 제사지내기, 사모가 합창 천신에게 제사지내기, 가무 햅쌀 맛보기, 하늘과 조상에 제사, 술상 길게 늘어 술 마시기(长街宴)
壮族	陇端节	3月	富宁	물물교환, 청춘남녀의 교제, 연창
傈僳族	澡堂会 刀杆节 赛歌会	春节 2月 8日 12月或1月上旬	迪庆 怒江, 保山 怒江	목욕, 교제하기 작두 사다리 오르기 노래 경기, 목욕
回族	开斋节 高尔邦节	回历 10月 1日 回历 12月	昆明等地 昆明等地	단체 예배 가축(소와 양) 도살
拉祜族	扩拾节 祭太阳神 葫芦节	1月 1日 立夏日 10月	澜沧, 孟连 澜沧县 澜沧	새물맞이, 葫笙춤 추기, 수렵 신령 제사, 풍년기원 물물교환, 葫笙춤 추기
佤族	拉木鼓节	12月	西盟, 仓源	나무북을 두드려 신령 모시기, 춤
怒族	鲜花节 怒族节	3月 15日 12月 29日	怒江峡谷 怒江峡谷	생화 채집, 선녀에게 제사지내기 활쏘기, 가무 등

云南省 관광지 및 입장료

	윈난 중부지역 여행지	
	昆明	
No.	관광명소	입장료(元)
1	石林风景名胜区	140
2	世博园	100
3	云南民俗村	70
4	云南省博物馆	10
5	云南铁路博物馆	10
6	云南民族博物馆	10
7	九乡风景区	50
8	西山山林公园	30
9	金殿名胜区	20
10	昆明动物园	10
11	大观公园	10
12	郊野公园	8
13	黑龙潭公园	10
14	昙华寺公园	5
15	西华公园	5
16	昆明植物园	8
17	海埂公园	8
18	圆通寺	4
19	大叠水景区	18
20	长湖风景区	10
21	乃古石林风景	25
22	轿子山风景名胜区	30

	昆明	
No.	관광명소	입장료(元)
23	玉龙湾	20
24	风山森林浴场	10
25	青龙峡	15
26	乃古石林风景	40
	玉溪	
No.	관광명소	입장료(元)
27	秀山公园	15
28	九龙池公园	6
29	白龙潭公园	4
30	玉泉寺	5
31	龙马山石城公园	10
32	龙马山溶洞	20
33	聂耳故居	10
34	古滇文化园	15
35	江川青铜器博物馆	10
36	龙泉国家山林公园	5
37	禄充风景区	10
38	磨盘山国家森林公园	10
39	世界第一高桥景区	25
	楚雄彝族自治州	
No.	관광명소	입장료(元)
40	元谋土林风景区	40
41	武定狮子山风景区	25

云南省 관광지 및 입장료　부록

楚雄彝族自治州		
No.	관광명소	입장료(元)
42	永仁方山风景区	10
43	楚雄紫溪山风景名胜区	비수기: 10 성수기: 15
44	楚雄彝族十月太阳历文园	비수기: 10 성수기: 15
45	楚雄州博物馆	5
46	楚雄峨绿公园	2
47	元谋人陈列馆	5
48	禄丰恐龙博物馆	15
49	禄丰黑井武家大院	10

윈난 서북지역 여행지

大理白族自治区		
No.	관광명소	입장료(元)
50	宾川鸡足山风景区	60
51	宾川鸡足山索道	50
52	苍山景区门票	30
53	大理三塔公园	52
54	大理胡蝶泉公园	32
55	天龙八部影视城	60
56	南诏风情岛	22
57	大理感通索道(케이블카)	상행: 50 하행: 40
58	大理苍山索道(케이블카)	편도 30
59	剑川石宝山风景区	30
60	巍山县巍玉山风景区	60
61	崇圣寺景区	69
62	祥云古道风景区	40
63	祥云水目山风景区	30
64	云龙天池风景区	10

大理白族自治区		
No.	관광명소	입장료(元)
65	漾濞石门关景点	20
66	剑川县满贤林千狮山景区	20
67	南涧灵宝山国家森林公园	5
68	大理洱海公园	5
69	大理喜洲白族民居群	25
70	宾川观音箐景点	4
71	洱源地热国	68

丽江		
No.	관광명소	입장료(元)
72	玉龙雪山景区	80
73	玉龙雪山旅游索道(케이블카)	편도 75
74	云杉旅游索道(케이블카)	편도 20
75	牦牛坪旅游索道(케이블카)	편도 30
76	虎跳峡景区旅游区	50
77	丽江泸沽湖省级旅游区	78
78	黑龙潭公园	60
79	东巴万神园	15
80	文必山景区	30
81	玉柱擎天景区	30
82	玉峰寺	20
83	北岳庙	5
84	玉水寨风景区	30
85	东巴谷生态园	30
86	拉市海湿地公园	30
87	石鼓亭	2
88	石鼓红军渡江纪念碑	2
89	狮子山公园	15
90	束河茶马古镇	50

丽江		
No.	관광명소	입장료(元)
91	木府	35
92	万庙杜鹃园	20
93	世界遗产公园	100

迪庆藏族自治区		
No.	관광명소	입장료(元)
94	明永氷川	60
95	白水台景区	30
96	虎跳峡景区	50
97	碧塔海景区	30
98	松赞林寺	10
99	属都湖	30
100	碧融峡谷	20
101	纳帕海	30
102	东竹林寺	30
103	飞来寺	10

怒江傈僳族自治州		
No.	관광명소	입장료(元)
104	片马纪念馆	6
105	丙中洛风景区	50

윈난 서부지역 여행지

保山		
No.	관광명소	입장료(元)
106	腾冲热海	30
107	腾冲火山	30
108	云峰山	20
109	和顺景区	30
110	北海湿地	30
111	叠水河景区	20

保山		
No.	관광명소	입장료(元)
112	来凤公园	20

德宏傣族景颇族自治区		
No.	관광명소	입장료(元)
113	勐巴娜西珍奇园	20
114	树包塔	3
115	菩提寺	5
116	三仙洞族游区	20
117	畹町生态园	30
118	南甸宣抚司暑	10

윈난 서남부지역 여행지

西双贩纳傣族自治区		
No.	관광명소	입장료(元)
119	勐仑植物园	60
120	傣族园	50
121	原始森林公园	50
122	野象谷景区	50
123	热带花卉园	40
124	勐泐园	30
125	曼听公园	30
126	野象谷索道(케이블카)	편도 40
127	勐腊县望天树景区	35
128	贝叶文化村	10
129	雨林谷	20
130	勐海县景真八角亭	10
131	勐海县打洛独树成林	10
132	勐海县勐景来	50

思茅市旅游区			
No.		관광명소	입장료(元)
133		梅子湖公园	3
134		黑江北回归线标志园	30
135		黑江文庙	3
136		景谷勐卧卜总佛寺	3
137		景东哀牢山山林旅游区	5
138		孟连民族历史博物馆	5
윈난 동남지역 여행지			
红河哈尼族彝族自治区			
No.		관광명소	입장료(元)
139		泸西山阿庐古洞	60
140		建水燕子洞	50
141		弥勒白龙洞	30
142		屏边大围山	40
143		元阳哈尼梯田	30
144		建水文庙	20
145		建水朱家花园	20
146		开远南洞	10
147		石屏焕文公园	5
148		弥勒锦屏山大佛	30

文山壮族苗族自治区		
No.	관광명소	입장료(元)
149	普者黑景区	비수기: 75 성수기: 90
150	文山县头塘公园	3
151	文山县西华公园	4
윈난 동북지역 여행지		
曲靖市		
No.	관광명소	입장료(元)
152	陆良彩色沙林	40
153	九龙瀑布风景区	60
154	多依河风景区	40
155	珠江源风景区	30
156	彩云洞	30
157	大海草山	25
158	雨碌大地缝	20
159	水城古墓群馆	10
160	江西会馆	5
161	铸钱局	5
昭通		
No.	관광명소	입장료(元)
162	台关黄连河景区	30

참고 문헌

白族简史编写组 主编,『白族简史』, 北京: 民族出版社, 2008.
陈　烈 著,『最後的母系家园』, 昆明: 云南人民出版社, 1999.
陈友康 编著,『云南读本』, 昆明: 云南人民出版社, 2008.
崔钟雷 主编,『中国未解之谜』, 沈阳: 吉林人民出版社, 2008.
大蕃茄传媒机构 著作,『活着的象形文字』, 昆明: 云南人民出版社, 2007.
邓启耀 著,『泸沽湖纪事』, 北京: 中国旅游出版社, 2006.
董建中 著,『白族本主崇拜』, 成都: 四川文艺出版社, 2007.
东　子 著,『在大理的星空下接吻』, 南宁: 广西人民出版社, 2005.
段宝林, 江　溶 主编,『山水中国(云贵卷)』, 北京: 北京大学出版社, 2007.
黄光成 著,『云南民族文化纵横探』, 北京: 科学出版社, 2007.
和宝林 著,『纳西象形文字实用注解』, 昆明: 云南人民出版社, 2007.
拉木·嘎吐萨 撰文,『消逝中的风情: 恋恋摩梭』, 上海: 上海锦绣文章出版社, 2007.
李群育 主编,『丽江风物志』, 昆明: 云南人民出版社, 2006.
李性刚 著,『古道悠悠』, 北京: 中国水利水电出版社, 2008.
刘学朝 著,『走进神密的东方女儿国』, 昆明: 云南民族出版社, 2006.
林超民 等著,『滇云文化』, 呼和浩特: 内蒙古教育出版社, 2003.
麻根生 编著,『多彩云南: 云南导游词精典』, 广州: 广东旅游出版社, 2008.
木丽春 编著,『纳西族民间故事集』, 昆明: 云南人民出版社, 2007.
木仕华 主编,『活着的茶马古道重镇丽江大研古城』, 北京: 民族出版社, 2006.
纳西族简史编写组 主编,『纳西族简史』, 北京: 民族出版社, 2008.
彭民科, 童牧林 主编,『旅游美学』, 北京: 科学出版社, 2006.
石洪斌 主编,『旅游文学』, 北京: 北京大学出版社, 2005.
宋兆麟 著,『走婚: 女儿国亲历记』北京: 西苑出版社, 2004.

陶　犁 主编,『趣闻云南』, 北京: 旅游教育出版社, 2008.
王怀林 著,『寻找东女国』, 成都: 四川民族出版社, 2007.
王清华 编著,『消逝中的风情: 守护古城』, 上海: 上海锦绣文章出版社, 2007.
王全成 编著,『滇味文化』, 北京: 时事出版社, 2007.
先燕云 著,『寻找茶马古道』, 广州: 广东旅游出版社, 2007.
杨福泉 著,『纳西古王国的东巴教』, 成都: 四川文艺出版社, 2007.
杨福泉 著,『依山傍水凝古韵: 灵境丽江』, 上海: 上海锦绣文章出版社, 2007.
杨寿川 主编,『云南特色文化』, 北京: 社会科学文献出版社, 2006.
云南省博物馆 编著,『云南省博物馆』, 北京: 文物出版社, 2006.
扎雅・罗丹西饶活佛 著,『藏族文化中的佛教象徵符号』, 北京: 中国藏学出版社, 2008.

찾아보기

【ㄱ】

가섭(迦叶)　17
강희제(康熙帝)　13, 14, 192, 209, 212
거인(举人)　167, 179
경사대학당(京师大学堂)　26
고전국(古滇国)　12
관음도량　15, 17
관음상　17, 53~55, 60
광명사(光明寺)　15
구오어치아오 미시앤(过桥米线)　179, 182
그어루오어펑(阁罗凤)　47, 48
그어루파(格鲁派)　18, 55, 209, 216
그어마여신(格姆女神)　129, 130
긴압차(紧压茶)　162, 163
길상여의(吉祥如意)　218
까쥐(噶举)파　206, 207, 216
끄어바원(哥巴文)　107

【ㄴ】

나시주, 나시(纳西)족　89, 92, 93, 95~103, 105~110, 112, 115, 116, 118, 120, 124, 140, 183, 192, 195, 201, 207
남조(南诏)　12, 15, 45~49, 51, 53, 54, 56, 57, 74, 89, 195
남조국(南诏国)　12, 13, 45~48, 50~53, 56, 57, 59, 60, 74, 78, 85
남조덕화비(南诏德化碑)　45, 46, 51
남조풍정도(南诏风情岛)　51, 53, 54
노마득도(老马得道)　158
노마지지(老马之智)　157, 158
누주(怒族)　152, 204
누지앙(怒江)　176~178, 188, 195
니치우　68
닝마파(宁玛派)　18, 198, 206

【ㄷ】

달라이 라마　207, 209, 210, 212
대리국(大理国), 따리(大理)　13, 14, 45, 50~58, 60~67, 69, 70, 72, 73, 75~78, 85, 86, 89, 90, 149, 152, 156, 174
대승불교　17, 18, 202
대흑천신　51, 52
도연명(陶渊明)　250
동류금승락금강쌍신상(铜鎏金胜乐金刚双身像)　55
동맹회(同盟会)　25, 26
동불전(铜佛殿)　17, 18
동여국(东女国)　138, 139
두보(杜甫)　48
드어친(德钦)　156, 195, 207, 216, 230, 233
디앤(滇)　11, 24
디앤츠(滇池)　11, 43
따꽌러우(大观楼)　167
따뚜흐어(大渡河)　139
따바(达巴)　143, 145, 146
따부(达布)　143
딴바(丹巴)　138, 139
똥바 종이(东巴纸)　109~111
똥바(东巴)　92~94, 101~104, 106~114, 145, 146
똥바교(东巴教)　101~110, 118

똥바원(东巴文) 92~94, 107~109, 112, 113
똥주린(东竹林) 216
뚜완쓰핑(段思平) 13, 56~58
뚜완정밍(段正明) 58, 62
뚜완종방(段宗榜) 50~52
뚜크어종(独克宗) 191, 192, 194, 218, 221, 255

【ㄹ】

라마 101, 128, 140, 196, 201, 207, 246
라마교 18, 196, 200, 202, 206, 211
라마승 130, 207, 211, 216
라후주(拉祜族) 152
롱추완시에(龙船鞋) 42
루꾸후(泸沽湖) 123, 124, 129~131, 135, 137, 139, 140~142
룽다 198, 231, 239
리껀위앤(李根源) 26, 28
리우쑤오어(溜索) 176~178
리지앙(丽江) 74, 89~92, 94~98, 100, 109, 115~117, 123, 124, 133, 149, 155, 156, 166, 167, 169, 174, 179, 183, 188, 195, 201, 207
리쯔청(李自成) 13
린즈어쉬(林则徐) 166~168

【ㅁ】

마(马)황후 169, 173, 174
마구오어터우(马锅头) 159~161
마니석(玛尼石) 198, 200
마니퇴(玛尼堆) 128, 198, 200, 231
마싼바오 38
마지아오즈(马脚子) 159, 160
망부운(望夫云) 78, 79
멍스어자오(蒙舍诏) 12, 45
메이리(梅里) 설산 196, 198, 199, 201, 202, 233, 240, 246, 247, 251
모계사회 92, 128, 137, 139, 140
모어쑤오어 92, 124, 125, 127~129, 137, 139~141, 144~146, 206, 207
목부(木府) 89, 94
문성공주(文成公主) 164
밀교(密教) 53, 54, 206
밀종(密宗) 53, 54

【ㅂ】

바이주, 백족(白族) 46, 49~51, 57, 65, 67, 68, 70, 72~74, 78, 79, 86, 96, 152
바이지에(柏节)부인 51
반청복명(反清复明) 13
백교(白教) 207
법신불 17
보신불 17
본주(本主), 본주신(本主神) 50~52, 67
봄의 도시(春城) 23, 24
부다라궁(布达拉宫) 212
부랑주(布朗族) 152
북방천왕 51, 52
비류직하삼천척(飞流直下三千尺) 239, 240
빠스바(八思巴) 208, 218
빤란(板蓝) 77
뻔즈란(奔子栏) 216

【ㅅ】

산차(散茶) 162
삼도차(三道茶) 73~75
삼신불 17
샹그어리라(香格里拉) 91, 155, 195~197, 212, 219, 220, 230, 233, 245, 255, 257
서남연합대학(西南联合大学) 24
션루오어(申洛) 220, 221
션완싼(沈万三) 169~175

소승불교　17, 18, 176
수(署)　93, 103~106
수재(秀才)　64, 179
스린(石林)　31, 32, 35, 257
시당(西当)온천　227
시아시　148~151
시저우 상방(商帮)　74
시저우(喜洲)　57, 73, 74
신녀궁(神女宫)　36
싸지아(萨迦)파　206, 218
싼앤징(三眼井)　89, 90
싼지앙 삥리우(三江并流)　195
쏭잔깐부(松赞干布 송첸캄포)　163
쏭잔린(松赞林)　212, 213
쑤여우, 쑤여우차　141, 164, 165, 214, 219~222, 227~229
쑨원(孙文)　27

【ㅇ】

아난(阿难)　17
아뚜(阿都)　124, 127, 131~136
아바이끄어(阿白哥)　32
아스마(阿诗玛)　31~34
아시아(阿夏)　124, 126, 127, 130, 131, 133, 134, 136
아자리교　52, 54, 55
아지아(阿加)　148~151
아추오어이에(阿嵯耶)관음　54, 55
아흐에이(阿黑)　31~34
안록산(安禄山)　48
야크(牦牛)　220
얼구오어터우(二锅头)　160
얼하이(洱海)　12, 46, 47, 49, 56, 57, 86
여래불　17
여인국　138, 139

엽신절(猎神节)　36
영락제(永乐帝)　38, 40
오체투지　200~202
옥대운(玉带云)　78, 79, 82
왕 웨이(王维)　82, 83
왕안석(王安石)　186
우싼꾸이(吴三桂)　13, 14, 17
우호동안(牛虎铜案)　20, 22
우화러우(五华楼)　86
원통보전((圆通宝殿)　16~18
원통승경(圆通胜境)　15, 16
위뻥(雨崩)　197, 227, 231, 233, 234, 238, 239
위앤스카이(袁世凯)　14
위앤통쓰(圆通寺)　15, 17~19, 23
윈난성박물관　20, 22
윈난육군강무당(陆军讲武堂)　23, 25~28
윈난푸싱(云南福星)광장　53, 54
6자진언(六字真言)　198
육조(六诏)　12
응신불　17
이백(李白)　48, 185, 239
이범석　23, 27
이에지앤잉(叶剑英)　25, 27
이족, 이주(彝族)　32, 35, 36, 45~47, 65, 124, 148~151
일처다부제도　225

【ㅈ】

자란(扎染)　76, 77
자웅폭(雌雄瀑)　36
장사성(张士诚)　170~173
장산펑(张三丰)　18, 42, 43
쟈시데레　221, 230, 241
저우주왕(周庄)　169, 170, 175

저우청(周城) 76
전세제(转世制) 207
전시(殿试) 179
전월(滇越)철도 28~30
정화(郑和) 37~39, 41
조산경(朝山经) 130
조산절(朝山节) 130
조인동모(吊人铜矛) 22
주드어(朱德) 25
주비아오러우(猪膘肉) 203
주원장, 주위앤장(朱元璋) 13, 38, 103, 171~174
중앙본주 51, 52
중흐어쓰(中和寺) 80~82
지우시앙(九乡)동굴 31, 35, 257
진사(进士) 179, 180
짠바(糌粑) 141, 219, 220, 228
짱다오(藏刀) 193
짱시앙(藏香) 222, 223
짱아오(藏獒) 193, 194
쩌우훈(走婚) 123~126, 128~137, 140, 144
쫑카바(宗喀巴) 18, 206, 209, 212, 223

【ㅊ】

차마고도(茶马古道) 91, 95, 155~157, 159~161, 163, 165, 174, 192, 195
차마무역(茶马贸易) 164
차마호시(茶马互市) 155, 156, 164
창산 대리석 86
창산(苍山) 56, 61, 73, 78, 79, 82, 84~86
천룡팔부(天龙八部) 60
천보전쟁 48, 49, 51
천수관음상 17
천왕문(天王门) 16
천축(天竺) 53

최용건(崔庸键) 27
추이후(翠湖)공원 23
충성쓰 싼타(三塔) 60
충성쓰(崇圣寺) 52~54, 58, 60~62, 74
취누오어(曲诺) 148~151
친척 외혼제 144
칠종칠금(七纵七擒) 12

【ㅋ】

카오루산(烤乳扇) 69, 72
카와그어보어(卡瓦格博) 198, 199, 202, 239
캉앤추완(康延川) 138
쿠빌라이 13, 51, 58, 208, 218
쿠차(苦茶) 75
쿤밍(昆明) 11, 13, 15, 20, 21, 23~25, 28~31, 35, 37, 38, 42, 55, 66, 70, 71, 74, 163, 167, 174, 178, 252, 254

【ㅌ】

타르쵸 198, 208
탕구(唐古) 220
탕카(唐卡) 214, 217
태화성(太和城) 45, 46
토번(吐蕃) 45~49, 53, 89, 139, 163, 164, 191, 195
티베트 불교 55, 102, 198, 206, 214
티앤차(甜茶) 75

【ㅍ】

판첸 라마 207, 209
푸얼차(普洱茶) 73, 156, 162, 163
피파러우(琵琶肉) 136, 142, 203, 204
핀차(品茶) 74

【ㅎ】

하바(哈巴)설산 183, 188
하이칭(海青) 18
하타 199, 218, 219, 221

행중서성(行中书省)　11, 13
호구폭포(壺口瀑布)　185
홍교(红教)　206
화교(花教)　74, 206
활불 사상　207
활불전세(活佛转世)　206, 208, 209
황교(黄教)　18, 207, 212

황포군관학교(黄埔军官学校)　27
후이웨이차(回味茶)　75
후티아오시아, 호도협(虎跳峽)　123, 155, 183, 184, 186~189, 197, 238
흐에이룽탄(黑龙潭) 공원　92, 108, 167, 168
흑교(黑教)　206

저자 소개

박 광 희 朴廣熙

(現)江南大學校 중국학대학 중국실용지역학과 교수
E-mail : khpark1959@kangnam.ac.kr / khpark1959@yahoo.co.kr
Home page : blog.daum.net/khpark21

▍학 력
韓國外國語大學校 중국어학과 졸업 (文學士)
西江大學校 정치외교학과 졸업 (政治學 學士)
西江大學校 大學院 정치외교학과 졸업 (政治學 碩士)
中國 北京大學 大學院 정치학과 졸업 (政治學 博士)

▍경 력
現代經濟硏究院 지역연구실 (硏究員)
西江大學校 公共政策大學院 중국학 전공 (待遇敎授)
中國 北京大學 東方學部 (招請敎授)
中國 復旦大學 哲學部 (招請敎授)

▍저 서
『중국 실제로는 이렇게 움직인다』, 서울 : 바다출판사, 2002.
『21세기의 세계질서 : 변혁시대의 적응논리』, 서울 : 오름, 2003.
『개혁기 중국의 변화와 지향』, 서울 : 학고방, 2004.
『중국개혁의 성공과 부작용』, 서울 : 학고방, 2006.
『중국개혁과 지속발전』, 서울 : 학고방, 2006.
『當代西方政治學導論』, 北京 : 世界知識出版社, 2007.

中国 云南省 人文紀行

活化石
소수민족 문화의 영속성

1판 1쇄 인쇄 2010년 4월 13일
1판 1쇄 발행 2010년 4월 23일

지은이 | 박 광 희
펴낸이 | 김 미 화
펴낸곳 | 인터북스

주　　소 | 서울시 은평구 대조동 221-4 우편번호 122-844
전　　화 | (02)356-9903
팩　　스 | (02)386-8308
전자우편 | interbooks@chol.com
등록번호 | 제311-2008-000040호

ISBN 978-89-94138-05-3　03980

값 : 30,000원

※파본은 교환해 드립니다.